世界幸福度ランキング上位13ヵ国を旅してわかったこと

Wo geht's denn hier zum Glück?

マイケ・ファン・デン・ボーム
畔上司・訳

集英社
インターナショナル

世界幸福度ランキング上位13ヵ国を旅してわかったこと

本書を娘エリーザと両親に捧げます。
エリーザに：人生で本当にやりたいことが何かあったら、
それを実行しなさい。
家族の支援に感謝します。

世界幸福度ランキング上位13ヵ国を旅してわかったこと　目次

装幀　大森裕二

カバーイラスト　なかむら 葉子

幸せはあなたの心の中にある

今から一五、一六年前、私はサルサを学ぶためにメキシコを中心にドミニカ、ブラジル、キューバにたびたび通い、長く滞在しました。当時の私は、人と比較して持っていないもの、人にはあるのに自分にはないものを羨《うらや》むような性質が人一倍強いところがあり、それがコンプレックスでもありました。

ところが、中南米に滞在するうちにそれが消えてなくなり、自分なりの幸福のかたちが見つかってすごく楽になったのです。それは本書のなかでも語られる南米の人々の幸福感が知らず知らずに私にも伝染したのだと思います。

でも、人はすぐまた驕《おご》ったり、忘れてしまったり、怠惰《たいだ》になったり、人と比べてみたりをどうしてもしてしまうもの。最近またしても「あれ？　あのときわかったはずだったのに、なにかちがう」と心地悪く感じていたときに、本著に出会いました。そして、たとえば次のような言葉に「ああ、そうだった」と気づかされました。

「私たちは幸せになるためにこの世に生まれてきたのよ。幸せは私たちの中で見つけるもの。モノや成功、征服といったことの中に幸せを見つけようとしてもダメ。私たちがまず征服すべきは、自分の心、自分の精神だわ。それがうまくいけば幸せになれる。幸せは心の中にあるんだから」

私はずっと女性誌に関わってきましたが、今までの女性誌は、人と比較してないものに焦りを感じさせるメッセージを発信していました。あるいはもっとおしゃれになりたい、きれいになりたい、若く見られたいというような。

今、私たちが『ミモレ』というウェブマガジンで発信しているのは、どんな世代の女性もありのままの自分でいることを楽しんで幸福になりましょうということ。その意味でも、本書のいくつもの言葉がズバッと私の心にささりました。

ここで言われているのは、とてもシンプルなこと。幸せは、あなたの心の中にあるということ。持っている車とか家が広いとか子どもがいい学校に行っているとかじゃない。お金があるとかないとか、国が大きいとか小さいとかも関係ない。そのことをそれぞれの人が自分の言葉で語っている。その距離感もいいのかもしれません。

著者はヒントを投げかけるだけで、これが幸せですと押し付けがましく言ってはいない。いろいろな国の性別も世代も肩書きも異なる人の言葉から、読者が自分なりに幸福について考えるようにしむけている。自分で考えて、自分で腑《ふ》に落ちるということが大事なのだから。

私のようにぶれることがあっても、そこに立ち返っていける幸せの一つの指針のようなものを持った人はたぶん強いし、楽でしょう。そして、その指針を持っていることこそが幸せなのではないかと思います。

大草直子《おおくさなおこ》（『ミモレ』編集長、スタイリスト）

はじめに――この国に生まれて幸せ

「絵はいいけど、音が悪いな！」「それ、本気で言ってるの？　この旅に出てから五日目になるけど、今までのフィルム全部？」

今は日曜日の朝。所はメキシコシティの中心街。私はドイツ人トーマスの前で朝食を摂《と》っているところだ。トーマスはＡＲＤ（ドイツの公共テレビ局）のカメラマン。

自信満々でフィルムを彼に見せたのだが、トーマスは私に次のようにアドバイスした。「もっと相手に近づかなくちゃ。三脚一台とマイクケーブルを五メートル、買ってきな」何のために？

私は金髪できゃしゃな子持ちの独身女性。今はオレンジ色の大型スーツケース持参で、世界一三ヵ国を回る九週間の旅の途中だ。その一三ヵ国に住んでいる一流の幸福研究家、ドイツ人特派員、そして駐在ドイツ人たちとのアポは何件も取得済み。それだけではない。幸福度の高いそれらの国国で、早朝から夜中まで市民たちを撮影しインタビューするつもりだ。

ところが、このワンウーマンショーが、思惑どおりには進まない。コスタリカでは、マイクが拾ってしまう風音を和らげるために、もじゃもじゃのウィッグを買ってマイクにかぶせた。予備のバッテリーやレンズ、ヘッドライト、そして多数のメモリが入っているオレンジ色の写真用リュックにウィッグを押し込む。リュックの外側にはカメラ用の三脚が吊り下がっているが、さらにそれがもう一台加わるわけだ。それと何メートルかのマイクケーブルも。リュックはどんどん重くなり、撮影はだんだん厄介になってきた。

「ハーイ、私、マイケ。ドイツからやってきたの。どうしてここの国民が幸せなのか知りたいからよ。あなたにインタビューしてもいいかしら?」「もちろんよ」

順調に事が運ぶと、私は一五分かけてカメラとマイクを設置する。三脚はこれでまっすぐ? 絵はシャープに撮れてる? 照明はオーケー? 「忘れるなよ、マイケ。絵は明るすぎるより暗すぎるほうがマシなんだ」トーマスが目くばせしながらアドバイスする。

次はマイク。助手がいないから大変だ。ウィッグをかぶせたマイクをできるだけ語り手に近づけながら、そのウィッグが画面に入らないように、カメラとマイクの間を行ったり来たり……。

私は演出家でカメラマン、録音助手にしてジャーナリストだ。どれも完璧ではないが、四役兼任に違いはない。待ち時間が一五分できたら、スペイン語、英語、ドイツ語のスモールトーク(雑談)で何とか切り抜けよう。待ち時間内にインタビュー相手に逃げられないかどうか心配。だが――結局全員が待っていてくれた。旅が終わるまで計三〇〇人が私の質問を待っていてくれた。感謝あるのみ。

なぜ私はこんなとんでもないことを思いついたか？　話は旅に出る一年ほど前にさかのぼる。二〇一二年夏。私は「幸福」に関して大いに興味を抱き、それについての最新の話題を追っていた。そして「幸福」についての新しい研究成果をむさぼるように読んだ。

その日も、朝食にラテ・マキアートを飲みながら、新研究の成果が載っている新聞を読んでいた。その研究とは、『幸福度の測定（ハウズ・ライフ How's Life)』というOECD（経済協力開発機構）の報告書で、三四ヵ国の生活満足度の比較。

ドイツはまたしても下位。どうすればこの状態を変えられるだろう？　ドイツは幸福をテーマとするあらゆる調査に登場するが、上位になることはない。メキシコよりはるかに下だ！　だがメキシコは豊かな国ではない。それは私自身、体験で知っている。二年間、夫と幼い娘と一緒にメキシコシティで暮らしたことがあるからだ。それでもメキシコ人は笑う。それが彼らの幸福の一部なのだ。

ドイツ人は幸せになれないのか？　それとも幸せになりたくないのか？　あるいは幸せにはなりたいけれど、そうなるだけの勇気がない？　幸福はドイツ人の人生観と合わない？　幸せだと感じるかどうかは、国民のメンタリティと関連がある？　個人の幸福度は文化と関係がある？　他国の国民が幸せを感じる理由は何？　人生をどのように見ている？　どんな考え、どんな状況が幸福感をもたらすのか？

疑問だらけ！　私は好奇心の強い人間で、文化の違いに大きな関心を抱いた。それでその日の朝、決心した。「現地に行って調べてみよう！」

それから一年ほど後の二〇一三年七月二日（火曜日）、旅は始まった。九時一二分、ミュンヘンの空港を離陸。第一の目的地は、世界一幸福な国コスタリカの首都サンホセ。そこを起点として、幸福度ランキング上位の一三ヵ国を回るのだ。

ラテンアメリカとヨーロッパを経て、北アメリカ、そして地球の反対側へと旅を続けた。ランク順で国名を挙げれば、デンマーク、アイスランド、スイス、フィンランド、メキシコ、ノルウェー、カナダ、パナマ、スウェーデン、オーストラリア、コロンビア、そしてルクセンブルク。

そして幸福度の高い国々の人々が私の質問に正直にしゃべってくれた「答え」という宝物から私は活力を得た。

「あなたは自分のことを幸せな人間だと思いますか？」「幸せの源は何ですか？」「あなたの生活でいちばん大切なのは何？」「いちばんやりたいことは何ですか？」「この国の幸福度が高くなった理由は何だと思いますか？」「あなたの国の国民はどんな気持ちで毎日を過ごしていると思いますか？」「私たちドイツ人にあなたはどんなことをアドバイスしたいですか？」「あなたは将来どうなっていると思いますか？　うまくいってる？　それともいってない？　その理由は？」「いちばん不幸を〇点、いちばん幸せを一〇点とすると、あなたの幸福度は何点？」

私は「各国でもらう幸せのアドバイスをスーツケースに詰め込んで帰国しよう」と望んでいた。実際、旅した国々の大半では、幸せを感じる理由は同じだった。私のスーツケースは次第に「同じ理由」「同じいくつかの幸せの源」で一杯になっていった！

熱帯の猛暑の国でも、殺風景な寒冷地でも、おとなしい北国でも、躍動するラテンアメリカでも同様だった。幸せの源は、私が想像していたよりはるかに似通っていた。

いわく「思ったとおりに前進せよ」（オーストラリア、アイスランド、ノルウェー、スウェーデン、デンマーク、スイス、カナダ）

「人生でいちばん大切なのは自分自身だ。なぜなら、自分がうまくいっていれば、まわりの人たちもうまくいくからだ」（メキシコ、スウェーデン、スイス、デンマーク、コロンビア、ルクセンブルク、アイスランド、パナマ）

あるいは「人生は一度きりだから、うまく進んでいくようにすること」（オーストラリア、コスタリカ、メキシコ、カナダ、ルクセンブルク、ノルウェー）

または、「人生でいちばん大切なのは家族」（すべての国々）

幸せの源はどこの文化圏でも同じもののようだ。たとえばデンマーク人とオーストラリア人が互いにどれほど違っていても、文化はいくつかの点で交差して、それが幸せの源となる。

旅を進めていくうちに、そうした共通点がいっそうはっきり見えてきた。私はカメラの後ろでしやがみながら、幸せになる条件の優先順位や人生観が同じことに驚いていた。そしてそれはドイツ人の考え方とびっくりするほど異なっていた。それについてはこれから徐々に述べていく。

幸福度が高い国々の国民は、幸せの源泉のありかを明らかにしてくれた。本書で私はそれを「十三の幸福の処方箋」にまとめたが、あなたが幸せになるのに一三本の道をすべて歩まなければならないというわけではない。ここでドイツ流の完璧主義を持ち出さないでほしい。どれかの道がよければそこを進んでいけばいいのだ。幸せを目ざしたがためにストレスを抱いたりしないこと。

私にしても得意分野と不得意分野がある。得意なのは自由に生きていくこととか、他者と絆《きずな》を持つこと。不得意なのは何か一つのことに集中すること。

あなたも幸福度の最高点に達する必要はない。たとえ一〇点満点の八でも、満ち足りたよい人生を送るには十分なのだ。大事なのは方向を間違えないこと。

もし私が自分の幸福度を訊《き》かれたら八・五点と答えるだろう。一〇点を目ざす必要がないことについては後述するが、要するにうまくいかなくなることも必要なのだ。幸せになるには不幸な時期があってもいいのだ。

幸福度一〇点などという値は、たいていごく短期間しか感じないものだ。たとえば陽光が雲間から射《さ》してきて気分がよくなる時。それは一〇点にに違いないだろうが、それを私たちが目ざす幸せと呼んでいいものか？

幸せとはそんなに簡単なものではない。真珠をつないで首飾りを作ったりするのと同じように、あらゆる幸福の瞬間をせっせと集めることなどできっこない。それを「幸せな人生」と呼ぶとすれば、それはプレハブの人生だ。少なくとも、そうした幸せについてこれから述べていくことはない。私が述べる幸せは、いわばあなたの個性とドッキングしているものであり、あなた自身から、剝《は》がそうとしても剝がせないものだ。

このことを見事に表現しているのは、生活を十二分に楽しんでいる高名な幸福研究家ロバート・カミンズ教授だ。シドニーで会った時、彼はこう言った。「たまたま訪れた瞬間的な幸福気分と持続的な幸福感とは一つの点が異なっている。持続的なほうが快適なのだ」

どうすればその深い満ち足りた感じを持続的に抱きながら、よい人生を送ることが可能なのか？私はこの疑問をとことん考えてみた。そして得た結論はこうだった。「幸せというのは、常に、生活全体において自分が行ったことの結果だ」

本書を読み進めていくうちにあなたも刺激を受けて、人生における優先順位を変更するかもしれない。そして、あっという間に過ぎ去ってしまう感激よりも、長続きする幸せのほうを望むようになるかもしれない。もしそうなったなら、それにふさわしい生活を送ることだ。

ドイツ人にはもう一つ問題点がある。世の中に幸せな人などいないと考えていることだ。あるテレビ番組で、出演者たちに向かって「あなたにとって幸せの源は何ですか？」と尋ねた。出演者たちは答えている最中こそ微笑を浮かべていたが、その微笑はしばらくして消えてしまった。

フィンランドは違う。私は、シャイなフィンランド人をつかまえようとして何度か失敗した後、一九歳のコンナにカメラの前に立ってもらうことに成功した。彼はヘルシンキの街中で朝陽を浴びながら階段に座り、新聞を読んでいた。上は紅白の縞模様のTシャツ、下はグレーのスラックス。そして金髪。

「あなたは自分で幸せだと思いますか？」と尋ねた。コンナは「ああ、とても幸せだよ」と明快な答えを返してきた。表情を変えて微笑しようなどとはしなかった。やっぱりね、と私は思った。「〇〜一〇点の段階では？」と訊くと、彼は私の顔をじっと見て、あっさりこう言った。「八・五」

フィンランド人の平均は七・九だから、それより〇・六高い。〇・六か、うーん……。この〇・六の意味は？　どういうことではないように思えるが、実はこれが大きな意味を持つ。たとえばあなたがひとりで立っていて、横に新婚カップルがいると仮定しよう。隣のそのカップルは二人でいるというだけの理由で、あなたよりも幸福度が平均〇・四高いのだ。

また、たとえばコスタリカの幸福度は八・五で、ドイツは七・一だ（訳者注：日本は六・四で六二位）。幸福度の計算からすると、コスタリカの水準に達するにはドイツ人は全員、理想のパートナー三人と結婚しなければならないことになる。そうなれば、ドイツの出生率問題も見事に解決することになるのだろうが。

幸福については各種の調査が実施されていて、ランキングもそれぞれ少しずつ違う。デンマークをトップとする調査もあれば、コスタリカやカナダとする調査もある。アンケートの時期や対象者、そして質問の仕方によるのだ。ただし上位に来る国はいつも同じだし、下位に来る国も同じだ。ドイツは常に下位。

私は旅先を決める基本資料として『世界幸福度ランキング（ワールド・データベース・オブ・ハピネス）』を選んだ。最近一〇〇年間に実施された世界中の幸福度調査を集めてカテゴリー分けしたデータベースだ。本部はロッテルダム（オランダ）のエラスムス大学にあり、創始者ルート・ヴェーンホーヴェン教授とそのチームによって運営されている。

ここには現在、幸福度に関する約二万四〇〇〇件の調査データを含む九〇〇〇件の学術論文が集められている。だから包括的なだけでなく、信頼性も高い。したがって私は落ち着いて旅のプランを練ることができたし、何か新たに幸福度調査が発表されてもそのプランを変更する必要はなかった。

旅の準備段階で私は二〇一二年末、ロッテルダムにあるヴェーンホーヴェン教授のオフィスを訪れた。彼のデスクの上は資料が散乱していた。きっと大忙しなのだろう。教授は幸福研究の「大家」であり、三〇年前から幸福の研究を続けてきた。白髪、白いひげ。お茶目っぽい目と、縁なしメガネ。彼はこう切り出した。

「幸福というのは、基本的には世界中どこでも同じなんですよ。あなたが幸福かどうかは、あなた自身にしかわからないことです。だからこそ世界中で幸福の研究ができるんですよ」

アンケートに答えた人たちの言葉から、私たちはここドイツにいても何かを学ぶことができる。少なくともデンマークの経済学者で幸福研究家のクリスティアン・ビョルンスコフ教授もこう考えている。「幸せを感じている国々は毎年同じだから、そうした国々が幸せな理由はわかるはずだ」

今回の旅の間中、世界中の人々が人生と幸福についてどう考えればいいか、それについて私に語ろうと努力してくれた。私がいろいろ質問しても、彼らは時間をかけてじっくりと考え、答えてくれた。その努力をどうか高く評価してほしい。

もしあなたが本書から刺激を得たなら、それをオプションの一つとして今後の人生を構築していくこともできる。幸せになるためには、突然変異でアイスランド人になる必要もなければ、コロンビアの子どもになる必要もない。本書の中のちょっとしたことを手本にして、それを現在のすばらしい自分の生活に加えればいい。

私は今回の旅から帰国して以降、「幸福度の高い国々のどこかに移住する気はないのか」としばしば訊かれた。私は今までにすでにオランダで一三年間、メキシコで二年間過ごした経験がある。ともに幸福度の高い国だ。

どちらの国で過ごした後も、私はドイツに戻ってきた。そして今はドイツに住んでいる。ドイツの生活が好きなのだ。どんなに欠点があろうと、どんなに傷があろうと、愛すべき特徴のあるドイツが大好きなのだ。だから私は今後、またどこかに移住することなく、自宅に幸せを持ち込もうと考えている。

なぜなら、個人の幸福、そして社会の幸福に対する責任は私たちの手の中にあるからだ。あなたの手、私の手の中に。私たちは各自が最小単位としてコミュニティを構成している。各人が変化すれば、最終的には一国のメンタリティも変化する。これは幻想だろうか？　いや、そんなことはない。

旅を終えた私は、以前の私ではなくなっていた。幸福度の高い人たちの言葉が、私の心の中に大きな刻印を残してくれた。私は彼らから、ずっと幸せでいられる方法を学んだのだ。あなたも本書を読み終えた時点でそうなっていることを私は祈る。

ではご一緒に魅惑の旅に出発しよう！

アイスランド

妖精の住む国

アイスランドに着陸。窓の外を見てがっかり。まるで月面のような景色。スカンジナビア特派員のティルマン・ビュンツが後で語ってくれたところによると、ニール・アームストロングはまさにここで月面着陸の練習をしたらしい。

へーっ。幸福度世界第三位の人たちは月で暮らしているような感じなのか。年平均気温五・四度、七月でも平均一三・三度と言われても納得できる。おもしろくも何ともない自然。途方もなく寒くて厳しい。それを体感した私は初日から、すぐ近くの「この島にしかない店」に飛び込んだ。

そして一〇分後には、お尻まであるモコモコのウールのセーターを着込み、手袋もはめて、カメラの後ろに立っていた。今は八月。今日は晴天だが、日陰の最高温度は五度。風が、私の髪をむしり取るように吹いている。

そうこうするうちに、トールキンの『指輪物語』から抜け出てきたような妖精たちが私の前に立った。幸福研究家のドーラ・グズルーン・グズムンズドッティルと、その助手のナンナ・インギビョルグ・ヴィザルスドッティルだ。

ドーラの特徴は、きれいな青白い肌と赤い唇、それに褐色の長髪と輝くような目。ナンナのほうは、カールした髪が背中まで垂れている。目は青くて、優しい顔の中に「アイスランドの青い池」が置かれているように見えた。ぽっちゃりしたほお、甘い声、そして魅力的な微笑。

私がこのメルヘンの国に滞在している間、ドーラは現実的な話を楽しそうにしゃべってくれた。彼女は自分の仕事が何より大好き。自身は妖精どころか三人の子の母親で、ポジティブ心理学会のヨーロッパ支部長。ただし本業はアイスランド保健省の健康部門に属する「健康決定要素」の長であり、政治的なアドバイスを行う業務を担っている。

私が会った時の彼女は、財政危機がアイスランドに及ぼした影響について研究していたが、一方私のほうは、レイキャビクの小路をのんびり眺めていた。かわいらしい家々はどれも藤色、黄色、緑色、とカラフルだった。

「幸せというのは、いつもほほえんでいることではなくて、人生の中で生じることを大切にすることね」とドーラは語っていた。少なくとも二一世紀に入ってから起きた銀行破綻以降、アイスランド人はそう考えるようになったとも。

「アイスランド人は未知の販路を開拓しようとして、ヴァイキングのように意気軒昂《けんこう》に広い世界に出ていったのです！」とドーラは言った。「ところが二〇〇八年の世界金融危機により、国自体が破産しました」と彼女は微笑を浮かべながら私に語った。

私たちは居心地のいいこぢんまりとしたレストランにいた。そのレストランの正面玄関はアルミ製で、独特の波形模様が青緑色に塗られていた。何もかも小さい。逆に大きいというか高いのは値段だけで、私が注文した赤ワインは中古車が買えそうな値段だった。

アルコールは、この国では国営店でしか売っていない。国民に飲酒と喫煙をやめさせようとしているからだ。その政策は見事に成功し、この国の喫煙率は大人一五パーセント、若者三パーセント。アイスランド政府は国民の健康に配慮しているし、国民のほうもそれに応えているというわけだ。

二〇〇五年のクリスマスの時には、アイスランドの全世帯に、冷蔵庫にくっつけるマグネットが国から郵送された。そのマグネットには「健康一〇ヵ条」が記されていた。「幸せを感じている人たちを研究して作られたのですが、あれは成功でした。国としては、幸せなだけでなく立派に義務を果たす国民で構成される社会を作ろうとしたのです」とドーラ。

一〇カ条の中には、「失敗から学べ」という文もあった。二〇〇八年の悲劇から得た教訓だ。財政危機は史上最大の失敗だったが、あっという間に立ち直った。

「私たちアイスランド人は、何事も結局はハッピーエンドになると思っています。それがことによると一種の抵抗力を生んだのかもしれません。私たちはいろいろと考え、新たな可能性と解決法を探りました。それがあの危機の時に役立ったのです」とドーラは窓外を眺めてじっくり考えながら語った。

保健省はその危機の前後に「幸福と健康に関するアンケート」を実施したが、幸福度に変化はほとんどなかった。たしかに人生が劇的に変化した人たちもいたし、銀行家の中には漁業に戻る人もいた。

「幸せはお金次第の側面もあるかもしれませんが、アイスランド人は辛い目に遭ったおかげで、お金はそんなにはいらないことを学びました。そしてどのような社会を作っていくべきかについて考えました。今の生活は経済的には以前のように高いレベルではありません。でもアイスランド人はそれ以前の方向には向かおうとしなくなったと思います」

そう言ってドーラは穏やかな微笑を浮かべながら海を見つめた。

アイスランド人は、家族全員が幸せになるよう願っている大家族のようなものだ。

ことによると、だからこそこの小さな火山島は『世界男女格差報告書』で五年連続で第一位に輝いたのかもしれない。この報告書は世界の女性が経済、政治、教育、健康にどの程度関与しているかを調査した結果だ。家族というテーマはアイスランドでは政治において最重要課題なのだ。

「大学のキャンパスには家族向けの場所がたくさんあります。大学時代に子どもを持つのが当たり前と思われていますから」と二五歳のナンナ。妖精のような女の子だが、心理学専攻の大学生で、五歳の息子がいる未亡人。

子育て支援の方針は現実の数字にはっきり表れている。アイスランドの出生率は二〇一三年にはヨーロッパでもトップクラス。一方、ドイツは最下位。

「どうしてアイスランド人はこんなに幸せなのかと、よく訊かれます。こんなに寒い国で幸せになれますかと」ドーラはしばし沈黙してから微笑を浮かべ、うなずいた。「アイスランド人は、本当にとても幸せだと私は思います。人が幸せになるための要素は何かと言えば、まず第一に人間関係です。アイスランドは小国です。他の人たちと仲よくなるのがとても簡単なんです。私たちはここにあるものしか使いません。その一つが冬の暗さ。私たちに冬になると家の中でキャンドルをともして、仲間たちと快適に過ごします。それに露天風呂もたくさんあります。人が集まるのに最適の場所です。嵐が来たら、その温泉に浸かってマッサージしてもらう。最高ですよ」

アイスランド島は今から二〇〇〇万年前に海底地震で大西洋に出現した。地殻は大陸ヨーロッパより薄く、マグマは地表直下にある。地下水は火山活動によって常に温められている。火山性地震は日に二〇回もある。熱い温泉は、グツグツという音で自然の鼓動を伝えているし、硫黄のにおいがする。私はこの国ではシャワーを浴びなかった。水が腐った卵のような悪臭を発しているから、歯磨きも苦痛だ。

アイスランドは五感すべてに訴えてくる土地だ。住民は絶え間ない変化に付き合うしかない。

「昨日、私はレイキャビクから遠出した。夜になり、周囲が何もかも真っ暗になった時、車を降りて空を見つめた。緑色のオーロラがゆらめいていた。自分が小さな砂粒になったような気がした。あなたにも見せたかった」

船のコックのアルナルが後にくれたメールにそう書いていた。

アイスランド人が好んでエネルギーの話をするのは不思議ではない。それに妖精《エルフ》やトロル（アイスランドでは邪悪な巨人）など目には見えないけれど、どこか外にいるに違いない存在のことを。たしかにそうした存在を信じて悪いことはない。この国の人口密度は一平方キロ当たり三人だから、土地は十分にあるのだ。

アイスランド人ほど「人生は変化し、有限なもの」という現実に直面している国民はいない。だからこそアイスランド人は今、生きていることを喜ぶのだ。この土地で、五感を活かして、いわば無鉄砲に、そしてファンタスティックに、創造的に生きていることを。

ユーモア精神にもあふれている。何しろ国でいちばん有名なコメディアンのヨン・ナールを首都の市長に選んだのだから。二〇一〇年春にはエイヤフィヤトラヨークトル火山が爆発し、航空便が多数キャンセルされたが、アイスランド人は即座にTシャツにこう印刷した。「灰《アッシュ》ではなく現金《キャッシュ》がほしい」

アイスランド人は未来を待つ国民ではない。魚がそこにいれば、すぐに釣る。将来を不安に思う必要がどこにある？　何か不安なことがあっても、それが起こるのは明日で、今日ではない。「会う時も別れる時も幸せに」という思いを抱いて、アイスランド人は相手を受け入れ、別れを告げる。その思いが実現した結果、アイスランドは今や「幸福度世界第三位の国」になったのだ。

幸福の処方箋

1 幸せになりたい？

人はいろいろなことで幸せになる。天気がよくても悪くても、その他どんなことでも幸せになる。

――アイスランドのレイキャビク近郊でウマを飼っている女性シグルン・ヒアルタルドッティル

幸福度が高い人たちは、日ごろから自分の幸福を大切にしている。メキシコシティのシウダデラ広場で日曜日の昼に軽やかに踊っている六〇過ぎのカップルもそうだし、ヘルシンキの街中の階段でかすかに微笑している若者も、シドニーの海岸にいる若い家族もそうだ。

「自分が幸せだと思いますか？」と問えば、こういう答えが返ってくるだろう。「当然よ」「もちろんさ」。そうした言葉には感嘆符は付いていない。なぜなら当然のことだからだ。「私、幸せです。それが何か？」

空に向かって大げさに腕を振ることもなければ、過度の喜びにあふれた目つきをすることもなく、わざとらしい笑顔も浮かべない。なぜなら、幸せとは真剣に取り組むべきことだから。真剣が言いすぎなら、少なくともまじめに扱うべきこと。

「幸福は体にとっての筋肉のようなもので、日々の生活の中で維持していくべきこと！」と言ったのは、コロンビアの活発な女性弁護士アナ・マリアだ。

私が彼女と会ったのはボゴタの中心街のカフェ。幸福は「積極的に生きようとする考え方」だと彼女は言う。

とはいえ、「あなたが幸せなのはどうしてですか？」と訊くと、インタビューに応じてくれた人の九割が、それも幸福度の高い国々で出会った一三ヵ国の九割の人が頭をひねった。これは回答困難な問いなのだ。中には、考え込んで空を見上げ、額にしわを寄せ、意識を集中させて「えーっ、一言で答えるの？」と反応する人もいた。

この問いに答えるのが、なぜそんなにむずかしいのだろう？　それは、幸せが私たち人間存在のあらゆる分野に関わっているからだ。だから実にさまざまな学問が、幸福の源は何か、私たち個人と社会を幸せにしてくれるのは何かというテーマに取り組んでいる。多くの心理学者、哲学者、医学者、社会学者、経済学者、政治学者から、とても大勢のアマチュア・カウンセラーまでも。

どうすれば幸福で満ち足りた生活を送ることができるか？　これは、幸福度の高い国々でもすべてを決定づける疑問である。コスタリカのサンホセ近郊の貧民街に住んでいるマリア＝ホセもそうだ。彼女は一七歳、高校生でシングルマザー。三歳の双子の母親だ。

「悲しんでいるのはよくない。人はいつも楽観的でなくちゃ。人生は有意義に過ごすべきよ。いい加減じゃいけない。ベストを尽くしてこそ満足できるのよ」

マリア=ホセは大学で勉強するという大計画を立てている。

無条件に幸せを肯定する

よい人生を送るにはどうすればいいか？　そうした国々の人たちは、この挑戦的な疑問を積極的に自分に突きつけている。毎日。なぜなら、それこそが彼らの生活においてもっとも重要なことだから。

とはいえ、ある時期にどこかの国民がいっせいに「私たちは今幸せ！」と言うことはない。スカンジナビア諸国では幸福はメンタリティと結びついている。強い団結、厚い信頼、無限に近い自由の意識、そして仲間への大いなる尊敬。

トロムセー（ノルウェー北部の都市）に立ち寄った時、私はヨット上にいたアロンとその友人たちに出会った。アロンは陽気な金髪男性で三〇過ぎ。その彼が私にノルウェー人の秘密を明かしてくれた。

「ノルウェーでは、他者を信頼すること、他者については最上のことしか考えないことが大事なんだ。これはスカンジナビア文化の特徴かもしれない。少なくとも今のところはそう言える。私たちは船を降りる時には、ありとあらゆるモノを船内に置いていく。カギをかけたりしない」

他人への信頼は、文化的・歴史的に根づいた特徴だ。ドイツ人にはこの特徴はほとんどない。

スカンジナビア人は、団結してこそ生き抜いていけることを寒くて厄介な荒天の中で学んだのだ。だが私たちドイツ人は互いに頭をぶつけ合ってきた。ドイツの歴史は内部分裂と地理的分割、そして再三にわたる破壊体験に他ならない。オランダ人学者フリッツ・ボテルマンは著書の中でこう書いている。

「ここ二世紀の間にドイツ人ほど自国民のアイデンティティを問うてきた国民は、おそらくヨーロッパでは他にないだろう。ドイツ史には統一と自由、そして同一・対等な関係が絶えず織り込まれているが、和解が続いた例《ためし》はない」

オランダ人はドイツ人のことを実に正しく理解している。

だが文化も変化する。そして今、私たちはよい方向へと歩を進めている。ドイツ政府は福祉を公約に掲げている。ヘルゲ・ブラウン国務大臣は二〇一五年にＩＱＬＳ（生活の質の研究についての国際協定）の会議で同様の趣旨の演説を行った。国民を幸せにするには経済成長に集中するだけでは不十分だということに、ドイツ政府も気づいたのだ。そこで政府は国民とじかに対話する計画を立てた。

あなたにとって上質な人生とはどういうものですか？　あなたの人生において大切なことは何ですか？

政府はドイツ人の幸福度を高めようとしている。そして「幸福」に匹敵する言葉を長い間探した結果、ブラウン国務大臣が口にした言葉は「福祉」。

国際世論は、そうではないだろうと頭を横に振ったりした。外国では幸福を論ずる場合、そのまま幸福という語を使う。だがブラウン国務大臣の演説の締めくくりの言葉は、「ドイツ政府は、国民全員が満足できる将来を作り出すことを希望する」だった。

社会全体としては、上から変化を浸透させる意向だとしても、個人的には「下からはい上がってこい」ということだ。後者は国民各自に求められているのだ。私たち全員に。たとえ、私たちの政府が幸福という言葉を避けているとしても。私たちはそうした将来を作り出せるだろうか？

スイス人、カナダ人、フィンランド人は幸福を重視している。「自分の幸不幸は自分で決めるものだと思う。私は自分が幸福になればうれしいということに気づいたので、今はそのことばかり考えている」と言ったのはヘルシンキの銀行員オレだ。

どこの国でもこの種の言葉を耳にする。彼らは無条件に幸せを肯定する。リンダもそうだった。トロムセーの海岸で幼い娘と一緒にいた女性だ。

「幸せよ。だって、何事もポジティブに見ているし、解決策を探そうとしているもの。私にとって大切なのは家族。そして、家族がみんな幸せで、今持っているものに満足していること。持ってないものなんかほしがらない」

こうした人たちは誰もが、自分の人生を自分で築こうとしているし、そう考えているからこそ幸せでいられると思っている。

マリア＝テレサもそうだ。彼女はメキシコシティの中心街で、何百人というメキシコ人を前にして官能的にサルサを踊っていた。私はそのダンスを見て、いつまでも魅了されていた。「私たちは幸せになるためにこの世に生まれてきたのよ。幸せは私たちの中で見つけるもの。モノや成功、征服といったことの中に幸せを見つけようとしてもダメ。私たちがまず征服すべきは、自分の心、自分の精神だわ。それがうまくいけば幸せになれる。幸せは心の中にあるんだから」

あなたの人生では優先順位はどうなっているだろうか？　第一に重要なのは何？　それを得ようとして日々を過ごしているか？

フィンランド人リーサの優先順位は明確だ。まずは家族、そして友人や仲間と一緒にいること。それこそがフィンランド人にとって大事なことなのだ。マリア＝テレサにとって最優先は人生の喜びと満足。

ではドイツ人の場合は？　ステータス、権力、お金、マイホーム、愛車、保険。それが実現すれば幸せと思っている。いつの日か。しかもいつの間にか手に入れば。いや、いつの間にかというわけにはいかない。

「もしあなたが本当に幸せになりたいのなら、それを手に入れるために努力しなければ。たくさんのモノを一挙に買うことはできないけど、そうしたモノを手に入れたからといって幸せになるわけでもないわ」と言ったのは、前述のアイスランドのドーラだ。彼女はそう言って微笑を浮かべ、眉をちょっと吊り上げた。

スイス人の理学療法士ハイディもこう言っていた。「自分が幸せになりたければ何かしなければいけないと思う。何もしないで文句ばかり言ってるわけにはいかないから」

「幸せは向こうからやってきてはくれない。このことを忘れちゃいけない」と私のフェイスブックに書き込んだのは、七一歳のデンマーク人女性キルステン。彼女は私たちのインタビューを受けた後、こう書き込んだ。「幸せは自分で作り上げるもの！」

モントリオールでは、オリヴィアが末っ子のベビーカーを揺すりながら、夫と五歳の息子と一緒に公園のベンチに座っていた。

「いつももっと幸せになろうとしてるわ。これはとても大変なことよ。これ以上ないくらい幸せになりたいんだけど、それがどういうことなのかまだわからないの」そう言いながら彼女は笑って夫を見つめた。「でも私幸せよ。悲しいことなんかないし」

「あなたの幸福度は〇点から一〇点までの段階で何点ですか？」という質問に全員が一〇点と答えることは重要ではない。『世界幸福度ランキング』の創始者ルート・ヴェーンホーヴェン教授はこう言った。

「統計を見ると、いつも一〇点と言う人が中にはいるが、そういう人は少し幸せすぎる。いつも物事のポジティブな面ばかり見ようとする傾向がある。そういう人は余計なことまで手を出す羽目になり、壁にぶつかるリスクも高くなる。八とか九と答える人は概して幸せですし、まだ分別がある人たちなんですよ」

幸せになると決心し、そのために行動する

幸福になると決心をし、そのための行動をとるからこそ、幸福度の高い国々の国民は幸せな人間になる。この点ではドイツ人もなかなかのものだ。決断して規律よく行動する点ではドイツ人は世界一だ。その結果生ずる完璧主義と効率は外国で称賛されている。

「ドイツのエンジンと他国のエンジンを比べてみればわかる」とモントリオール在住のジャン＝セバスティアンは目を輝かせて語る。「ドイツの物作りはパーフェクトさ」

デンマークで建築士事務所の部長を務めるラルスは、まさにそのとおりとばかりにうなずく。「ドイツはジーメンス（ドイツ最大の電機メーカー）や自動車産業に見るようにマーケットリーダーだよ。ドイツ人は成功を収めたとしか言いようがない。今のような危機の時代でもそうだ。ドイツは他国のためにお金を払ってくれているし」

私をサンホセの空港からホテルまで車で送ってくれたラファエルもこう言った。「ドイツ人は絶えず難問を解決しながら、さらに発展していく。常に問題点を栄養にしてしまう国民だ」

私はドイツ人が成功を収めていることを認めるし、ドイツ人の努力にストップをかけるつもりはない。ドイツ人は何の疑いもなく、自分たちこそベストだと宣言してかまわないのだ。

私たちドイツ人の目から見ると、「幸福度の高い国々の大半は、すでに何百年も前から〝幸福を

求める文化〟を持っていた」ように思える。だがそれは「自力で身につけたもの」なのだ。これは人生のあらゆることに当てはまる。だらりと椅子に寄りかかり、爪をかんでばかりいてもダメだし、自己憐憫《れんびん》に浸って床を転がってばかりいてもダメだ。

そうではなくて、絶えず自分を鍛え上げ、達人から何かを学ぶことが重要なのだ。隣国の様子をこっそりのぞいて、一段高い位置から見ること。嫉妬する暇があったら、自負心を抱いて隣国を真似ること。ただし、ドイツ人は他国からどんなアイデアを盗めばいいのだろう？　他国は私たちにどんなアドバイスをしてくれるのだろう？

「私たちがドイツ人にアドバイスですって？　そんなこと言うなら、逆にあなたはメキシコ人にどんなアドバイスができるの？」ごもっとも。

女性ジャーナリストにインタビューしたら、こう即座に反問された。所はメキシコシティ。相手は、政治色濃厚な地元紙編集者兼ラジオのオランダ特派員のマルタ・ドゥラン・デ・ウエルタ。私は彼女の、快適だが手狭な居間に座っていた。ちなみに彼女はドイツ語も堪能だ。彼女の家は、「ありふれた」街区の「ありふれた」通りに面していた。ただし鍵はしっかりかかっている。

私はその時、ウルグアイの作家エドゥアルド・ガレアーノを思い出していた。彼は著書の中で、ラテンアメリカは倒錯の世界だと書いていた。金持ちは家の中に閉じこもっているが、犯罪者は外を自由に闊歩《かっぽ》している。このようにひどくヘンテコで、おまけに貧者も世間から閉じこもっている。小屋の窓はどこもかしこもさびついた格子の桟で守られているが、家の中で頑丈なのはそれだけ。

すでに中進国でありＯＥＣＤ加盟国でもあるメキシコに向かって私は何を言えばいいか？　この国はいろいろと重大な問題を抱えている。貧困、暴力、腐敗。それでも国民は幸せだと言っている。

もっと時間を厳守して、もっと働いたほうがいい？　もうちょっと努力し、ドイツを手本にして発展すればいい？　だがそうすると結局は少し不幸になり、怒りっぽくなり、性格が陰気になる。そんな国に誰が興味を持つだろう？　だがいずれにせよ、成功を収めるようになり、尊敬され、強力になり、成長志向にはなる。つまりは他の事柄のほうを大切にするようになる！

コスタリカ、メキシコ、そしてパナマの国民には、ドイツの成功を称賛する気はない。ラテンアメリカの幸福を論じたら随一のマリアーノ・ロハスは、ドイツ流の進歩観をラテンアメリカに当てはめるのは危険だと言う。

「ラテンアメリカが経済成長を目ざすようになれば、人間にとって重要ないくつかのことが失われる危険が生じる。たとえば、人付き合いの時間。経済は成長するが、国民は以前より幸せではなくなる。その結果、『ほーら、進歩中心の道を歩んではダメなんだ』ということになる」

実際そのツケは高くつくだろう。メキシコのけばけばしさは色あせ、陽気なマリアッチの音楽は整然としてしまい、うっとりするような香りは消える。そのうちにおいや騒音、色彩について何らかのルールが定められることになるだろう。だが、生きるに値するものはすべて消え失せてしまう。

私たちは今、いったい何を求めているのだろう？　幸せだけ？　成功だけ？　それともその両方？　その決断は絶え間なく下さなければならないのか？　それとも優先順位を新たに決めればそれでいいのか？

他国は大半が決断を下してきた。少なくとも、人生における優先順位については決断を下してきた。まずは幸せ！　そしてその他の願望は後回し！　そうした国々の人たちは、私たちドイツ人も自分たちと同じようにしたほうがいいと手招きしている。私がボゴタ（コロンビア）の歓楽街で出会ったマウリセがそうだ。彼は友人たちと一緒に夜遊びしていた。その彼がこう言った。

「コロンビアに移住しなよ。世界一周して、いろいろ見て回るんだ！　物質的なモノや政治・宗教のことなんか考えてないで、どうしたら幸せになれるか、どうしたら自分の夢を実現できるか、そっちのほうを考えようよ」

「人間はそれを考えるために一生を捧げるべきなんですよ」とコロンビアのエドゥアルド・ビルス・エレラ教授も言った。「いちばん大切なのは、人間が自由になり、その結果幸せになること、生活の質と社会状況、家族状況を改善することです。これは宿命や神、あるいは自分がどこで生まれたかなどとは無関係です。満足できる生活を送るためにこそ生きていくのです。最善を尽くすこと、そしてネガティブな要素を克服することです」

私は幸せだ。人生はすばらしいから。いろんな可能性がある。そうした可能性に取り組んで、それを我が物にするのだ。

——オーストラリア・シドニーの医師ロブ

本気で自分の人生を考えれば、幸せになるための事柄はすべて見つかるだろう。人は、幸せになることだけにもっと時間をかければいいだけかもしれない。

――カナダ・ブランドンの職人ウェス

人間の将来は、今何を考えているかによって決まる。いつもネガティブな面ばかり見ていれば、その人はネガティブになるだろう。しかしそんなこと、やってられるかい？　私は自分では幸せだって思ってる。そう思っているほうがいいからね。そして幸せのために毎日を送ってる。

――デンマーク・オールボルの建築士事務所部長ラルス

私の父の口癖は「人間は幸せになるのが目的」だった。人は仕事や慈善行為をやれば幸せになれる。ただし何をやるにせよ、幸せになろうと常に思っていなければならない。

――コロンビア・ボゴタの技師ファン・セバスティアン

だがドイツ人は「まずは仕事、次に楽しみ」と考えてきた。勤勉でなければ対価は手に入らない、なぜなら、結局のところ人生は遊園地ではないから、というわけだ。

豊かさ、名声、権力。こうしたものをドイツ人は求めてきた。そして今ドイツは称賛されている。

そうしたものを得るのに必要な特徴について言えばドイツ人は世界一だ。完璧主義、効率、徹底性。遅刻など滅多にしない。だが多くの「幸福度の高い国々」はその真逆だ。

どのような決断を下しても変化は生じる。あなたも経験があるだろう。幸福は、生活の中で何かを行った結果である。幸せになろうと決心した人は、人生観を、そして人生における優先順位を変更しないわけにいかない。それを変更したくもなるし、変更できるようにもなる。

だからといって、ドイツ人が全員、遅刻すべきだというわけではない。もしそんなことになったら、ドイツ社会は衰弱してしまうだろう。そうではなくて、もう少しだけ柔軟性とお互いの理解が得られるようになれば、もう少し個人的な自由を獲得できるだろうということだ。効率と完璧主義の水準をちょっとだけ下げればいいのかもしれない。

あなたは、そんなことはまっぴらだと思うだろうか？　ドイツ人の現在の名声はたしかにちょっと下がるだろう。けれども、ドイツ人は二〇〇六年（サッカー・ワールドカップがドイツで開催された年）以降、生き方が変わったと私は思う。公平で開放的になり、客を手厚くもてなす国民になった。これはいいことだ。

自制心を抱いて幸せになる

コロンビアの女性弁護士アナ・マリアが言ったように、幸福は体にとっての筋肉のようなものだ。

メルボルン（オーストラリア）の幸福研究家メラニー・ダヴァーン博士もこの考え方に賛同する。「精神の健康は肉体の健康と同じです。トレーニングをせずにマラソンで優勝することなど考えられません。同様に幸福になるには努力する必要があります。たとえば、ひと息入れて、ちょっとしたことを楽しんでみるのです。あるいは仕事を中断してバラの香りをかいでみるのです」

だが新たな人生観を持つにはどのようにトレーニングすればいいのだろう？　幸福になるためには何をすればいいのだろう？

ロイ・F・バウマイスター博士（フロリダ州立大学）をトップとする学者チームは二〇一三年に、生活満足度を高める方法について、「自分の目標を定め、それに向かってひたすら進めばいい」という結論を出した。その具体的な方法はいたって単純だ。

自制心が強い人なら誘惑に負けず、さらには誘惑に遭遇しないような生活にするかもしれない。そうなれば、本当にほしいものだけに集中でき、たとえばチョコレートを見るのも嫌になり、しまいにはお菓子のコーナーを素通りしてしまうようになるかもしれない。あとはレジだけ。

だが逆にあなたは誘惑に負けて、お菓子類やその他必要でないものをカゴに入れてしまうかもしれない。スーパーでの「買い物マラソン」を行った後、意志力が尽きてしまえばそうなる。肉体的なパワーと同様に、意志力にも限界があるのだ。だが前もって誘惑を避けるようにしておけば、意志力を動員しなくてもよくなり、どんなにおいしそうなお菓子を見ても買わずに済む。

これを幸せに応用してみよう。幸せな人間になる方法として、世の中の不幸から目をそらしたり、それをあまり重視しなかったり、世界中の不幸をすべて知ろうとしなくするという方法がある。だがこれはとりわけドイツでは猛烈な抵抗を受けるし、周囲の理解も得られない。

では、どの程度にすればいいか？　知性や説得力、批判力はどの程度にすればいいのか？　現代人は一生を通じて、とらえどころのない世界で踊らされているのではないだろうか？「現代人は情報をつかんでいなければならない」などと言われて。

五〇年前には新聞だけで十分だったが、今や世界についての知識は二年ごとに倍増している。時には、物事を「知らないでいる」ことのほうが重要なこともある。現代の過剰な情報が情報自体をぼやけさせる結果となり、今や情報の九割が不要なものだ。

私たちの大半は、こうした過剰な情報を生活に取り込んでいる。かく言う私もそうだ。スマホでメールを読む。買い物にはネットを利用し、その間にもツイッターに短いアップデート情報が入る。フェイスブックで、どうでもいい最新ニュースを知る。いつでも現在の時刻や天候がわかるし、Ｓｉｒｉ《シリ》（アップルのｉＯＳ端末に搭載されている音声アシスタント機能）のおかげで最寄りのレストランもわかる。その他の疑問、特に八歳になる私の娘の疑問にはグーグルやウィキが答えてくれる。

情報はありとあらゆるところに流れている。そうした情報から逃れることはできるだろうか？

ただし自制心さえあれば、「誘惑に何度も抵抗しなければならない」というストレスを感じなくなり、意志力を重要事項のために使えるようになる。

だがあまり大げさな決心はしないこと。なぜなら、「あまりやり過ぎると混乱してしまうからだ」

とバウマイスター博士は言う。アイスランド政府も国民に「ほどほど」を勧めている。たとえば冷蔵庫にくっつけるマグネットについての説明書にも「生活をあまり複雑にしないこと」と記されている。

もし「明日からダイエットする。毎晩時間どおりに帰宅する。同僚をけなしたりせず何事も穏便に済ます」などと決断すれば、きっとあらゆることが順調に進まなくなるだろう。なぜなら、意志力が明日の昼までに枯渇してしまうからだ。どんなことを目ざしても意志力がうまく働かなくなってしまう。幸せに役立つことだけに意志力を集中させれば、すべて首尾よく進む。

オールボル（デンマーク）の建築士事務所で部長を務めるラルスもこう語る。

「ドイツ人は私たちデンマーク人とは違う生き方をしているが、ことによると、だからこそ私たちより成功しているのかもしれない。けれど私はああいうふうにはできないな。私は幸せになりたいんだ、仕事面でもね。三〇年間も働いてようやく幸せになれるような人生はごめんだ」

私はドイツ人がひとり残らず、将来一生を振り返った時に「いい人生だった」と考えることを願っている。「完璧で幸せだった」と。だが満ち足りた生活を重視するなら、いい人生とは「あれもやり、これもやった」ではなく、最重要事項をやるだけで十分なはずだ。

コスタリカの数学者で大学教授マルゴットは言う。「ドイツ人へのアドバイス？　私たちの国はいろいろな問題を抱えているわ。私自身もたくさんね。でも私はそうした問題に負けない。第一、そうした問題のほうが私の幸せより重要だなんてこと認めないわ」

ノルウェー

豊かな国の〝ヤンテ文化〟

七月末。私は、ノルウェーの首都オスロの北一六四〇キロに位置するトロムセーの空港に降り立った。スカンジナビア半島でもかなり北方の地だ。飛行機の窓から外を見て覚悟はしていた。もうすぐ八月なのに、広大な山脈は雪に覆われていたからだ。それでも飛行機から出た途端に「ワッ！　寒い！」。摂氏一五度。日陰も日なたも一五度。ひんやりとした風が吹いている。今度も私はそれ相応の服を着ていなかった。

とはいえ、後にガイドブックで読んだところ、トロムセーの天気予報はなかなか当たらないとのこと。同地の天候は概して変わりやすく、暖かな南風がすぐさま北極方面からの寒風に変わってしまうという。だから、真冬に〇度をほんのわずか超えるだけなのに、真夏にも〇度を記録し、雪が降ることもある。

空港はいかにも、人口七万の都市にふさわしかった。私は、たった一つしかない荷物引取ターンテーブルの近くで凍えながら、空港ロビーのほうにちらりと目をやる。幸福研究家ヨアール・ヴィテルショの姿はまだ見えなかった。写真では親切そうに見えた。雪のように白い白髪、きらきらした目。

その後、一〇人ほどがロビーに入ってきた時、彼の姿がすぐ目に留まった。スポーツマンらしい出で立ち。私が手を振ると、口元を少しゆがませながらこちらに手を振ってきた。チェックのシャツにジーンズ、そしてゴム長？　ノルウェー人がビジネスの服装に関して異なる考えを持っていることは知っていたが、ゴム長は意外だった。

私のほうはと言えば、花柄模様のシルクのスカート、Tシャツ、頑丈な革製ジャンパー。ガイドブックも役に立たない時がある。これでは当地の天候に耐えられないだけでなく、着飾りすぎだった。

ノルウェーにようこそ、マイケ。ここは豊かさ世界第三位にして幸福度世界第七位の国。一九六九年、全世界でも二〇位以内に入る油田がノルウェー領内で発見された。それ以来ノルウェーはひとり残らず大金持ちになった。少なくとも統計上はそう言っていい。その統計書類を見ることなど絶対ないけれど。

ノルウェー人はいばらないし、外見がとりわけ魅力的とも言えない。自慢もしない。「スカンジナビア人は、自分が大金を持っているなどと絶対口外しない。ここにはいわゆる〝ヤンテ村の掟《おきて》〟の文化（デンマークの章で詳述）があるんだ。自分の富を見せびらかしたりしない」と後でアロンが説明してくれた。金髪をカールさせているヨット乗り。私と出会った時には友人たちと一緒にトロムセーの港で夕食の最中だった。

「私たちは豊かだけど、あまりお金を使わない。政府は基金を立ち上げて、将来の世代にも分配しようと考えた。その政策はうまくいってる。多くの人は、ノルウェーに生まれて本当に幸せだと感じてる。まとまりのいい国なんだ」

お金に関して言えば、その他のスカンジナビア諸国は、野生児として笑われてきたノルウェー人ほどうまくいってはいない。「笑わせておけばいいわ、実際そうなんだから」とロッテ・ヴィカントは言う。彼女は古びたライトバンに乗って子どもっぽい服にビーチサンダルという格好でオスロ港にいる私を迎えにきてくれた。ジャーナリストでドイツのテレビ局特派員。

「豊かになったからノルウェー人が自然とのコンタクトを失ったとは思わない。ここの国民はお金持ちになればなるほど、自然と一体化するためにお金を使ってる」

私たちは彼女が所有する農場の納屋前に停車した。彼女は二人の娘を私に紹介した。そして、彼女の言葉によれば「その子たちの父親」を紹介した。二〇歳になる娘ミミの目がまん丸になった。「ママったら！　どうして自分の夫だって素直に言わないの？」するとロッテはこう言い返した。「それはね、私が誰のものでもないからよ！」

ノルウェーは以前から男女平等の先進国だった。ヨーロッパでは今も男女平等についての論議が活発に進行中だが、ノルウェーでは二〇〇八年の時点ですでに「すべての管理職のうち四割は女性が占めること。そうではない企業は強制的に解散させられること」が明確に宣言された。

青の古びたライトバンで空港から出発しようとした時、ヴィテルショがこんなことを言い出した。「こんなに天気がいいんだから、私のサマーハウスに直行しよう」

もちろん賛成！　本当に快晴だった。青空、新鮮な空気。深呼吸が気持ちいい。ヴィテルショは私のスーツケースを、ちょっとごちゃついている車内に積み込んでくれた。ガラガラの道を一時間走る。他の車は一台も見かけなかった。

「自然がとても感動的だから、人間もとてもフレンドリーになるんだ。ノルウェー人は気さくで親切だよ。でも私にとっていちばん魅力的なのは自然！」そう言いながらヴィテルショはハンドルの上にかがみ、後方の山並みを窓から指さした。一時間のドライブの後、車は人里離れた湾の近くで停まった。ヴィテルショはエンジンをかけたまま車を降りた。何する気？

彼は、ぐらぐらと不安定なボートに乗り、そのボートを船小屋まで漕いでいき、その三分後には、今度は屋根なしのモーターボートで船小屋に向かって急行した。

私はこの時間を利用して、湾内に誰もいないことをいいことにジーンズと、アイスランドで手に入れたウールのセーターをスーツケースから引っ張り出した。さらに二分後には、私には大きすぎるが防水加工が施されたオレンジ色のオーバーオール（救命胴衣付き）とゴム長に身を包んだ。それから二人して私のオレンジ色の大型スーツケースと、重い船員用長持ち二、三棹《さお》をモーターボートに持ち込んだ。

「まるで見違えたね」とヴィテルショは、力の限り波を打っているその小型モーターボートの船尾から私に向かって叫んだ。私は船首にどっしりと座り込んだ。そして「私もそう思うわ！」と答えた。波しぶきが顔に降りかかる。空気も澄んでいる。気分爽快。これが幸せ？

高山の頂は白く、山腹は目にしみる緑色。透き通った海は青く、各所にこの地方ならではの木造家屋が点在している。たいていは赤と白の切妻造りで、格子窓が付いている。自然が目前にある。力強くて荒々しい自然。息をのむような自然。

カメラもどこかに飛んでいきそうだが、カメラに波が当たって私の手から離れそうになる瞬間、私は撮影を中止して目前の光景を味わうことにした。二〇分後、浅瀬にたどり着き、「クジラ島」と呼ばれるクヴァロヤ北島の穏やかな湾に入っていく。

その時私はヴィテルショがなぜ私に自分のサマーハウスを見せたかったかがわかった。「なぜノルウェー人が幸せなのか、それをあなたが知りたいなら、ぜひ私のサマーハウスに来てください」と彼は私へのメールに書いていた。

花の咲き乱れる高台、ドボドボと音を立てる湧き水、キーキー鳴くカモメ。重い防水服を着た私は、時間が過ぎるのも忘れていた。彼の奥さんが、控えめだがフレンドリーに迎えてくれた。ヴィテルショがグリルに火をつける。私たちはワインを飲み、昼間のように明るい夜が訪れるまでの長い間、しゃべったり黙ったりしていた。

ノルウェーの昼は果てしない。夏の太陽は夜中まで照っている。冬になると暗闇が時を飲み込む。緯度によっては四カ月間にもわたって、昼の三時からもう真っ暗だ。だがアイスランド同様、人はそうした変化を快適に感じるようになる。

イギリス生まれで現在七〇歳のマリア・エドワーズは、北極圏から三五〇キロほどのところにあるノルウェーのセニヤ島の集落に五〇年前から住んでいる。私が彼女とその家族全員にトロムセーの教会前で出会ったのは、彼女がちょうど洗礼に立ち会った日のことだった。明るいブロンドの髪、逆毛を立ててふくらませた髪が、二重あごの丸顔を縁取っていた。彼女はふっくらとした体つき。陽気な人だった。

「ここはとてもすてきな国です。冬は厳しいですが、私たちはそれにも慣れてしまいました。どの季節にもそれなりの魅力があります。暗くなったら、愛すべき人たちと一緒にいることです。そうすれば暗闇など気になりません！」

今は夜で眠くてたまらないのだが、真昼のように明るいのは気持ちがいいことだ。

踏みならされた小道を通って、サマーハウスの敷地内にある汲み取り式のトイレに向かってよろめきながら歩いていく。

ほとんどすべてのノルウェー人が、大自然の中にサマーハウスを持っている。自然にどっぷり浸るために、彼らは水道や電気といった贅沢《ぜいたく》を断念している。だから私はまだまだ幸せなほうだ。

翌朝、温かなシャワーを浴びてから、みんなでフィヨルドの端にあるつるつるした大岩をよじ登り、隣人宅へ朝食を食べにいく。約三〇分ほどかかった。ノルウェーの人はあまり近所には住んでいない。人口はたった五〇〇万人だから、統計的に言うと人口密度は一平方キロ当たり一三人。

隣人はリーセ夫妻。黄色く塗られた絵のように美しい小屋が、花の咲き乱れる山のふもとに建っていて、近くを小川がドクドクという音を立てながら蛇行している。フィヨルドの眺めはそこから見ても夢のようで、砂浜ではさざ波がパチャパチャ音を立てている。そこには胴体部が赤と白の美しいボートが置かれている。アストリッド・リンドグレーン（スウェーデンの児童文学作家）が描くスカンジナビアの夢の世界が、後世の人たちのために保存されているのだ。

長身で白髪だが、実はいたずら好きなクヌートと、小柄でグレーの長髪、楽しげなまなざしのインゲルから私たちは熱狂的な歓迎を受けた。夫は元教師、妻は元看護師で、今は病院の購買担当者をしている。

私たちは二人が住む小屋でたくさんの魚料理を朝食にいただいた。クヌートが自慢げに「私が捕ったんだ」と言った魚も含まれていた。石油が出る前は、魚がこの国の外貨収入源だった。ノルウェー人は今も全員が釣り好きだ。

その二人の娘、今一九歳のインゲル・テレセもそうだ。彼女は私がトロムセーにいる間、助手として私に同行してくれた。精神集中を要する釣りという静かなスポーツは、寡黙で落ち着いているノルウェー人にぴったりだ。

この国でも静けさと時間は不可欠とされていて、家々の間隔は相当離れているし、あちこち亀裂の入った山々と何本にも分かれたフィヨルドの上では、道が複雑に走っていた。クヌートの説明を聞こう。

「子どもたちは以前アルネエの学校に通っていたが、そこにはボートで行かねばならなかった。どんな天候でもね。私は子どもたちをウチの小型ボートに乗せて、大型ボートのあるところまで運び、陸に上がった子どもたちは長距離バスで学校に向かった。辛い生活だったよ!」そう言って彼は笑った。

今の生活テンポはかなりゆっくりだ。どこであれ目的地に行くには時間がかかるし、人と会うにも時間を要する。そしてじっくり考えるためにも。時間をかけるのはいいことだ。

ノルウェー人は感情を抑えようとする。誰もが面目を保つべきだとされているし、そうすることによって基本的なコンセンサスが得られると考えている。

批判する時は慎重を期さねばならない。ノルウェー人は鈍感ではないからポーカーフェースができない。だからお互いに配慮し合っている。対立はノルウェー人にとって恐怖なのだ。だから避けようとする。何事もバランスをとることが重要で、それが生活の基本なのだ。どうしてわざわざ騒ぎを起こす必要がある？「私たちノルウェー人は誰に会ってもその人の価値、その人の活動を認めようとする」とヴィテルショは言う。

これは人間についてだけでなく牛にも言える。もしあなたが今夜寝場所がなく、最寄りの農家に行って牛小屋で寝泊まりさせてもらえば、びっくりするようなことに気づかされる。二〇〇六年以降、ノルウェーでは牛がマットレスの上で寝ることが法律で決められたのだ。マットレスは通常のゴム製からすばらしく快適なものまでいろいろある、とロッテが話してくれた。「この法律は農家の人にも牛にも、とても役立っているのよ。牛は睡眠時間が長くなって、ミルクの質もよくなり量も増えたの」

「私は静けさと自然、空気と釣りが大好き。それに、あまり人が多くいないことも気に入ってる」インゲル・テレセの声は穏やかで落ち着いている。これは驚くべきことだ。なぜなら、彼女はずんぐりした自然児ではなく、若くてエレガントな医学生だからだ。将来数年間、ボーイフレンドと外国で暮らすのを夢見ていた。彼女の父親は微笑を浮かべながら、すべて承知しているとばかりにこう言った。「全員がまたここに戻ってくるよ。遠く離れたこの地にこそ生活がある！ ここは快適だ。ここでこそ私たちは生きていけるんだ」

幸福の処方箋 2
信頼という宝物

他者を信頼し、他者のいちばんいいところだけを考えることがノルウェーでは大切なんだ。
――ノルウェー・トロムセーの実業家で外務省職員アロン・ハルフェン

「クジラ島」と呼ばれるクヴァロヤ北島。まだ朝四時だというのに日差しのせいで脚がうずうずしてきた。寝たのはたしか夜中の一二時を過ぎていたはずだが。私は起きて座り、呪いの言葉を吐きながら掛け布団に頭突きした。昨夜、小さな階段を膝をつきながら四つんばいになってよじ登り、屋根裏のベッドに這《は》い上がったのだった。設計上のミスでこうなっちゃったんだ、と下からヴィテルショが弁解した。

今日は彼にインタビューする。赤く塗られた独特の小屋と、彼が大好きなフィヨルド。その二つを背にする位置に座ってもらった。申し訳ないことに、ヴィテルショは陽光をもろに浴びて汗をかいていた。

彼はこの島にいない時にはトロムセー大学教授の心理学者であり、国際ポジティブ心理学会役員だ。

「どうしてノルウェー人はこんなに幸せなんですか?」と訊くと、「私が思うには、とても自主的だからだ。ノルウェー人は自分なりのプロジェクトを持ち、自分なりの計画と希望を抱いている。そして国民の大半は自分なりのやり方やテンポでそれを実現することができる」と答えた。

ちなみに幸福論はヴィテルショの専門分野だ。ノルウェー人は、誰にも邪魔されずに自分の活動に没頭している時に幸福だと感じる。少なくとも、ケータイの着信音が鳴るまでは。

「ノルウェー人がこんなに幸せなのは、ことによると豊かな社会システムと関係があるかもしれない。私たちは全員を受け入れようとしているし、貧富の格差が広がらないようにしている。たとえ失業しても、自由に使えるお金を得ることができる仕組みになっている。子どもたちは全員が公立学校に行くし、国民全員に同一の医療制度が適用されている。その結果、人間同士がとても信頼し合うようになったと思う。研究の結果、ノルウェー人同士の信頼度はとても高いことがわかっている。ここの国民は他人を信頼してるんだ。だまされる心配など不要。これはすばらしいことだ。幸せというのは他者との人間関係だ。自分が他者を信頼していれば、いい生活を送ることができるんだ」

思ったとおりだ。いずれにせよヴィテルショは、私と会ったこともなければ話したこともない時点で、前もって私にメールで自分の休暇用の小屋に招待してくれたのだ。ヴィテルショは当然だとばかりにうなずいた。

「あなたを信用しない理由なんかなかったからね」しかし私を信用する理由もなかったはずだ。だが彼はあっさり信用してくれたのである。

他人を信用することが幸福度を高める

トロムセーでヴィテルショの車から降りたころにはもう晩になっていたが、私はまた港をぶらついてみた。その時、全長一四メートルのヨットの船尾でおしゃべりしているアロンとその友人七人に出会った。私はチャンスを逃さなかった。もう二二時だというのに、またぞろカメラを取り出した。まだ真昼のような明るさ。

「私は外務省に勤めながら、『ノルウェーの帆』という会社も経営してる。みんなでボートを共同購入して始めた小さな会社なんだ。海外からノルウェーに来たお客さんに、ボートに乗って自然を体験してもらいたいと思ってる。そして幸せになってもらいたいとね。他の人たちを幸せにするのは楽しいよ」グループ内に賛同の低い声が轟《とどろ》く。

私が信頼というテーマを持ち出すと、彼はまじめな顔に戻った。「信頼はノルウェー社会ではとても大事なんだ」と彼は言った。「ノルウェー人は政府をとことん信用しているし、ノルウェー人同士も信頼し合っている」

アロンの言葉は『世界腐敗認識指数　二〇一三年版』で確認できる。「政府はごく少数の人たちによる利益で動かされている」と考えているのは、ノルウェー人全体のわずか五パーセントだ。一方、政府を信頼していないドイツ国民は調査対象者の半数以上いる。

「ノルウェー北部では、自動車や家のドアに鍵をかけたりしない。他人を信用し、他人のいちばんいいところだけを考えるというのはいいことだね。これもスカンジナビア文化の一端さ」と彼はじっと考えながら付け加えた。

この話を聞いて、二〇一一年七月にウトヤ島のキャンプ地で起こった銃乱射事件がノルウェー人の価値観にいかに重大な衝撃を与えたかが、私にもはっきりわかった。そしてその二日後に執り行われたオスロ大聖堂での葬儀におけるノルウェー首相イェンス・ストルテンベルグのスピーチがいかに人間的な対応だったかが。

「私たちはまだショックを感じていますが、価値観を変えたりはしません。私たちの回答はこうです。もっと民主主義を進めること、もっと開放的になること、もっと人間的に豊かになること」

その後私は波止場に座って、両足をぶらぶら揺らしていた。信頼は幸せになるための要因なのだろうか？　次に私は、自分が他者から信用された時の状況を思い出してみた。たしかにそうだ。信頼は私を幸せにしてくれるし、私を成長させてくれる。

学問上はどうなのだろう？　私はオーフス大学（デンマーク）のビジネス大学院教授クリスティアン・ビョルンスコフに尋ねてみた。

「デンマークは、信頼に関してはスウェーデンおよびノルウェーとともに世界でもトップクラスです。たしかに、西側のごくありきたりの豊かな国ですが、国民は他国よりも幸せです。それはデンマーク人の大半が他人を信用しているからです」

同教授は、信頼が及ぼす影響を経済面だけでなく幸福度にも拡大して研究している。

「経済学は二五〇年前から客観的な基準で生活水準を評価してきました。ですが私たちは今、幸福度の研究において生活の別の側面に目を向けています。生活を主観的に見ればどう評価できるか？本心から生活に満足していない場合、人は、信じられないほど豊かな社会をも無価値と考えるものなのです」

仲間を信用している人は、信用していない人に比べ一〇点満点評価で〇・五ポイントほど満足度が高い。本書の「はじめに」に出てきた話を覚えているだろうか？　〇・五ポイントと言えばちっぽけに見えるが、その幸福感は、あなたが理想のパートナーと結婚する瞬間に匹敵するくらい大きいのだ。ビョルンスコフ教授はさらにこう言った。

「『他人を信用していますか？』と尋ねられた場合、デンマーク人の七割ほどはイエスと答えますが、ドイツ人は三八パーセントです。もっともそれでも世界的にはいいほうですがね」低率なのはシリアやトーゴ（西アフリカ）などだが、それはことによると冗談で答えているからかもしれない。

ドイツ人が仲間に寄せる信頼はあまり高いものではないが、『世界幸福地図二〇一二年版』によれば、信頼は生活満足度を決める上でとても重要な一要素だとは言えそうだ。『世界幸福地図』の編者たちの基本的な考え方によれば、地域別の生活満足度のうち七割は住民同士の信頼度で決まるというのだ。ちなみに信頼度に関してドイツ北部（シュレスヴィヒ＝ホルシュタイン州とハンブルク）は高率だ。

つまり信頼は私たちの幸せにとって非常に重要なだけでなく、それ以上の価値があるようだ。実業家のロバート・ボッシュ（世界的な自動車部品メーカー、ロバート・ボッシュの創立者）も「信頼を失うくらいならお金を失うほうがマシ！」と言っている。

さらにアメリカで二〇一一年に実施された調査によると、仲間を信頼している人は満足度が一八パーセント高いが、これは給料が倍増したのとほとんど同じ効果だという。ただし昇給の効果は時間の経過とともに消滅するが、信頼は長期にわたって人を幸せにする。

そう聞けば、人を信用しない人が孤独で厄介な人生を送っているのも納得できる。目を閉じて、あなたが信頼している人のことを考えてみよう。たとえばパートナーや親、友人、知人、隣人、商売相手、店員。

お互いの関係はどうか？　コミュニケーションは？　ツーカーか？　それとも口を酸っぱくして言わなければ通じないか？　共同のプロジェクトはどのくらい迅速に進んでいるか？　互いの意見調整は必要か？　書面で説明する必要はあるか？　あなたは自分の利益を考えているか？　その人との付き合いを快く感じているか？　それとも考え方が違うと思っているか？　絶えず相手に問い合わせているか？　いつも相手に説明しているか？　約束したことは滞りなく進行しているか？

諸問題について相手の見解を求めているか？　相手との人間関係に問題は生じていないか？

　こうした疑問を、あなたが信頼していない人に当てはめて考えてみれば、まったく異なる答えになる。その答えによってあなたが幸せになることはないし、その答えを解釈しようとして幸福専門家を呼ぶ必要はない。信頼を定義するのはむずかしいかもしれないが、その影響は明白だ。現にスウェーデンの児童文学作家アストリッド・リンドグレーンはこう述べている。「誰をも信用しなくなるより、時々だまされるほうがマシ」

信頼はすばらしいコミュニティの基礎

　デンマークの話に戻るが、ドイツ人夫婦であるライナーとその妻マンディがオールボル（デンマーク）から私を迎えにきてくれた。二人とも技術者。私たちは町中でカーブして、幅広の静かな道に入っていった。時々、大きな前庭のある家が見える。二人が娘と一緒にこの地区に住み始めたのは今から七年前。

「このあたりでは玄関ドアに鍵をかけたりしないのよ。だからもしドアが開いていても、誰かが家の中にいるとは限らないの」とマンディが説明してくれた。みんなでテラスに座っていた時のことだ。

「お互いに信用しているのよ。とてもいいことだと思うわ」デンマークは何かと規制が少ない。労働契約にしても口約束で十分だ。家を買う時にも書類の形式は決まっていない。日々のやりとりも短時間で十分。

屋根葺《ふ》き職人と何か交渉する場合でも、ドイツのように個々の事項をリストアップして契約を交わすことはない。ここデンマークでは握手するだけで契約成立。それが約束である以上、相手を信用していいと双方が了承している。

しかしデンマーク式の信頼関係と助け合いの精神はライナーとその妻だけではなく、私もすでに体験済みだった。それは私がミリアムと出会った時のことである。彼女はすでに一六年以上デンマークで暮らしていて、現在はオールボル大学でドイツ語教授をしている。シュヴァルツヴァルト（ドイツ）から引っ越してきた夫と一緒に暮らしていて、子どもが二人いる。六歳のヘレンと二歳のスン。

実はインタビューの時刻がなかなか決まらなかった。理由は、一家が海辺にある休暇用の小屋に行きたがっていたからだが、私のほうもオールボルで他に二、三人をインタビューする予定があった。

「こうしましょう。私たちは先に出かけるから、あなたは後から来て。ウチに泊まればいい。鍵は隣家の人から受け取ってね」私はポカンとした。だがそういえば、スカンジナビア諸国を旅行しているうちにカメラ一式やリュック、そしてスーツケースが紛失していないかどうか、あまり気にしなくなっていた。私が自由に行動している間、カメラはきっとどこかにあるだろうくらいに思っていた。

その後ドイツに戻り、空港内の立ち飲みコーヒー店でラテ・マキアートを飲んでいる時、オレンジ色のスーツケースは壁から二、三メートルのところに置いておいた。そこしかケータイを充電する場所がなかったのだ。そしてケータイはスーツケースの上に置いた。

その五分後、私のスーツケースを警官二人が監視していた。私はスーツケースのところに猛スピードで駆けつけた。片方の警官が険しい目つきで私をにらみ、荷物に注意していないとどういうことになるか、こんこんと説明した。「信頼に基づく自由」などという夢は消し飛んでいた。

信頼に関する理論、研究、本はごまんとある。ここで紹介する気も起こらないほどたくさん。信頼はソフトスキル（自己および対人関係におけるスキル）ではないが、これを身につけるのはなかなか大変で、相当な覚悟がいる。

今、本書をちょっと横に置いて、あなたが毎日どのくらい他者から信頼されているかを考えてみよう。あなたはきっと晩にビールを飲みにいってもタダ飲みすることはなく、店員が向こうを向いているすきに店を荒らすこともないと思われているだろう。

それに対してあなたのほうも、自動車修理工場があなたの車をどこからどこまで検査してくれたかを信用しているだろうし、保険代理店が何か不必要な保険をあなたに押しつけることはないと信じているだろう。さらには、学校や幼稚園では誰かがあなたの子どもの面倒を見ていてくれるものと信用しているだろう。

私にしてもヴィテルショの車を勝手に運転するわけもないし、ミリアムの家やアロンのボートを荒らすはずもない。

つまり、私たちの個人的関係も政治や経済も、信頼がなければうまく進まないのだ。だが信頼関係が不足していてなかなか和解できない場合には、多くの規則や契約、役所が和解の手伝いをすることになる。

「まったくドイツ人は本当に何にでも規則を作るんだな！」と言って、デンマークの建築士事務所の部長ラルスは頭を横に振った。ちなみに彼はドイツ人マンディの上司だ。

彼とは事務所内の彼のオフィスで会った。彼は「規則が多すぎると人は不幸になる」と確信している。「規則というのはみんながまともな行動をするために作られているんだよね。逆に言うと、私がまともな行動をとっていれば、私はきっと規則どおりのことをしているはずだよね」彼はそのことを確認した上で、ドイツの例に突っ込みを入れてきた。

「ここデンマークにも一種の工業規格があって、それが一つ一つのモノに関して決められている。だが、何かもっともな理由がある場合には別なふうに作ることも可能なんだ。ドイツにも工業規格はあるよね。でもそれを見ると、どう作るべきかが何百ページにもわたって細かく書かれていて、絶対にそれと違った作り方をしちゃいけないことになっている。あれは不幸なことだよ！　私はまともな行動ができる国のほうが好きだな」

私はいわばドイツを代表して気まずい思いをさせられた。だが私はその時こう思った。「ドイツは多くの外国企業を狂気に追い込んでいる」と。ドイツ人は規則を守るのが好きだ。三四ヵ国を対象として社会の団結度を測った調査によると、ドイツ人は団結度ナンバーワンではなく、社会の規則を守るのが好きなのだ。

信頼は「すばらしいコミュニティ」の基礎である。信頼と団結がないところでは規則が必要となる。ないしは規則を決めたがる。互いに信用し合っていないからだ。そう考えてみると、私が帰国後その調査結果を見て別に驚かなかったのも当然だ。

ドイツではよく「もっと規則をしっかり定めなければダメだ」という言葉を耳にするが、もし規則を頑固に適用すれば、対立を避けるどころか対立を招いてしまうことになる。ラルスが後に自分のオフィスで私に説明したように、文書に書かれていることをもとにして付き合えば、分別と信頼をもとにコミュニケーションすることはできなくなる。

そうなると柔軟かつ自主的に自由に行動することはできなくなり、規則を守るのが正しい、法にのっとって行動する人が正しいということになるのだ。

信頼は一方通行ではない

「でも先生」そう言ってから私はちょっとすまなそうに、デンマークの経済学者・幸福研究家ビョルンスコフ教授の顔を見つめ、続けた。「信頼はいいことです。でもドイツ人はすぐにこう言います。何も確実じゃないのにどうして誰かをそんなに簡単に信じられるのかって」彼はうなずいてから笑い、ある話を口にした。

「二、三年前にアメリカの新聞が世界中の何都市かで、ある実験をしたことがあります。誰にも気づかれないように道に財布を落としてみたんですよ」その財布には、架空の所有者名が記された名刺と二〇〇ドルが入っていた。

「デンマークとノルウェーでは全部の財布が戻ってきました」財布の発見者たちは、落とし物をわざわざ警察に届けたり、財布をそのまま本人（架空の持ち主）に送ってあげたのだ。

もちろん美談だが、教授はいったい何が言いたいのだろう？

「私たちデンマーク人は、上に何かが付くほど正直者なんです。デンマーク人は信用できますよ！全然知らない人をも信頼する。こちらが信頼すれば、相手も信頼を寄せてくる確率は高くなるでしょうね。けれどもまず大切なのは第一歩で、方向は二つあります」

信頼は一方通行ではない。オランダのことわざに「食堂の店主が自分を信用しているなら、その店主は客を信用する」というのがある。逆に言えば、他者を信用しない人は自分を信用していない。さらに悪いことには、そういう人は信頼に値しない人だ。

とすると、教授の前述の言葉にしたがえば、ドイツ人は全体の三八パーセントしか信頼できないということか、と私は考えた。まあいい、ドイツ社会は自己中心的だし、ステータスというプレッシャーが付き物だ。そんなに自虐的にならなくてもいいが。

それよりも、ドイツ人はなぜ他者をあっさり信用しないのか、その点をじっくり考えたほうがいい。信頼こそは他のたくさんの幸福要因の基礎だから。そして他国にはそうした幸福要因が揃っている。たとえば寛容、平等、個人の自由、人付き合いの責任、そしてコミュニティ意識。これらは今後、私の旅の中で再三登場してくることになる。私たちが他者を信頼しなければ、私たちは幸福に至るたくさんの道を遮断してしまうことになる。

オーフス（デンマーク）のベンチで出会った七一歳のデンマーク人女性キルステン。赤のブラウスに白のパンツ、白髪まじりのショートカットという出で立ちで、今まで感動的な人生を送ってきた人。歯科助手として国家公務員だった彼女は、長期間にわたって忠実に仕事に励んだので、女王から表彰された。旅好き、音楽好き、特にショパンが好き。

「私が幸せかって？　ええ、そう思ってるわ。いろいろな人に感謝している。自分がいい人生、実りある人生を送ってきたことが私にはよくわかってる」

彼女は以前、夫と一緒に音楽を愛聴していた。夫が二、三ヵ月前に亡くなるまで、彼女はピアノを弾いていた。キルステンの目が涙で一杯になっている。彼女はその涙をぬぐった。

「人間は善良だと私は信じてるわ。与えよ、さらば与えられん、という言葉を私はいつも信じてきた。人生は鏡みたいなもので、何かよいことをしてあげれば、何かよいことをしてもらえる」先ほどのオランダのことわざである、食堂の店主と客の話と同じである。

これが建築士ラルスの手にかかると別な話になる。

「自分の同僚が全員怠け者で信用できないと考えれば、そうした人たちに対して規律が必要になるよね。でも『同僚たちは楽しく仕事をしている』と考えれば規律などいらない」

もしあなたが誰かを信用しているなら、あなたはその人に敬意を表していることになり、その人はあなたにいろいろなことをしてくれることになるのだ。

ことによると、だからこそスカンジナビアの福祉国家諸国では、ドイツに比べて社会保障給付の悪用がはるかに少ないのかもしれない。信頼が社会の基本になっている国の住民は、給付制度を義務と感じているからだ。

この考え方は、もちろん教育の段階から始まる。ノルウェー、スウェーデン、あるいはデンマークでは、たとえば親は子どもの能力を信用しているから子どもは自由に成長していくことができる。子どもたちは自分の能力を発達させることができると信じているので、大人をますます信頼するようになる。このことはデンマークの学校法にも記されている。

「男女共学の学校では、体験、心の深化、そして創作意欲によい影響のある学習方法を用いること。そうすれば生徒は認識と想像力を発達させ、自己の可能性を信じるようになり、自分の考えをしっかり持ち、それに沿って行動するための基礎を会得することになる」

監視が少なくなれば信頼がふくらむ。これは各人の責任感と発達能力を重視する現代社会にふさわしい考え方だと私は思う。何が起こるかわからないのに前もって規則の網を張りめぐらす必要はない。不信感は各人の活動の自由を制限するだけでなく、一国全体を萎縮させてしまう。

政治の話はこれくらいにして……。デンマーク魂を持っているケルン（ドイツ）在住の作家ミゲル・ビルベクは、信頼というテーマについてこう言っている。

「どういうわけか、デンマーク人は他者をとても信用しているし、国をも信用している。デンマークには一種のプラグマティズムがあって、国民はそれにしたがって生活しているんだ。具体的に言うと、何でも正確に知ってから決断を下し、その決断にしたがおうとする。ここから信頼が生まれる。不快なことも含めてあらゆることを論議した上で、コンセンサスが成立する。この相互信頼の中にはもちろん、デンマーク人が全員まともな行動をとること、他者から容易には排斥されないこと、そして決断を金銭がらみで下さないことも含まれている」

スウェーデンでも同様だ。ドイツ人の特派員で、スカンジナビア専門家、スウェーデン大好きなティルマン・ビュンツはこう言っている。

「スウェーデン人は過去二〇〇年間、政府から嫌な目に遭わされたことがほとんどない。スウェーデン人は政府を信用していて個人データを政府に任せている。これはとても効率的で効果的だ。つまりは国に対する信頼が大きいのだ」

「情報の透明性」というのは魔法の言葉であり、ふだんは想像できないような出来事も起きる可能性がある。ビュンツの話をもう少し聞こう。

「私がたとえばどこかの役所に電話したとしよう。私は名前を尋ねられる。だがもっと重要なのは私のマイナンバーだ。そのナンバーを告げると、役所の係員は私の住所、妻の名前、子どもの名前を知る。私の友人の場合、彼の愛犬が検疫を受けている最中だということまで警察に知られていたことがある。この種の透明性はドイツでは考えられない。思うにスウェーデン人は性善説に立っているのだ」

ビュンツはそう言ってから脚を組んだ。彼と私はこぬか雨の降る中で、彼が所有する赤い東屋《あずまや》の軒下に座りながら、スウェーデンの静かな自然に見入っていた。スウェーデン人は今言ったような透明性を平然と受け入れている。「彼らは、役所が個人データを悪用しないと信用しているんだ。この手の信頼は何百年も前から続いてる」

スウェーデンでは一九九〇年代に、社会民主労働党のモナ・サーリンがおむつとチョコレート二個を職務用クレジットカードで支払ったことが判明したことがある。

「あの件ではっきりわかったことは、脱税や腐敗、嫌がらせ、ストーカーなど本来は秘密事項であるべき行為が大々的に露見してしまうことだ」とビュンツは言う。公開性の原則は、社会の平穏もコミュニティの団結も傷つけないようだ。そして、へまは何一つ隠せないのである。

ドイツ人の不安と不信

私はゲッティンゲン（ドイツ）の駅でゲーラルト・ヒューター教授に会った。神経生物学者で、精神科病院で何年間も基礎研究を行っている。感じのよい、やせ型の男性。髪はライトグレー。ひげを生やしていて、生き生きとした目をしている。その教授が駅カフェのテラスで待っていてくれた。

二人で彼のオフィスに行くことにした。五分後、私たちは彼のシルバーグレーのライトバンに乗っていた。車内はノルウェーの幸福研究家ヴィテルショ同様、見事に散らかっていた。洗濯機も載っていたが、どうしてなのか、私は教授に尋ね損ねた。彼の奥さんが編み始めた靴下も目に入ったので、私はそれを助手席から荷物室にそっと移した。

他にも、足下には摘みたてのサクランボが入ったボウルがあった。そのサクランボは、教授が他の五家族と一緒に住んでいる農場の周辺で摘んだものだった。桃色のサクランボのおいしかったこと！　サクランボの種を窓から外に次から次に飛ばしている間、私たちは教授の休暇プランの話をしていた。ザルツブルク音楽祭、トスカ、サンクトペテルブルク。彼は小声で一心不乱にしゃべっていた。

私はドイツで何をしようとしているのか。そう疑問に思っている読者もおられるかもしれない。実は、なぜドイツ人はお互いに信頼できないのか、その回答を探しているのである。

歴史が関係しているのかとも私は思う。小国分立の時代には、何百人もの諸侯、伯爵、国王が、互いに同盟を結んだり戦争したりした。ドイツ民族は無防備の状態でそういう現実に直面させられたのだ。いったい誰を信用したらいいのか？

次の原因として疑わしきは第二次世界大戦である。ドイツはあの戦争に責任があったし、あらゆる罪がドイツ人の心にも深い傷を残した。とりわけその時代に子どもだった何の罪もない人たちも、ごく最近まで尊敬されることはほとんどなかった。深いトラウマを抱えた人たちが次の若い人たちを産み、自分たちの世代が抱いた不信感を次の世代に引き継いでしまった。

ヒューター教授の推測も私と同じだった。

「ドイツの過去は恐ろしい歴史です。歴史を基盤として生じたこうした心情は二度の世界大戦以降だけでなく、おそらくそれ以前からのもので、それをイギリスやアメリカは『ドイツ人の不安』と呼んでいます」

この言葉は一九八〇年代以降、アメリカの経済ジャーナリストによって初めて「ドイツ人特有の、将来への不安」と見なされるようになり、その結果ドイツ人は過度に思い悩むようになった。現実に適応して行動することができなくなったのだ。

ドイツ人の不安は、「不満と不信を抱き、安心を求め、どこにいても危険を察知し、結局は立ち去っていく人間」の態度そのものである。そうした人間にとっていちばんいいのは、規則をワンセット用意すること、そして、阻止不可能な事態が起こらないようにすることだ。これは、信頼に値するコミュニティを築く基礎としてはふさわしくない。教授はこう話を続けた。

「不安というこの問題を克服するために、過去のドイツ人が何をしようとしてきたかを振り返ってみれば、不安におびえる人とまったく同じことをしてきたのです。何もかも不安定な時、人は物事をコントロールしようとするものです。つまり、すべてがきちんとしているか、秩序だっているか、しっかりした構造になっているか、計画は常にすばらしいか、妙なことは何一つないか、そういったことを気にかけるのです。これぞ完璧主義。ドイツ人が今世界中に売り込んでいるものです。ドイツ人の完璧主義。だが、だからといってドイツ人は不安から完全に逃れられたわけではありません」

それどころか、極端に言えばドイツ人はトラウマを原料にして作った製品を世界に売っているのだ。

「それは不安を克服する一つの方法かもしれません」とヒューター教授は言う。本当は何を恐れているか、それを知らずに不安を感じて途方に暮れていれば、結局はわらをもつかむことになるからだ。

「不安な情報が持ち込まれることもあります。だがその特殊な不安、行き過ぎた不安の原因を絶えず考えている必要はありません。いや、実は話は逆で、ドイツ人自身はまったく正常であって——外の世界がいけないんです」

知るということは、頭の中を入れ換えることである。そこで私はデンマークの経済学者ビョルンスコフ教授に尋ねてみた。「信頼というのは学んで得ることができるものでしょうか？」私はどうしても訊きたかったのだ。

「無理ですね。アメリカに移住した人たちを見ればわかることですが、他人を信頼する度合いは、自分が生まれた国の祖父母と同水準なんです。恐ろしい話ですけどね。三世代にわたって何も変わりはしない」

世代が変わっても、色あせることなど何一つないという。人間は無意識のうちに考え方や感情を引き継いでしまうらしい。

あらあら、ではどうすればいいの？　あきらめるしかない？　それは嫌だ。自転車の乗り方は覚えることができる。信頼だって同じはずだ！　今から何を覚えられるか、やってみよう。自転車に飛び乗って、信頼に満ちた社会、信頼に値する社会を一緒に作ろう。

少なくとも、スイス出身のベルリンっ子シュテッフィならそう思ってくれるだろう。彼女は「ドイツ人へのアドバイス」としてこう語っていた。「もっと人を信用すること。もっともっと信用するの。過去は過ぎ去ったもの。私たちは今を生きているの。ドイツ人は互いに信頼し合えばいいのよ、大切にし合えばいいのよ」

コスタリカ

すべてが「プラ・ビダ《グッド》！」

「幸福度」世界一の国コスタリカへようこそ！　コスタリカは、英語に直訳すれば「コースト・リッチ」、つまり豊かな海岸という意味。だが国民の二三パーセントは極貧だ。そんな国の住民がどうして幸せなのか？

「ちょっと待って！」私はエドゥアルドの袖を引っ張った。今私が乗っている車を運転してくれている男性で、ふだんは工業大学で教授として教鞭を執っている。

私たちは、コスタリカの首都サンホセから郊外に向かってアスファルト道路を走っていた。道の片側を見ると、岩が壁をなしている。反対側を見ると、掘っ立て小屋が何軒か、道路から二メートルほど離れて並んで建っている。その小屋はどれもがカラフルに彩られた木とトタン板でできてはいるが、斜めに傾いている。

青い色をした一軒の小屋の前に、小柄でがっしりとした体格の女性がひとり立っている。美人ではない。だらりと垂れた大きなバスト、そして何本かしか残っていない歯。その女性が私たちに向かって手を振っている。

そうこうするうちに、そのふっくらした女性のまわりに五人の子どもたちが集まってきた。女性の名前はカーチャ・エスキベル・ヌニェス。自分の暮らしぶりを、喜んで私に見せてくれるという。

彼女の小屋の内部はびっくりするほど広かった。二部屋とキッチン。片方の暗めの部屋にはベッドが二台置かれているが、窓は一枚もない。床板のすき間を通して外光が差し込んでいる。

この小屋が土台の上に傾いて危うく建っていることに気がついたのは、幸いなことに私たちが小屋を去ろうとした時だった。カーチャと四人の子どもたちはこの小屋で眠っているのだ。

もう一つの部屋は実質的には、成人した娘用のベッドが置かれているだけ。窓外の丘に広がる緑いっぱいのコーヒープランテーションと、長さが何メートルもある平らで緑色をした葉っぱの茂る輝くような植物の光景はまさに圧巻だった。「すごい景色ね！」感心した私がカーチャの長女リナに言った。

リナは少なくとも昼の光を浴びることができる。その部屋の長いほうの辺に全面、大きな格子がはまっているからだが、それにしても窓ははめ殺しか？　この手の壁は先進国では認可されないだろう。「窓はどれも開かないの？」と訊いてみた。ばかげた質問だ。そんなことは一目瞭然。「寒くないの？」私は何だか決まりが悪くなってそう付け加えた。「寒いこともあるわ」と彼女は答えた。

「でも、もし窓が開くようになっていれば、雨が降った時にベッドがずぶ濡れになっちゃうかも」要は風向き次第とのこと。隅に置かれたテレビからは、幼稚なアニメのキイキイ音が流れていた。

カーチャは水道水を隣人からもらっていたが、電気は自分で引いていた。このあたりの小屋はすべて不法建築物で、いつ取り壊されても仕方ないとのこと。

子どもたちは国から支援を受けていた。生きていくにはそれで十分。父親は隣村に住んでいる。だがみんなの力にはなれない。片腕を失ったからだ。

台所を見ると、垢《あか》まみれの茶色の毛布が隅に置かれていた。「そこに労働者がひとり住んでるの」とカーチャが言った。私は滅多にしない直截《ちょくせつ》な質問をした。「みなさんは、これで幸せ？」

するとカーチャの顔が輝いた。「もちろんよ。私たち、お金はないけど幸せだわ！幸せになるには、落ち着いた暮らしと友だち、それに家族がいればそれで十分。コスタリカはたしかに貧乏だけど、私たちは幸せ。家族と神様がいるもの」

貧弱なかまどをカメラで撮ろうとしながら、「モノがこんなになくても？」と私は尋ねた。「私たち、負けないわ。お米や豆を食べることもできる。それにバナナしかなくても私たちは幸せ。世の中には、お金で買えないものがある。第一、愛情はお金では買えない。愛情さえあれば、お金なんていらない」

私は納得した。そのとおりとばかりにエドゥアルドが会話に割り込んできた。「コスタリカは貧しい国だが、それでも国民は豊かな生活を送ることができるんだ」

コスタリカの雨期。それは晴天が続いた後、二時間にわたって想像を絶する雨が降り、それからまた晴天になることを意味する。私たちが小屋を後にする前に雨が落ち始めた。私は一三歳のかわいい女の子アリーナを撮影した。そのシャッター音を、ちょっと太り気味の弟が聞きつけた。二人とも将来は警察官志望。人々を助けたいと言う。

その後私が撮影道具一式をまとめたところで、エドゥアルドが手品を何種類か披露した。カーチャと子どもたちは興奮していた。雨が弱まり、私たちは三時間後に車で出発した。別れの時、私は全員と再度ハグした。八歳になる元気な金髪のいとこエレーナは私を離そうとしなかった。雨の中で彼女はいつまでも私たちに手を振っていた。

読者は驚くかもしれないが、これでも「コスタリカはラテンアメリカの中では発展しているほう」なのだ。この国では一九五〇年代に軍隊が廃止され、その分、教育・

健康プログラムが推進された。すばらしいアイデアだと私は思う。そしてそのプログラムは実を結び、非識字率はラテンアメリカで最低に近づいた。

コスタリカ経済はここ何年間か徐々に成長を続けている。外貨獲得の中心は観光部門。この国独特の自然が売り物の、一種特有のエコ・ツーリズムである。国土の二七パーセントが自然保護地域だ。これは特筆に値する。国の人口は四六〇万人なのに、国外からの観光客は年間二五〇万人にものぼる。

だがそれは不思議でも何でもない。コスタリカには、息をのむような自然があるからだ。東はカリブ海、西は太平洋に面している。この双方の海岸と、三〇〇〇メートルを超える山脈がこの国の景観を引き立てている。その山脈ゆえに、この国はラテンアメリカのスイスとも呼ばれている。

「だから世界中の人々にぜひこの国を訪れてほしい！　地球を汚さない生活をして、長年にわたり幸せを感じている。その様子をここコスタリカで目の当たりにできる」と、ラテンアメリカ幸福論の専門家マリアーノ・ロハスが後に私に語った。

翌日、エドゥアルドの自宅に立ち寄った。家はごく普通の町の郊外に建っていた。周囲には、私がかつてメキシコで見たような、小さくて平べったい家々が建ち並び、一区画全体が厚い壁と格子で囲まれていた。

玄関ドアを開けてくれたのは、銀色がかった金髪の小さな女の子。その子はパパであるエドゥアルドを激しく抱きしめた。

だが残念ながら娘のクララは、私にドイツ語で挨拶する気分ではなかったようだ。なぜこんなことを言うかといえば、彼女の母親ザンドラはドイツ人だからだ。ザンドラとエドゥアルドは二人ともスペインの大学に通っている間に知り合い、七年前からコスタリカに住んでいる。

私はインタビューの時、二人に赤い長椅子に座ってもらった。エドゥアルドはすっかり頭髪が抜けていたが、焦げ茶色の短いひげをたくわえ、真っ黒に日焼けしていた。目は褐色。そのエドゥアルドが勢いよく、「ティコス（コスタリカ国民の自称）」について説明し始めた。

「私たちはドイツ人よりリラックスしている。仕事をはじめとしてストレスの原因になる日々の事柄を、リラックスして受け入れている。それもあって私たちのほうがドイツ人より幸せなのだろう。明日のことは明日になってみないとわからない。ここではすべてがプラ・ビダなんだ」

コスタリカを旅する人は四六時中「プラ・ビダ漬け」になる。会った時も別れる時も挨拶は「プラ・ビダ！」。空港内のショップで売られているコーヒーカップやTシャツにも「プラ・ビダ！」と記されている。「どういう意味？」と私が訊くと、エドゥアルドは喜色満面でうなずきながら、「つまり、すべてグッドってことだよ。満ち足りた人生を送り、足りないものなどないということ」

　これは別に、しゃれた自邸を持っているとか、友人の中に大物がいるとか、仕事で華々しい成功を収めているとかいうことではない。ザンドラが深くうなずく。

「満ち足りた人生というのは、家族と長時間一緒に過ごし、互いに思いやること。思いやりは先進国よりも強いわね。家族は、コスタリカの日常生活で特別な価値がある。だからみんな幸せなんだと私は思う」ザンドラが明るいブルーの目で私を見つめた。

　翌日、私たちはサンホセ市内でも悪名高い地区にある子どもセンター「ラシトス・デ・アモル」を訪ねた。私は何カ月も前からこの幼稚園と連絡をとっていた。子どもたちの写真を撮る許可を親たちから得ておくためである。

　車は青緑に塗られた建物の前で停まった。建物は白い格子で囲われていた。子どもたちの大声が中から聞こえてきた。大半は幼くて、生後数カ月から六歳くらいまで。どこの幼稚園もそうだが、この子たちの親は未成年や薬物中毒者、あるいはエイズ感染者だ。

　園長のガブリエラは三二歳だが、もう孫がいる。その園長が私たちに心のこもった挨拶をしてくれた。このセンターは、彼女にとってミッションなのである。「私自身、一五歳で母親になりました。若くして責任を負うことになったのです。このセンターが閉鎖されると聞いて、私たちが後を継ぐことにしたのです」

園の従業員たちには国からお金が支払われているが、ガブリエラも自分の給料からいくらか補助している。「他人を助けたり、何かを与えることができるのはうれしいことです」ガブリエラは格子の鍵を開けて、双子を連れたひとりの若い母親に挨拶した。その母親の名はマリア＝ホセ。私たちのインタビューを快諾してくれたのだという。

「私は今一七歳でシングルマザー。一四歳の時に子どもを産みました。子どもたちと一緒に小さなアパートに住んでいます。子どもたちの父親は最初のうちこそ私を手伝ってくれたけど、その後、悪いことをして今は少年刑務所に入ってる。私自身まだ学校に通ってます。手に職をつけて、自分自身と子どもたちのために普通の仕事をやりたいと思ってる。できれば考古学か経営学を学びたいの」

双子のセバスティアンとマティアスは母親の周囲で飛び跳ねていたが、母親マリア＝ホセは叱るでもなく、子どもたちを寛大に見守っていた。

「私は朝四時に起き、子どもたちをここに連れてきて、七時までに自分の学校に行く。夜は二人を寝かしつけるのが大変。起床、子ども、学校――それが私の生活よ」

若くて美しい顔立ちのその母親は、ジーンズと、子どもっぽく見えるストライプの上衣を着ていた。その姿を見て私は実のところ驚いていた。私の知っている一七歳の女性と比べると……。

「子どもたちがいるから私は幸せ」と彼女は話を続けた。「子どもたちがいるからこそ先へ進む気になれる」

ティコスの幸せが少しずつ見えてきた。基礎にあるのは親密な人間関係。それが、強力な家族の一体感や心の落ち着きによって洗練され、そこに神への信仰が振りまかれ、最後にトッピングとして自分の意欲が加わる。以上のどこからスタートしてもかまわない。

この「豊かな海岸」の国では見栄など不要。マリア＝ホセは自分の幸福をとても大切に思っている。

「学び続けるのは大事なことね。前を見つめて戦うの。自分の身に起きることはすべて私にパワーを与えてくれる」

エドゥアルドは、わが子クララをブランコに乗せて、後ろから軽く押した。クララは至福の笑みを浮かべた。「気分いい？」とエドゥアルドが尋ねる。だが答えは「ううん」私はカメラをのぞきながらちょっとほほえんだ。どうやら反抗期はどこの国にもあるらしい。

幸福の処方箋

3 ひとりでは幸せになれない

ここアイスランドは人の数こそ少ないけれど、お互い顔なじみだ。
みんな仲よしだしね。なぜって、誰もひとりでは幸せになれないから。
――アイスランド・レイキャビクの船主ヒンリク・ベリング

幸福の基本は、人間関係と自由時間

彼は控えめにほほえみながら、目立たぬように立っていた。私はコスタリカのサンホセで安宿に泊まっていたが、彼はその宿の質素なロビーに迎えにきてくれたのである。ラテンアメリカ幸福論の専門家マリアーノ・ロハスである。中背で四〇代後半。上衣は青と白の縞模様のシャツ、下は黒っぽいスラックス。褐色の髪をきちんと分けているので若々しく見える。育ちがよさそうで物腰も柔らか。見るからに好人物。

マリアーノは自分の行きつけのレストランに誘ってくれていたので、宿の前には彼のシルバーの

中型車が停まっていた。私はカメラを左手、マイクを右手に持つ。準備完了。

車は、感じのいい簡素なレストランの前で停まった。マリアーノはここで時々家族と食事するという。彼は数年前からメキシコ在住だが、今はちょうど休暇で故郷に戻っているとのこと。家族とのその貴重な時間を私のために割いてくれたと聞いて、私はなおのことありがたく思った。

私は足早に歩を進め、ヤシの葉と大きな白いパラソルの下にカメラを据えた。その作業をしながら彼にこう尋ねた。「経済学者は、幸福のことをどう考えているんですか？」彼はほほえみを浮かべ、ちょっとうなずいた。よく訊かれる質問なのだ。

「経済学者という人種は、人間が消費者だけではないこと、働くだけでもないってことをよく忘れるんですよ。人生にはいろいろなことがある。進歩と消費はそのごく一部であり、すべてではない。私は絶えずこの不完全な学問と取り組んでいるんです」

マリアーノはメガネ越しに物思いにふけりながら、豊かなコスタリカの景色、柔らかい緑色の景色に見入っていた。一九九八年に彼は「幸福の研究をするように」と命じられた。

「幸福論を対象にするのはとても幸せなことですよ。一五年前に研究をスタートして以来は、それ以前にやったことを全部忘れてしまった」そう言って彼は目をぱちくりさせた。もちろん嘘だ。

彼は、メキシコのプエブラにあるラテンアメリカ社会科学研究所の教授である。専攻は幸福経済論。ラテンアメリカには、コロンビアのように政治に問題があったり、メキシコのように犯罪が多発していたり、コスタリカやパナマのように貧困に苦しんでいる国々があるが、にもかかわらず住民たちは幸せを強く感じている。この現象はまだ学問的に説明し切れていない。マリアーノもまだ解明できていない。

「私の研究で判明したことは、幸福には基本的に二つの側面――人間関係と自由時間――があり、GNP（国民総生産）とは無関係だということです」

「人間関係を築いてそれを維持するには時間が必要ですよね」と私が言うと、マリアーノはうなずいた。「温かい人間関係を築くにはね。友だちとおしゃべりし、満足できる愛情関係を維持し、家族と一緒に時を過ごす。こうしたことはすべて日常生活において重要なことです」

家族とは、ラテンアメリカの場合、甥《おい》や「甥・姪《めい》の娘」、三親等のおば、そして、結婚によって家族となった人々、友人とその家族までをも含む。

「私たちは人間関係を重視しています。それも真の人間関係をね。建前ではダメなんです。みんなと一緒にいること、おしゃべりすることが大事なんです。そこから人間としての温かみが生まれます。それこそはカリデス・ウマナなんです」

カリデス・ウマナ？　人間としての親近感、温かみ、あるいは真心のこと？　それとも温かい人間関係のこと？　その意味をぜひとも知りたい。マリアーノはさらに話を続ける。

「人間にはそれが必要です。基本的に必要なことの一つなんです」基本的に必要なことと言えば飲食や睡眠もそうだが、そうしたものさえあれば幸せというわけではない。

カナダのきわめて魅力的な幸福研究家アレックス・マイクロスについては「幸福の処方箋8」で

紹介するが、「生活の質」というテーマをたっぷり研究してきた。彼は私にこう語ってくれた。

「私たちのチームは所得と人間関係についてアンケートしてみました。端的に言えば、自分の面倒を見てくれる人のことを人は愛しているか？　その結果わかったことは……人間関係が幸福と人生の満足感に及ぼす影響は所得の影響の五倍！」

これは注目すべき結果だ。私たちは（私も含めて）、人との結びつきが自分の幸せにどれほど強く影響しているか、それを過小評価しているのかもしれない。

このことを私に証明してくれたのは、ドイツの神経生物学者ゲーラルト・ヒューターだった。彼は自分が主宰する研究所内の図書室で、彼独特の強烈な口調で私にこう説明した。

「もし他者との結びつきを妨げられたら、人は心に痛みを感じます」もし自分が人から排斥されていると感じれば、肉体的苦痛を感じる時とまったく同じ脳内ネットワークが活動するというのだ。つまり、社会的苦痛と肉体的苦痛は、脳内の同じ領域で受け止められるのである。

「私たちにとって人付き合いはそれほど重要なのです。人間は自分ひとりだけでは存在しえない。他の人から得たこと、他の人から受け取ったことをすべて頭の中から排除してしまったら、後には何も残らない。自分が誇りに思っていること、一個人として処理していると思っていることもすべて、他の人たちから受け取ったものなのです。親や教師、友人、あるいは本から。つまり、私たちの脳は人付き合いによって構築されているのです」

今回の旅の計画を立てる前に、私は幸福に関するリポートを読んでいたし、世界にはさまざまな国があることは、私より前にトマス＝クック（近代ツーリズムの祖）がとうの昔に知っていた。それから私は学校でセネカ（ローマのストア学派の哲学者）、ニーチェ、そして最近になって、医師・コメディアンであるヒルシュハウゼンの幸福論も読んだし、もっと一般向けの本にも目を通した。そうした本にはあらゆることが書かれていたが、根本的に新しいことは書かれていなかった。

話を人間関係に戻そう。人間関係が幸福の第一条件であることは間違いない。この点について学界は意見の一致をみている。

ノルウェーの幸福研究家ヨアール・ヴィテルショもこう言っていた。「私の考えでは、幸福への鍵は世界中にある。それは人間関係です」ヴィテルショは物思いにふけり、遠くのフィヨルドを眺めながらこう続けた。「幸福の源泉はもちろんたくさんあるが、いちばん重要なのは人間関係です。ノルウェー国民が幸せなのは、よいコミュニティを構成しているからだと私は思います」

よいコミュニティとは、仲間とビールを飲むことだと言う人もいるかもしれないが、コミュニティはそれ以上の存在だ。他者との絆なのである。いかなる形にせよ、他の人と深く付き合うことなのだ。

「私はひとりでいるのが好きだが、しばしば幸福を感じるのは、他の人たちと付き合っている時だ。たとえば他の人たちと一緒にダンスをやっている時、私は幸せを感じる。それこそは幸福に至るために必須の鍵だ」

――フィンランド・ヘルシンキの作家・ダンサー、ヴァイノ

「困っている他の人を何人かで助けるのは、コミュニティにとって大切なことです」

――デンマークの女子高校生ニコル

「いちばん重要なのは一緒に暮らすこと。愛情を感じながら、周囲の人たちに何かを与えること。あなたが誰かを大切に思っていること、そして他の人から大切に思われていることを知ることだ。幸福な時にも不幸な時にも、自分を助けてくれる支えがあることを知ることである」

――コスタリカの作家エデルマリエ

「家族の世話をしている時、私は幸せだ。他の人と一体になり、親密に生活していれば、いっそう強く幸せを感じ、希望どおりひとまとまりになれる」

――ルクセンブルクの年金生活者ホルヘ・アレント

以上の言葉に出てくる「他の人」とはいったい誰のこと？　乞食？　あるいは、仕事の効率化のためにレジ係の女性をもうひとり雇おうとしているパン屋の女主人？　それとも、あなたがたまたま衝突してしまった自転車乗り？

活発なコミュニティとはたいていの場合、自宅の玄関の外にいる人たちのことではない。幸福度の高い国々でも同様だ。私は今回の旅行中、再三にわたりさまざまな人々に尋ねてみた。「あなたの人生でいちばん大切なのは何ですか？」あなたならいったいどう答えるだろう？ きっと、幸福度の高い国々の人々と同じだと私は思う。私が一六七人に尋ねた結果は「家族と友人」。

「わが国では家族が聖域だということをみんな自覚してますよ」とデンマークのマンディは口にした。「家族と一緒に生活し、家族と一緒に成長していくことが、私にとっての幸せ」と言ったのはメキシコのダニエル。ちょっと鼻がしゃくれていて微笑が魅力的な金髪の女性ダンサーであるカロリーネ（ノルウェーのオスロ在住）はこう即答した。「人生でいちばん大切なもの？ そりゃ家族と友人よ。彼らがいなくなってしまったら人生なんて何の意味もなくなるわ」

人間関係が失われると、モノの価値が上がる

その他、私がメモした二九〇人ほどの言葉は、残念ながら本書にはとても書き切れない。「人生が傾きそうになった時、家族と友人のどちらが大事ですか？」と尋ねたところ、両者の比重は同等だった。家族と友人のネットワークが強固であればあるほど、通常の落胆や異常な反撃を受け止めたり、生活を元どおりに戻すことが上手にできるのである。

ドイツ人はこのことをわかっていながら、「とりわけ家族重視の国民」ではない。少なくとも私

はそう感じている。何しろメキシコの大家族は日曜の昼には笑ったり、がなったりしながら、レストランに群がっているのだ。

また同じくメキシコには、私の娘エリーザの金髪をなでてくれた見知らぬ人たちがいる（悔しいことに私はそうした時に「娘に触らないで！」と思ったことを今でもありありと覚えている）。

そういえば、今回の旅の最中に、以前わが家で家政婦を務めてくれたクカと五年ぶりに再会した。彼女は自分のベッドの横に私の娘の写真を飾ってくれていた。読者はもうお気づきかもしれないが、私の場合、家族間の親密さは家族政策のような法的条件よりはるかに価値が上だ。家族がいること、そして人付き合いの場で幼児たちに愛着と思いやりを抱くことは、とても大切なことだ。

「カナダ人は本当に、とっても子ども好きだよ。子どもに取り巻かれるのが好きだし、誰かが妊娠中なら、生まれてくる子にどんな名前を付ければいいかを家族と友人全員が真剣に考える。ドイツでもパーティの席で子どもの名前が話題にのぼることはあるけど、一晩中そのことに夢中になるなんてことはないな」そう言いながら、モントリオール在住の特派員ヘルベルト・ボップは私にほほえみかけ、自宅のアパートの屋上テラスで気持ちよさそうに手足を投げ出した。

子ども好き、家族意識、人間的な温かさ。これらはドイツにはない。メキシコの幸福論の専門家マリアーノ・ロハスにその理由を訊くと、「ドイツ人は時間がなさすぎるんだ。お互いに本当に触れ合う前に、すぐ離れてしまうから」とでも言うだろう。

今あなたの前にいる人が何を考えているか、それをじっくり考えてみよう。それを考えるためには時間が必要だ。そして、それを考えるだけでストレスを感じるとしたら、ドイツ人ならどうするか？ どこかコミュニティの外に出ていってしまい、自分の殻にさっさと閉じこもってしまうだろう。そして他人とのくだらないおしゃべりなどは後回しにするだろう。電話をしながらメールをチェックし、仕事の電話をしながらメモリーゲームで子どもと遊ぶだろう。あとはトイレに行くだけ？「そんなことでは、仲間がいなくなってしまう」とマリアーノなら言うだろう。「ドイツ人は働きすぎだ。自分を高めようとか、仕事を早めに片付けようとするから、ストレスを感じてしまう。GNPや利益は上昇しても、その代償として人間関係は浅くなり、満足を感じる個人的な行動は減る」

私たちは生産し、消費する。そして、「有意義な人付き合いにとって不必要なモノ」ばかりを集める。人間関係が失われると、モノの価値が上がるからだ。「世の中が目ざすべきものが何か、それを見失ってしまっている国はたくさんある」とマリアーノは力説する。「そういう国はモノがあふれかえり、国民はモノをたくさん持つようになるが、ゴミも多くなる。なぜなら国民はモノを生産し続け、買い続けるから。それが私たちの社会の目標？ 人間はそれによって満足するだろうか？」

コスタリカで運転手役を務めてくれたエドゥアルドは、サンホセ近郊の森の中へ私を連れていった。そして到着したこぎれいな週末用別荘の門の近くで、私たちはマルゴットと出会った。大学教授の数学者で四〇代半ば。目がきらきらしている活発な金髪美人。彼女は私にこう言った。

「この国では物質的な欲求はあまり強くありません。もし冷蔵庫が壊れたら修理します。他の国々だったら、冷蔵庫が壊れれば『新しいのが必要。それも最新型のが』と言うでしょうけど、私たちは別の冷蔵庫、それも高価な最新式の冷蔵庫がほしいとは思わない。だからあまりストレスを感じません。それは人間関係の温かみや絆が強いからです」

物質的なモノを重視する人は、カリデス・ウマナの代わりにモノで満足感を得ているにすぎない。

「人間関係が浅い社会では、本当に親密な関係は成立しません。自分の前にいる人がどういう人かは大切でなくなり、相手の外見が大切になってしまうからです。だから相手がどんな服装をしているか、どこのブランドの服かが大事になり、それがステータスになる。それに対してラテンアメリカのように人間関係が濃密な社会では、他人のために何かやってあげたりすると評価が高くなる」

マリアーノがコーヒーをもう一杯持ってきてくれるまでの間、私は旅の最中に、成功について異論を唱えた人たち全員のことを考えていた。いわく「成功を収めたというのは、よき友人を持つこと、わが子を大切にすること、幸せな結婚生活を送ること、隣人を手助けすることだ」

ここで私はそっと腰を上げ、カメラに新しいメモリを入れ、バッテリーを調べた。だがマリアーノはその直後、またしてもまくし立てた。

「結果的にGNPは上昇するが、人間は貧しくなる」またその話ね、と考えながら、私は彼の正面に腰掛けた。「友人のために割く時間がなくなり、子どものため、パートナーのため、そして趣味のための時間が不足すると、人間は貧しくなる。大金を稼げば人間的には貧しくなる」

これが正しいことを証明してくれる「幸福な一般人」は大勢いる。たとえば、本書でこれから何度も登場するジャン＝セバスティアン。彼とはある日曜日の朝、モントリオールの彼の自宅の玄関先で出くわした。その直後、彼は私に自宅でおいしいカフェオレをいれてくれた。

「幸せは子どもが育ち始める時点でもう始まるんだ。ウチには子どもが二人いる。私たち夫婦は子どもたちにすばらしい瞬間をできるだけたくさん与えようとしている。もちろん子どもたちは新しいスノーボードや最新式タブレットをほしがってるけど、彼らにとってもっと重要なのは、いろいろな人たちと過ごすすばらしい瞬間なのだ。他の人たちと過ごす瞬間、時間。そうした短い時間がとても大事であって、そのことに気づけば、その他のことはどうでもよくなる」

世の中には、時間を効率で測る人が大勢いる。人間関係まで効率で測る人もいる。かくいう私もその例外ではないだろう。マリアーノがまた口を開いた。

「いくつかの国では、人間関係は無駄なこと、時間を失うことと見なされている。そんな時間があったら、仕事をすればいいと。だがその時間を友人や家族と過ごすのは、時間を失うことではない。幸せになるにはその無駄が必要なのだ」

私はラテンアメリカ型のライフスタイルを知った後も、相変わらずドイツ式の考え方をしていた。突然変異でラテンアメリカ人にでもならない限り、自分の生活を人間関係中心にはしないだろうと思っていた。マリアーノの話がどんなに魅力的でも、私はその時点では、新たなライフスタイルで生活したいとは思わなかった。新鮮なアイデアを得たいと思っていただけだった。

だが実は、ドイツの隣国デンマークを見れば解決するはずの話だったのだ。デンマーク人は輝かしい中庸の道をすでに発見していたからである。少なくとも、オールボル大学（デンマーク）でドイツ語を教えるミリアムはそうだった。

「ドイツ人との違いは、デンマーク人のほうが冷静な心を持っているということですね。デンマークでは、人間関係で尊敬されることはあっても、何を持っているかで尊敬されることはありません。私に言わせれば、デンマーク人のほうがリラックスした一日を送っていると思います。まるで時計がゆっくり回っているように」

彼女の夫ライナーは以前はソーシャルワーカーだったが、今は幼稚園の先生をしている。その彼がこう言い添えた。

「デンマークでは、仕事でストレスを感じないことが重視されています。子どもたちも幼稚園や学校で何かを強制されないことが重視されていますし、家庭内でも同様です」

なんとすばらしい言葉だろう！　ミリアムは、デンマーク流のライフスタイルをこう要約してくれた。

「生活のスピードはちょっと遅めかもしれませんけど、自分自身に、そして生活の質に集中できます。たとえば、私の暮らしはこれでいいのかしらとか、人間関係や近所付き合いはこれでいいのかしらと考えて」

アイスランドの幸福研究家ドーラはこう言っていた。「幸せになりたかったら、家族、友人、交際に投資すること。お金持ちになりたかったら株に投資することね」

彼女の研究によれば、若者は危機的な状況に陥るとちょっと幸せになるそうだ。そして危機が過ぎた後もその幸せな気分は続く。それはこういうわけだ。

「そうした若者たちの周囲にどんな変化があったかを調べると、親子が一緒に過ごす時間が危機の前より長くなったことがわかったんです。これはアイスランド人の生活についての新発見ですよ」

話は変わるが、以前メキシコシティの高級住宅街のど真ん中で、私はセルヒオ・スアレスという人物に出会った。三四歳、スーツに白のワイシャツ。金融機関に勤務していて、黒の高級車に乗り込もうとしているところだった。その彼がこう言った。

「ドイツ人は今の生活を楽しむべきだよ。重要なのは仕事やモノじゃない。路上で友だちとおしゃべりしたり、一緒に座っているだけでも幸せになれる。メキシコ人みたいに温かい人間関係を築くのも悪くない」

その時私はホルへのほうをちらりと見た。メキシコ時代に私が雇っていた運転手だ。彼は疲れ気味に見えた。そこで私はこう言った。「ねえホルへ、ゆっくりコーヒーでも飲んでいかない?」

幸福度の高い国々の健全な愛国心

あなたは母国が好き? あなたの母国は世界一の国? 国民がみんなして母国のために行ってい

ることを誇りに思っている？

あなたは母国との絆を感じている？　イエス？　それはそうよね。あなたのまわりには家族や友人の他にもいろいろな人たちがいるからね。近所の人たち、同じ通り、同じ市町村に住んでいる人たち、そして同じ国に住んでいる人たち。

他にもあなたと何かを共有している人たち、あなたが大切に思っている人たちがいる。でも、ここまで広げると文化的な意味合いが絡んでくる。それから、あなたが成長する際にあなたの心に寄り添ってくれた人たち。住んでいる地域は違っていても、何かを共有している人たちだ。あなたがドイツに住んでいる場合には、ドイツ人ないしはハーフの人がそうだし、ドイツのパスポートを持っていて、この国に三〇年間住んでいる人たちもそうだ。私たちは仲間。外国などからはそう見られている。

幸福度の高い国々は例外なく、健全にして心のこもった愛国心を抱いている。デンマークの章（一〇四ページ）に登場するマルテは、娘のアイスクリームをおいしそうになめながら私にウィンクし、微笑を浮かべた。「よくよく考えてみれば、私たちの国は世界の小国の中でいちばんいい国だよね。だからこの国は幸福度ランキングでいつも上位に入るのかな？　いろんな点でこの国ほどいいところはないし」

ヘルシンキ駐在のドイツ人特派員レベッカ・リーバーマンもフィンランド人についてこう言っている。「フィンランド人は母国に大いに誇りを抱いているが、それは国がまだとても若いからだ。

だから国民は一致団結し、一種の幸福感を味わっている」

フィンランドもデンマークも小国。ともに人口は五〇〇万ちょっと。だから幸福？　人口が少ないからコミュニティが緊密だということはたしかだろう。ごく小さなコミュニティだ。

アイスランド人も同様のことを言っている。「アイスランド人が幸せなのは、私たちが確固たる小さなコミュニティの中で暮らしているからだと思う」

こう語ったのは、アイスランド最大の日刊紙で消費者相談コーナーを担当しているフリジョン・ファナル・ヘルマンソン、三八歳。

彼が自室の窓から顔を出した時、私と同伴者の女性ナンナは彼に声をかけた。すぐさま私たち二人は、彼の狭いダイニングを占領してしまった。そのダイニングには、大きな褐色のテーブルだけが置かれていた。四方の壁は濃緑色、板張りの天井はワインレッドに塗られていた。

狭くてこぎれいなそのアパートは、アイスランドの国そのものだった。ナンナは納得したかのようにうなずいた。「アイスランド人って大家族みたいなものね」

人口わずか三〇万人。国民全員が七親等以内の親戚なのだ。

たしかに均質な社会！　この国の住人はもちろん、すぐさま自分をコミュニティの一員と感じるだろう。全員が同じ価値観、同じ伝統を共有している。

人口五〇万人のルクセンブルクは外国人の割合が五〇パーセント。毎日、国境を通過してやってくる従業員の人数は一八万人もいる。

マルク・ルペルトという三〇歳の教師は、自分が出馬する政党のパラソルの下でこう語った。

「なぜ私たちがこんなに幸せなのか？　それはルクセンブルクがとっても小さな国で、人間同士のつながりが濃密なせいもあるよ」

では人口はどのくらいが限度？　いやいや、人口だけが重要というわけではないかも。その例がスイスで全人口は八〇〇万人くらいだが、スイス人弁護士アハメートに言わせれば、「ことによると私たちは国からの圧迫を感じていないから幸せなのかもしれない。ここは小国でいわば全土を見通せるし、誰もがコミュニティの一員のような気でいる」。

また九五〇万以上の人口を抱えるスウェーデンにしても、特派員ティルマン・ビュンツに言わせると、「スウェーデン人はふだんは穏やかだが、心の中では自分たちは世界一の国に住んでいると思っている」。

同様のことはフィンランド人、コロンビア人、メキシコ人、オーストラリア人についても言える。かつて外交官の妻として世界各国で生活したことのあるジャンという女性は、モントリオール市内のアパートできれいな裏庭を眺めながらこう口にした。

「私たちは幸せよ。すべてうまくいってるわ。カナダは大きなコミュニティなのよ」

カナダは移民の国だから、民族的にはかなり混在しているが、コミュニティ感覚からすれば、そんなことはどうってことはないのだ。

「カナダ人がどうして幸せと感じているか、私にはわからないけど、国民の誰もがカナダ人だということを誇りに思ってるわ。カナダ国民は、みんなが違うという点が同じなのよ」
この言葉を私は今回の旅の最中に何度も思い起こした。ドイツ人は全員が違っているわけではない。人間は、互いに異なっている場合にこそ同じことを感じるのだろうか？　親として、子、パートナー、同僚、人間として。

ボゴタ（コロンビア）のテレビ局に勤務するリリアナ・サーベドラにとって、次のことは当たり前なのだ。「この国はファンタスティックよ。いろいろ問題はあるし、外国からは困った国だと思われてるけどね。でも私たちは幸せ。仲間は愛さなければ、そして尊敬しなければ。そして母国と家族、友人と一体感を持たなければね」

ちなみにコロンビアの人口は四四〇〇万人。

リンダは、ほっそりした美女で、輝くばかりの褐色の長髪をなびかせていた。彼女は水の精みたいに砂の上に座って、五歳の娘と遊んでいた。彼女の後方には、ノルウェーの荒涼とした山並みが見渡せた。その彼女が海岸を眺めながら、静かにこう語り出した。「どうしてドイツ人はあまり幸せじゃないか、なんて私にはわからないわ。大国だから？」

ドイツは人口が多すぎるから国民は幸福感を味わうことができない？　八〇〇〇万人は多すぎる？　こんなにいると扱いにくくて好きになれない？　一つにまとまるには国民同士の違いが大きすぎるし、国土が広すぎる？　そして何か責任をとるとしたら、その責任は重すぎる？

カナダやスイスを見ると、民族の違いに意味はない。だが大きな国でも同じことが言える場合がある。たとえばメキシコは動乱の歴史を経てきたし、現在一億二〇〇〇万人の人口を抱えているが、国民は自国に誇りを持っている。

一八歳のかわいいユリディアはこう言っていた。「私、この国が気に入ってるし、メキシコ人だってことを誇りに思ってる。この国に住んでいたいかって訊かれれば、もちろんイエスよ！　メキシコは世界一の国だわ」

メキシコの情熱の炎は実はドイツにも飛び火していた。最近では二度。二〇〇六年（ドイツ大会三位）と二〇一四年（ブラジル大会優勝）のサッカー・ワールドカップ大会。数百年にわたってドイツとけんかしてきた国々、そしてドイツが筆舌に尽くしがたい苦難を与えた国々が今や、私たちを尊敬し、賛嘆してくれているらしい。しかもドイツのことが大好きらしい。

その証拠に、オランダ各紙の特派員を務めているメルリン・スホーネンボームが二〇一三年にオランダで出版した本のタイトルはなんと、『なぜ私たち（オランダ人）はドイツ人を突然大好きになり、——彼ら（ドイツ人）はそのことに驚いたか？』。

すばらしい。だが私たちはこうしたことにまだ慣れていない。大好きだと言われたり、尊敬されたり賛嘆されたりすることに慣れていない。

オランダ最大の日刊紙『テレグラーフ』は、二〇一四年のサッカー・ワールドカップ大会中に、「東隣の国（ドイツのこと）を軽蔑する時代は過ぎ去った——私たちはドイツを称賛する」という記事を載せたし、オランダ人は自国チーム敗退後、ドイツカラーをほおに塗ってくれた。

センセーショナルな出来事だった。私は一九九〇年代にオランダで自分の郵便受けにハーケンクロイツが描かれているのを見つけたことがあるので、なおさらだった。ドイツは今、愛されている。しかも隣国にだけではない。

ストックホルム出身のペーテル・フリスクには、イェーテボリ（スウェーデン）の公園で出会った。長身痩軀《そうく》。栗色の髪を小さくポニーテールにまとめた彼は、ストックホルムで芸術・文化事業に携わっていた。私がドイツ人へのアドバイスを求めると、彼はその質問を待っていたかのように私にほほえみかけ、こう答えた。

「ドイツは将来性のある国の一つだ。ドイツ人はもう過去を総括して、あらゆるテーマに立ち向かうようになっている。どんな事柄についても語るようになったし、本当にメンタリティが変わってきた。メランコリックとか暗い精神とは無縁になったんだ。ドイツには何度も行ったことがあるけど、ドイツ人は本当に愉快で立派になったと思う。私からのアドバイスはこうだ。今の道をこのまま歩んでいくこと。正しい道だからね」

世界はドイツに関して、ドイツ人自身とは異なる見方をしている。しかも「ドイツ人はもっと自分を高く評価していい」と思うようになっている。そう言われればちょっと気分はいいが、そう確信するのはまだむずかしい。自分をネガティブに見る癖が付いているので、高い評価を素直に受け入れる自信があまりないのだ。

「もう自虐はいい加減にしろ！」という声もあるが、ドイツ人は自虐に慣れてしまっている。たとえば、二〇一四年のサッカー・ワールドカップ優勝祝賀式で、ドイツチームがアルゼンチンを侮辱するパフォーマンスのガウチョダンスを踊って物議をかもした。その反応を見ると、ドイツ紙では「勝利に陶酔するにしては不適切」「（ベルリンの）ブランデンブルク門での優勝祝賀式はドイツチームにとってオウンゴール」という見出しが躍った。

だが隣のオランダの反応は違った。この一件を取り上げたのはドイツ・オランダ国境のフレーフォラントで発行されている一紙だけで、その内容も、「選手たちは日曜にガウチョダンスで興奮してヒーローになったが、三日後には自国メディアから総スカンを食った」という程度だった。

過去三〇年間カナダに住んでいるドイツ人特派員ヘルベルトはカナダとドイツを比べてこう言っている。「ドイツ人は愛国心を抱くのをビビっている。たとえば国旗を掲げる時がそうだ。二〇一三年の選挙後に当選者のひとりが壇上で小さなドイツ国旗を振った時も彼はおずおずしていたし、メルケル首相はその当選者からその旗を奪い取った。そんなことはカナダでは考えられない！　国旗を渡されるのは、誇りと愛国心を渡されることなのだから」

ヘルベルトはモントリオール市街を眺めながらこう言った。「愛国心はカナダではドイツみたいにネガティブなものではない。これはきっとカナダがまだ一度も戦争をしていないことと関係があるのだろう。思うに戦争は一世代の心に刻まれるだけでなく、その後何世代にもわたって受け継がれていくのだ。そしてそれはたしかに幸福度にも影響するだろう。だが何かに誇りを持つのはいいことだ」

ルート・ヴェーンホーヴェン教授も似たようなことを口にした。「ドイツの幸福度があまり高くないのは、たしかに戦争と関係があると思う。ドイツ人は実際、深い爪痕を残したからね。ドイツ国内には戦争体験世代がまだいる。たとえば成長期に父親がいなかった人たち」

私は時々、他国はもう私たち自身よりも大目に見てくれているという感情に襲われることがある。たとえば、赤毛を思い切って短く刈っているルツェルン（スイス）の介護士ヤスミン（女性）は、アルプスの山並みを見上げながらドイツ人に向かって次のようなすばらしいメッセージを送ってくれた。「ドイツ人は……もうちょっと幸せになってもいいんじゃない？　もうちょっと自分を高く評価してもいいと思うわ」

ストックホルムを旅していた陽気な年金生活者ティッカもこう言ってくれた。「ドイツ人は、歴史の呪縛《じゅばく》から解き放たれる必要があるな。プレッシャーを感じる必要なんか全然ない。だっていい人たちなんだもの、とってもいい人たち」

私たちドイツ人はそう感じているだろうか？

デンマーク
日々の心構えはヒュグリー（心地よさ）

コペンハーゲンの空港からエアポートトレインに乗って一時間。私は快適な福祉国家の中心地コペンハーゲンの中心街にいた。この街はにぎやかだが、どこか落ち着きを感じる。

「デンマークはスカンジナビア旅行の初心者向けだね」とマルテが冗談を飛ばした。彼とその娘の幼児エリに会った時のことである。彼はすぐさま娘にアイスクリームを買ってあげ、その後はずっとインタビューに付き合ってくれた。四〇代半ば。カジュアルなTシャツとカーゴショーツを着ていた。金髪のエリは、私たちが話をしている間、赤の自転車であたりをぐるぐる回っていた。

「私たちはいわば北ドイツ人なんだ」つまり、デンマーク人と北ドイツ人は国境周辺を共有しているという意味である。そして、その国境沿いに住んでいるドイツ人も

『世界幸福地図　二〇一三年版』によると幸福度は高い。デンマークの幸福が国境を越えて南側のドイツに伝染したのか？　その証拠と言えるかどうかわからないが、シュレスヴィヒ＝ホルシュタイン、ハンブルク、ニーダーザクセン（いずれもドイツ北部）もドイツの中ではもっとも幸福度が高い。さらに国全体としてもデンマークの幸福はドイツに影響を及ぼしているようで、ドイツの幸福度はデンマークよりわずか一ポイント強低いだけなのだ（『世界幸福度ランキング』によると八・三対七・一）。

いや、話は真逆なのかもしれない。つまり、ドイツ人がデンマークで「幸福の王」になったことからすると、ドイツがデンマークに幸せをもたらしたかもしれないからだ。一九世紀半ば、「幸福」（ドイツ語でグリュック）という名のついた町（グリュックスブルク）を治めていた一族がデンマークの君主になったのである（デンマーク語で表記するとリュクスボー朝）。ちなみに同家はノルウェー王にもなっている。つまりドイツは自らの幸せを国境の彼方に譲ってしまったのだ。なんとばかげたことか！

しかもグリュックスブルクの町はドイツ最北と言っていいところに位置している。幸福の騎士・王女・国王は遠方に行ったわけではない。

しかしデンマーク人が今のように幸せを感じているのはなぜか？　ビールの値段が高いから？　気候が寒冷で不安定だから？　生活費がドイツより二五パーセント高いから？　それとも、所得税の最高税率が五九・六パーセントだから？　冗談はよそう。

デンマークは生活費が高いから、五六〇万人の国民は嘆いてしかるべきだ。ところが嘆いてなどいない。デンマーク移住を決意したイギリス人マイケルは、オーフスの町で自分が経営するレストランのテラスに座って、すっかりくつろいでいた。ごま塩の髪を肩まで伸ばし、肌は真っ黒に日焼けしている。六〇歳過ぎかなと私は推測した。彼はこの町に嬉々として住んでいる。

「シャワーは日に三度浴びられるし、食事は日に三度摂れる。失業しても国からお金が出る。あらゆる点で守られている。たしかに税金はたくさん払っているが、制度はうまく機能している。デンマークはすばらしい国だ！」

スカンジナビア諸国に典型的な、いわゆる福祉国家制度である。その目的はざっくり言うと、すべての人がよい生活を送れること。ドイツの社会福祉国家という制度とは異なる。ドイツの制度の目標は、誰もがひどい状態にならないこと。

そしてデンマークでは、その福祉国家制度がうまく機能しているらしい。「ことによると、みんなが他者との団結を大切だと感じているからかもしれません。つまりコミュニティ意識の表れかも」と言ったのは、オールボル大学（デンマーク）でドイツ語を教えているミリアム。

私が彼女と、その夫ライナーと会ったのは、北海に面するスレデステトという村の海辺。大型漁船が防風の役目を果たしてくれる場所で二人にインタビューした。

デンマークで団結とは、「弱者をかばうだけでなく、もっと具体的にデンマーク人としてのコミュニティを意識すること」。たとえば失業手当を受け取ってのんびり暮らすのは、デンマーク人にしてみれば不愉快なことらしい。所得格差はあまりない。勤労者はたしかに高齢化してきてはいるが、就業率の高さはＥＵ随一。

なぜか？　第一の理由は、デンマークでは労働が楽しいからだ。デンマーク人は一般に幸せな人間であるだけでなく、世界でも屈指の幸せな勤労者でもあるのだ。第二の理由は、デンマークの労働環境が整っているからだ。どういうことかというと、児童福祉制度が充実しているので、昔から女性も平等に働くことができたのである。

だが生活には労働以外にもさまざまな側面がある。とりわけデンマークの場合はそうだ。デンマーク人は生活を楽しみ、喫煙し、酒を飲み、たくさん食べる。その分、寿命はちょっと短めだ。自然児のノルウェー人やバランスのいいスウェーデン人、寡黙なフィンランド人と比べれば、デンマーク人はスカンジナビアの「恐るべき子どもたち《アンファン・テリブル》」なのである。

だがノルウェーの幸福研究家ヴィテルショはこの考え方に反論する。「デンマーク人は私たちより幸せです——なぜかはわかりませんがね。私の考えでは、デンマーク人が快楽主義者だからです。連中は肉体的な喜びが大好きなんですよ。飲食とかね」

その例が、手の込んだスモーブロー（オープンサンド）。

オールボル近郊でインタビューしたマンディとライナーの話をしよう。二人は八年前に、将来性がないからという理由でドイツ東部からデンマークに移住した。デンマークで二人は幸福になった。すてきな職も得た。

私は、彼らが所有する別荘、いかにもデンマーク風の快適な田舎の別荘のテラスで話し合った。その別荘は壁がベージュに塗られていて、白いガラス窓がはめられ、かわいい庭があった――垣根はなし。

二人は、デンマーク人にまじって送っている今の生活について顔を輝かせながらしゃべった。マンディは、デンマークは家族の団結がすばらしく固いと語った。「ドイツでは仕事のために家族が遠く引き離されてるけど、デンマークではそんなことはない。それは大きなメリットね。ともあれこの国はそんなに広くないし」

インタビューを行ったのは日曜日。庭の小さな泉が静かにパチパチと音を立てていた。その静けさが一度、三〇分間だけ途切れた。隣家の人が芝生を刈ってくれていたのだ。自分の庭と隣近所三軒の芝をまとめて。「一台の芝刈り機を何軒かで一緒に使っているの」とマンディがニコニコしながら言った。ちなみにそれは昼時だったので、誰の邪魔にもならなかった。

「この満足と落ち着きに、私たち、すぐさま惹《ひ》かれたのよ」一緒に楽しむこと。それこそはデンマークの生活の核だ。「hyggelig ヒュグリー」という言葉――訳しにくいが、「心地よさ」と言ったところか。だがそれ以上の意味がある。親密さ、緊密な一体感、陽気さ、満足、落ち着き、それらがすべて混じり合った言葉だ。

そのインタビューからしばらくして、私はオールボルの建築現場で道に迷ったが、その時ヤコプを見かけた。彼は二〇歳前後で、白のヘルメット、ヘビメタ模様のTシャツ、片手にタバコという格好だった。ここには実習に来ているという。「どうしてデンマーク人はそんなに幸せなの?」と訊いてみた。

「デンマークの人は本当に親切でフレンドリーなんだ。買い物の時もそうだし、仕事の時もそう。友だち同士もね。みんなしてお互いにベストを目ざしているんだ」別れの時、彼ははにかんだような様子で私に手を振り、タバコをもう一服吸った。

ヒュグリーは日々の心構えなのである。スレデストラン(前述のスレデステトとは別の町)でインタビューしたライナーも、「ヒュグリーはとっても快適だよ」と言っていた。「ここでは何もかも少しだけ落ち着きがあるんだ。何もかもゆっくりだしね。列車もゆっくり走るし、自動車もゆっくり走る。国民もゆっくり歩いてるんじゃないかと思うくらいだよ」

多くのことをやり遂げたり、次々とアポをこなしたりしても、デンマークでは尊敬されない。自分を大切にしなければ、そして家族、友人、趣味に時間を割かなければ、明らかに人生を間違っているとされる――少なくともデンマーク人からはそう見られる。そしてそのことを経営者も承知している。

「デンマークでは、人は洗練されるようになる。仕事も同様だ」と言ったのは技師のライナーだ。人間生活を総体として見るこうした総合的な思考はデンマーク特有の人間観だ。

「ある企業に入ったばかりで妊娠しても、うさんくさく見られないどころか、まったくその逆で、上司は喜んでくれる。なぜなら、会社に戻ってくる時には母親になっていて、組織に対する見方が前とはまったく変化しているはずだから」とマンディ。

デンマーク人は失業者を「将来、潜在能力を自由に発揮してくれる自由人」と見なしているし、年配の勤労者は若者より経験豊かな人物と見なされている。人間は人間であり、年配者は摩耗した物質ではないのだ。人間は一生を通じて精神的に成長する能力を持っているとみなされているのである。

デンマークでは誰もが社会において等しい価値を持っているとされるが、その基礎になっているのは、全員が守るべき十戒である。ただし聖書に記されている十戒ではなく、奇妙なことに、デンマーク生まれのノルウェー人作家アクセル・サンネムーセが一九三三年に書いた小説の中の十戒なのだ。

彼が描いた架空の村ヤンテの法律が「ヤンテ村の掟」と呼ばれる一〇の戒めである。その戒めの核心を成しているのが、「あなたは自分が何か特別な存在であるとか他の人たちより優秀だと考えてはいけない」だ。

どうやらサンネムーセはこの著書によってデンマーク人の心の奥底に分け入ることに成功し、デンマーク人が何世紀も前から最重要と見なしてきたこと、つまり「誰もが他の人とまったく同価値である」という意識を見事に文章化したようだ。

この戒めを守っているのはデンマーク人だけではない。ノルウェー人やスウェーデン人も同様だ。ちなみに、ちょっとロシア的なフィンランド人もある程度守っているし、アメリカの影響を受けているアイスランド人もそうだ。

このヤンテの戒めが広まった結果、デンマーク人は互いに尊敬を抱くようになり、親切になり、信頼に値する人間になった。ライナーが妻のマンディを抱きしめながら「この戒めを頼りにしていいぞ」と言うと、マンディはすっかり感激してこう口にした。

「ええ、みんな互いに信用してるわ。冬が訪れると、ここではしばしば数台の自動車がパン屋さんの前に停まる。外が寒くて暖房を入れたままにしておきたいから、どの自動車も鍵をかけたまま。自分の車が盗まれるなんて誰も考えないの」

するとライナーが大きくうなずいて、「ここの人たちは信用できる」と言った。それを受けてマンディは、こうまくしたてた。

「誰かが自分よりいい仕事に就いても誰も気づかない。なぜかというと、ヤンテの戒めは『人に自慢してはいけない』という意味もあるから。誰かがいばれば、デンマーク人は耐えられない。だから誰も絶対にいばらない。もちろん『ワーッ！　新車を買ったのね』と言うことはあるけど、新車を買った人がいばることはない。肩書きについてもそうだわ。誰かを何々博士とか何々教授とか呼んだら、ばつが悪いことになるし不愉快な事態になる。つまりは不適切なの」

私は似た話を故郷オランダでも耳にしていた。つまり、尊敬は肩書きに対してではなく人物に対して払うもの。なぜ教授を――専門分野ではいくらすばらしくても、人間的には怪しい人を――他の人より尊敬しなければいけないのか？　ここで言う「他の人」とは、たとえば客が少しでも気分よく店を去ってほしいと願っているスーパーのレジ係の人。

だがヤンテの戒めには「自分が何か人の役に立つと思ってはいけない」とも書かれている。こう聞くと私はかすかな不安を覚える。常にコミュニティに順応しなければならないとすれば、それは寒村での俗物的な圧政に近くはないか？

実際、スカンジナビア専門家であるベルリンのフンボルト大学スカンジナビア学科教授ベアンド・ヘニングスンはこの戒めを「順応主義と平凡さを賛美するものであり、より高いものに達しようとするあらゆる努力を萌芽《ほうが》のうちに圧殺するものである」と批判している。この説には私も納得できる。ヘニングスン教授はデンマーク人と話し合ったことがあるのだろうか？　そんなことを考えていると、コペンハーゲン出身の若いグスターが私にこう言った。

「私たちデンマーク人は幸せだと思う。世界各地の人たちがそう言っている声も聞いてはいるけど、私たち自身もそう思ってる。デンマーク人は自分の希望を口にするし、自分の希望どおりに生きている」

要するにデンマーク人は自由に考える国民なのだ。

幸福の処方箋 4 自由をわが手に！

人はカゴの中で生まれるわけではない。人はわが道を歩んでいくことができる。別に何か周囲から期待されていると考える必要はない。人は自分で決断していい。ただし自分のために正しい選択をすること。

——デンマーク・オーフスの建築士。既婚で二児の母エーネ

自由があれば、人は幸福になれる

カモメがキイキイと鳴きながら飛んでいる。宿泊先のホテルの前を流れている狭い運河の上だ。ビョルンスコフ教授推薦の楽しいホテル。船室の作り付けベッドを連想させるような部屋。教授を待っている間、まるで自分が港内にいるような錯覚に陥った。

もしネットの写真どおりなら教授は四〇代か？　金髪？　実際に会ってみると、この二点はそのとおりだった。私が、運河沿いに建つ美しいレンガ造りの家々を夢見心地で眺めていた時、彼は突

然私の前に姿を現した。青い目、突き出たあご。しかも、若々しいジーンズと、明らかに水泳をイメージした模様が入ったカジュアルなTシャツ。実はもっとしょぼくれた人が現れるかと思っていた！

私たちは、彼の行きつけのレストラン「メンフィス・ロードハウス」の水辺でおしゃべりした。教授はオーフス大学で国民経済学の教鞭を執っている。水のデカンタを注文した後、彼は私にすぐさま幸福に関する完全にプライベートな話を始めた。

「一〇年前の夏の日、私は自分のオフィスに座って、『信頼は経済にどんな影響を及ぼすか』という博士号のテーマについて考えていました。だが私はいつの間にかそのテーマへの関心を失い、幸福と経済に関する研究書を読み始めたのです。そして、その関係について論文を書き始めました。なぜなら、信頼と幸福は関係があるに違いないと思っていたからです」

彼はここで笑った。それから物思いにふけりながら、表面が曇ったデカンタをテーブル上で回転させた。その一〇年前の出来事以来、彼は幸福を研究するようになった。とりわけ幸福と信頼の関連、そして幸福と自由について。

「自分の生活を変える自由があれば、人は幸福になれるのです。自分の人生をコントロールできるという意識を持てれば幸せになれるのですよ」と教授は話を続けた。

そのとおりかもしれないと私は思った。話は変わるが、私はその前日、寄付集めをしていた親切な二〇歳前後の金髪男性とオーフスの町でおしゃべりをした。

「デンマーク人は自分たちが自由な世界に生きていることを強く意識していると思う。だからこそ国民は幸せなんだ」幸せな人というものは、自分が自由なことを、そして自分の人生を自分で決断できることを常に心得ている。だからこそ、その自由を手放すまいとするのだ。

『世界幸福度ランキング』の創始者ヴェーンホーヴェン教授は次のように述べた。

「人は自分で人生の選択ができる。だからまず自分が何をしたいかを知らなければならない。そして自信を持って決断しなければ。たとえば、母親の希望とは違った婚約者を連れてくるとか。選ぶ際には外的な状況も関係あるが、自分で決断するという自信も重要なのだ」

つまり、人は常に、社会的条件がせめぎ合う緊張の場にいるのだ。たとえば規則、タブー、期待、そして自分が自由に行動できる自信。自由を重視する社会に生きていれば、自信を伸ばすことができる。自由を見つけたら、それを役立てるのだ。

「もしあなたが若者たちを自主的な人間に育てれば、そしてその若者たちがその後、大切なことを求めることのできる社会で生きていけば、若者たちはきっと幸せな人間になるだろう」とヴェーンホーヴェン教授。自由を得る能力は、学んでつかむことができる。

「自分自身で決断を下すことができるよう育てられることが重要なのだ」と同教授は主張する。

「私が今幸せなのは、自分が自由だからであり、まさに自分が望む生活を送っているからだ」

——ノルウェー・オスロ在住のシナリオライター、アレクサンドル

「アイスランドの人たちは、何かをするもしないも自分の自由だという感覚を持っている。アイスランドはいろいろなことに関して自由で平和な国だ」

——アイスランド・レイキャビク在住。保健省の「健康決定要素」の長ドーラ

「カナダは偉大な国だ。ここには自由がふんだんにある。可能性がふんだんにある。だからここの国民は幸せなのだと思う」

——カナダ・ブランドンの職人ウェス

「デンマークには、楽しいことを行う自由がたっぷりある。人生を自分で決断できるから、幸せになるのは簡単なことだ」

——デンマーク・オーフスの女子高生ミレ

「自由とは、他人と同じことを行う必要はないということだ」と言ったのはスウェーデンの児童文学作家アストリッド・リンドグレーンだ。彼女は核心をとらえていたのだ。自分の人生を自由に作ろうとすれば、個性的な人生設計図を描くことになる。

「だが社会が人間を規制すれば、人間が人生のコースを変更するチャンスは少なくなる。デンマーク

は規則が比較的少ない国で、その規則にしてもかなり賢明なものだ」とビョルンスコフ教授は言う。

これはタブーのような不文律についても言えるという。「不文律は人生に大きな影響を及ぼす。デンマークには、人生を決断する上でのタブーはほとんどない。アメリカ南部では、ゲイは許されないし、三〇歳までに結婚しなければならない。でもそうしたことはデンマークではまったく問題にならない。規則にのっとった生活を送りたくない人は、別な人生を送ることができるし、その結果、幸せになれる」とビョルンスコフ教授は平然と言ってのけた。

同じことがオーストラリア人にも言えることは、私がシドニーで会ったドイツ人特派員エスター・ブランクの言葉に明らかだ。「オーストラリア人はほぼ全員が、自分は個人主義者だと言うわ。もし誰かが近づいてきて、自動車は片側に駐車すべきだとか、夜一〇時以降は静かにするようにと言えば、即座に大規模な反発が起きる」

そう言ってエスターは笑った。

「こうしたことがドイツとの違いね。オーストラリアでは規則があるからと言って、それをおとなしく守る必要はないの。納得できる規則だったら守るけど」

私はモントリオールの中心部にあるアメリカ公園に立ち寄った際、新作のライブビデオを収録中のダニカに出会った。彼女も赤褐色の長髪を青白いきれいな顔から払いのけながら、カナダについて同じことを口にした。

「カナダの人たちはとても幸せよ、国民がとてもオープンだから。カナダは若い国、マルチ文化の国だし。でもだからこそ、特定のカルチャーに合わせなきゃいけないなんていうプレッシャーをほとんど感じないわ。ことによると、だから幸せなのかもしれない。ふだん自分ができるよりたくさんのことができるもの」

個人の自由に関するこうした気分は、ある日曜の朝にモントリオールで自宅の玄関ドアを塗装していたジャン＝セバスティアンの口からも洩《も》れた。

「国境を越えてカナダに入るといつも自由を感じる。自由でなけりゃ幸福じゃない。貧しくたって自由なら、貧しさなんかどうでもよくなる。カナダ人は本当に、本当に幸せだよ」

これと同じ考えは、コスタリカのように本当に貧しいけれど自由な国でも耳にする。コスタリカの清掃員ホセは堂々とこう叫んだ。「もちろんさ。私は幸せだ。考えも行動も自由だ。自分がやりたいことは何でもできる。だから幸せなんだ」

これに対して束縛は重荷になる。暗黙のうちに受けることが多いし、たいていはなぜ束縛されるか、その理由を探ることもない。それでいながら遠回しに人から人へと伝えられていく。しかもその大部分が私たちの脳内に侵入する。

その好例が、ルツェルン（スイス）で私が話しかけた骨と皮ばかりの老人だ。腰が曲がったその人は、教会前の小さな壁にもたれるように座っていた。私は「質問しても大丈夫？　この人、幸せじゃないに決まってる」と思った。

スラックスと白いシャツ、青いジャケットをきちんと着込んだその人は、激しく震える片手を私に差し伸べたが、その手は肌が透き通っていた。

遠くまで旅をして、いろいろなものを見てきた、と彼は口にした。アメリカ、フランス、メキシコ。だが私は「今はこの場所に腰掛けて、キャンドルを売っている貧しい人だ」と思い込んでいた。私は彼の横に腰掛けて壁にもたれた。自由？ ニルス・バウメという名のその老人は、体をかがめたまま横から微笑を浮かべて私をじっと見つめた。

「今日はこれをやっているが、明日は違うことをやってもいい。成功というのは、今までより多くのことを知ることだよ。私は八七歳になったが、これから何ができるかなと考えてる。でも今ほどチャンスに恵まれている時はなかった。それもこれもこの年になったからだね。もし老いを感じるとしたら、それは新しいことをしたくなくなった時だね」

あなたは自分ができることを常に自由にやることができるし、そうすべきでもある。ルツェルンのバウメやコスタリカの清掃員ホセのように、あなたよりチャンスの少ない人は大勢いるが、それでも彼らは自由を感じている。カナダやオーストラリアの国民は全員が基本的にはそう考えている。

自由すぎて、不幸になる？

スウェーデン人のトーマスとは、デンマーク発スウェーデン行きのフェリーの船上で出会った。

彼はその船の船員で、私をフェリーの屋上に案内してくれた。私たちはそこから広い海を眺めた。「私は自由だから幸せだよ。やりたいことを自分で選べる。何事にも縛られていない」と彼は、船の騒音と風、キイキイ鳴くカモメに負けじと大声で叫んだ。

彼には幸せの秘訣《ひけつ》が一つあった。「退屈しないようにすること。生活に変化をもたらす！　仕事を変える！　すべてを変える！　時には後退してみる！　想像力を働かせる。すると人生が美しいことに気づくんだ！」

私たちは、フェリーの横を過ぎ去っていくこぎれいな紅白の家々をゆっくり見つめた。私は深くため息をついた。想像力を働かせるという言葉が私の頭の中で反響した。

想像力を働かせない理由など絶対にない。想像力を働かせない言い訳は、たしかにたくさん思いつく。たとえば自分はもう老人だとか。だがバウメはこの考え方に反対する。

自分には子どもがいるから、という言い訳もあるだろう。でも子持ちの私は今、旅をしている。まず昇給してから考える？　今は年金生活をしているから？　家の借金を全額返済してから？　ことによると、人生を変えても何一つ、なんて……。

「人生は一回こっきり。だから一か八かだ！」歌手のダニカは、ジェスチャーたっぷりにそう言った。「自由だから私は幸せよ。自分で決断を下すことができるからね。時にはコントロールがきかなくなってもオーケー。そんなこと、どうでもいい、人生を心から生きてさえいれば」

ヴェーンホーヴェンとビョルンスコフの両教授の意見は同じだった。つまり、自由であればあるほど幸せになるというのである。タブーを破り、規則を破り、自分自身の夢を追い、自分自身の考えを追う！　あなたが第一歩を踏み出さなければ、誰がやってくれるというのか？

アイスランドで私の旅に同行してくれた幸福の妖精ナンナには、オッタルという名の銀行員のボーイフレンドがいた。そのオッタルが後に私にこういうメールを送ってくれた。

「この国には自分の夢を実現するための自由と可能性がたっぷりある。私の考えでは、ドイツ人も、幸せになるにはどうすればいいか、それについて自分の心のままに動けば幸せになると思う。社会からどう期待されているかなんてことを気にしてはいけない」

デンマーク人のラルスもこれに賛成だ。「他の人だったらこう望むだろうなどと絶えず気にしていたら、そうした考えに時間を使いすぎて、本来のことを考える時間がなくなってしまうよ」

幸福研究家たちは、あなたが自由を活用することによって希望どおりの人生を送ることを望んでいる。ちなみに、超有名なドイツ人もこう言っている。「あなたに何ができるとしても、あるいは何かができればいいと夢見ているとしても、ともかくそれを実行することだ！　勇気を出せば、独創力が、精神力が、そして魔力が生じる」ゲーテの言葉だ。

まずは始めること！　労働時間を増やそうと決断するにせよ、もっと適した職に移ろうとするにせよ、だ。あるいは五人の子どものために何かをするとか、世界でもっとも幸せな国々一三ヵ国を巡る旅をすると決断するにせよ、まずは始めることだ。

私がオールボルの建築現場で出会ったデーニエルは、自信たっぷりにこう語った。「デンマーク人はとても幸せだけど、それは楽しいことを見つける可能性がたっぷりあるからさ。そして可能性だけじゃなくて、実行してるんだよ」

自由を意識するようになれば、自由な行動をとろうと意識するようになる。これは一生を決める一大事だ。イエーテボリ（スウェーデン）で数ヵ月前にカフェを開店したクリスティアンはこう言っていた。

「ここスウェーデンでは、どんな希望も実現可能だと言われてる。でもそれによって多くの人たちはストレスを感じる。もしその何かができなかったら言い訳は通用しないから」

この重要な点について、私は即座にオランダでヴェーンホーヴェン教授と話し合うことにした。

「自由すぎても不幸になることはありませんか？」そう訊くと教授はこう答えた。

「自由にはもう一つ別の側面があります。それは、何かを選択しなければならないということです。たとえばあなたがジャケットを買いたくなったとしましょう。もしジャケットが何種類もあれば、その中から選ぶのは楽しいことです。けれども同時に、自分に合わないジャケットを買ってしまう危険を冒すことにもなります。また、ジャケットが一種類しかない場合には、そのジャケットがたいていの人に合わないことはほぼ確実です」

つまり、選択にはそれなりの危険が付きものなのだ。同教授はうなずきながらこう続けた。

「しかし選択にはそれ相応のメリットがあります。さまざまなことを自由に決断できる社会で暮らすほうが、人間は幸せになれるのです」

あなた自身がベストの人間になること

あなたが、ある時点で自由を追求できなくなったと仮定しよう。そうした場合、あなたは見事な言い訳をいくつも用意するだろう。何か義務があるとか、責任があるとか。あるいは、まだ「その時」が到来していないとか。

だがどんなに狭いカゴの中でも、あなたには自分の夢の一部を実現する自由はある。すぐには希望どおりの夢は実現しないかもしれないし、妥協しなければならないような気がすることもあるだろう。私自身、五年間にわたって一つの仕事に就いていた。それはたしかに私にぴったりの仕事とは言えなかったが、それをやっていたおかげで、自分の夢を実現する可能性を得ることができた。人は常に不自由であり、自由でもある。

私たちはしばしば、「今までにもかなりのことができたはずだ、と気づいて狼狽《ろうばい》するのは嫌だ」という理由で、生活状況を変えないでいることがある。今までどおりの生活を続けていれば、どうしてその生活を変えなかったのかと悩むこともない。

五年前の私は人生の危機にあった。遅かれ早かれ誰にでも訪れる危機である。おそらくそれによって私は成長したのだろう。だからこそ私は現在、自分の生活をしっかり掌握している。

私は人生を振り返るたびに、過去二五年間何をしてきたのだろうかといつも考える。もっと早くに、しかも今よりはるかに積極的に遅れを取り戻すことができたはずだ。そう思うと悲しい。

最近、私は新しいパスポートを受け取った。交付担当の人は証明書に貼り付けてあった私の昔の写真をしげしげと眺めてから新しい写真を見つめ、それから私の顔を凝視して、不意に大声で笑い出した。「まったく別人のように見えますね」

その瞬間私は、今まで自分を大事にしてくれた人たちの励ましと協力を得て、新しい自分を作り上げてきたことに気がついた。「そう、私もまさにそう感じていたわ」と私ははっきり答えた。

考えてもみてほしい。モーツァルトは三五歳で亡くなったが、オペラ二一曲、ミサ一八曲、管弦楽のための曲約五〇曲、歌曲四二曲を残した。現在、私たちの寿命は平均八〇歳以上だ。四〇代半ばの私の場合、人生の半分が過ぎたとはいえ、モーツァルトが生きた一生分がまるまる残っていることになる。私は今後どれくらいのことができるのか？　今後どういう人間になれるだろうか？

自由とは、昨日とは違う人間になれることだ。だが人間は今までどおりの自分でいたいと強く思っている。今までとは違う自分になろうとする考え方は理解できるとしても、今までとは異なる考え方をしたり異なる行動をとることには同意しがたい。自分の今までの歴史にこだわりがある。人生に亀裂が走るのが怖い。

とりわけドイツ人はそうだ。ことによると、これは「ドイツ人の不安」の結果なのだろうか？あまりにもしばしば壁に激突してきたものだから、今は人生をきちんとコントロールしようとしているのだろうか？

他国なら亀裂はありきたりのことだし、大いに歓迎されることもある。人間が人生について大いに学ぶのは、失敗した時であり、危機や絶望的な状況に陥ったために別方向へハンドルを切らざるを得なくなった時だ。

ルクセンブルクの親切な年金生活者ホルヘ・アレントと出会ったのは、まさにゾッとするようなみぞれ模様の日だったが、それでも彼がインタビューを受けてくれたので私はほっとした。

ホルヘは上機嫌だった。ベージュのトレンチコートとお似合いの帽子というこざっぱりとした身なりをしていた。ルクセンブルクの駅前地区の美化を目的とする協会のために、アイススクレーパー（自動車の雪・霜・氷などを除去する道具）を配っている最中だった。

「ドイツ人はどうしたらもっと幸せになれるかって？」ホルヘの回答は印象的だった。

「勇気を出して計画を練り、自力で実行することだね。そうすれば幸せになれる。確実だよ。何かをやってのければ、それも他者が加わってくれれば幸せになれる。人は自分の道を歩んでいかなければならないんだ。わが国の元経済大臣はいつも『自分を信じなさい』と言っていた。自信を持つのはいいことだ。一定の支援があればなおいい。家族が支えてくれるかもしれないし、友人や、そして滅多にないことだが国が支えてくれることもあるかもしれない」

自由に考える人、自分には何かができると信じている人は、どこか厄介な存在だ。他の人と異なる行動をとる人は、私たちの臆病さ、偏狭さを笑いものにする。彼らはあらゆることを混乱させ、確実と思えることを疑問視する。

「デンマークでは上司が、『よしわかった。そうしよう』と言えば、必ず誰かがこう尋ねるんだ。『どうしてですか？　目的は？』。私はこうした気楽さと自由さを重視する。あえて問いただす自由。それがあるからこそ、人はともに前進できる」

そう言ったのは、デンマークの建築士事務所の部長、赤みがかった金髪のラルスだ。

社会を成長させるためには、ドイツ人からつむじ曲がりと呼ばれるような人たち、いろいろなことを考える人に参加してもらう必要がある。理想を言えば、そうした人たちが、「ひとりで自分の人生を生きていく方法」を伝授してくれればありがたい。なぜなら、私たち人間は社会的な存在であり、自分の周囲で起こっていることだけを知覚している人が大半だからだ。だが、中には自分が一歩前進するたびに何かを学ぶ人もいる。

このことを、ゲッティンゲン（ドイツ）の神経生物学のゲーラルト・ヒューター教授に尋ねると、彼はこう断言した。「幸せな人というのは、基本的な欲求二つを両方とも満たすことができる人です。一つは他者との接近、結びつき、そしてもう一つは自らの成長、自立、自由」

他者とともに成長することは自由社会の目標である。周囲にいる人に対してあなたが引き受けることのできる最大の責任は、あなた自身がベストの人間になることだ。その好例が、オーフス（デンマーク）で出会った七一歳のデンマーク人女性キルステンである。

「私は幸せな人間になりたいの。いい人生を送りたいのよ。幸せな人生を送るように努めているわ。ぼんやり座って、他の人が私のために何かしてくれるのを待っていたりしないで、自分で動くのよ。

もしあなたがプラス思考なら、あなたに付き添ってくれる人がきっといるわ」

スウェーデンの幸福研究家で哲学者のベンクト・ブリュルダ教授は、ワイングラス越しに私の顔をじっと見つめながらこう言った。「いくつかの調査結果によると、スウェーデンは世界でいちばん個人主義的なんです。ただし健全な個人主義。信頼と団結心が強い社会においては、誰もが自分なりの人生を生きるリアルな希望を持っています。幸福の観点からすると、これは実にいい組み合わせなんですよ」

そうでなければ、自由と個人主義は「無遠慮な自己中心主義と自己実現しか考えない方向」に堕してしまう。そうなれば尊敬と思いやりの居場所などない。

気に入らないことははっきり言う

「本当に不幸になるのは、デンマークではむずかしいんだ。誰かがやってきて助けてくれるからね」とコペンハーゲンの全日制託児所の所長マーティンは言う。パナマ帽をかぶり、シャツを無造作に着ている。一歳になる娘が危なっかしい足取りで彼にしがみついている。私はもう少しでデンマーク人に同情しそうになった。デンマークでは横になって転げ回っているだけで、助けの手が差し伸べられてしまうのだ。

いや、ちょっと待って！　デンマーク人も嘆いているらしい。その話を私が耳にしたのは、驚いたことに、アイスクリームを食べていた経済学者で幸福研究家のビョルンスコフ教授からだった。

「デンマーク人は本当に幸せですが、何か気に入らないことがあるとすぐにそれを口にする。ちょっとしたことでも嘆くんですよ。事態を変えることができると信じているからですね。すぐれた民主主義社会においては、気に入らないことがあればそれをはっきり言おうとします。そうでなければ何も変わりはしませんから」

苦情を口にするのは、考える自由がある社会においては健全な形の参加なのだ。果てしなく文句を言い続けるのでもない限り、苦情はいいことなのである。

「ある程度は、ネガティブなことを生活の一部として抱えていてもかまいません。でもそれはごく短時間です。とても短い間。それによって世の中をもっと理解し、何かを得ることができるまでです。長時間はダメですね。いつまでも生活の一部になってしまいますから」

これはオーストラリアの幸福研究家でイギリス流のユーモア精神を持ち合わせているロバート・カミンズ教授の言葉だ。

「でも私たちドイツ人は、好きで嘆いているわけではないよな？」と、ある有名なトークショーのプロデューサーが私に尋ねた。いや、好きで嘆いていると思うけど。それが問題なのだ。なぜなら、不平を言うことと嘆くことは同じではないからだ。

「私の名はアハメート。チューリヒ生まれの弁護士です。私の考えを披露してよろしければ、ドイツの不幸は多くの嘆きから生まれています。私が受けた印象では、ドイツ人は嘆くのが好きです。

ことによると、そうすることで心の負担を軽くしているのかもしれません。でも嘆いてばかりいれば、本当に自分がひどい状況に陥っているような気がしてくる。だからあまり嘆かないほうがいい。結局はそのほうが幸せになれます。ドイツはとてもうまくいっているのですから」

　自分の自由と責任を感じている人は、嘆くことはない。デンマーク人のように行動せよ。つまり、たとえば担当者に不平をぶつける。はっきりと、積極的に。おずおずとではない。

　私が、筋肉質で小柄だがとても聡明な七六歳のスウェーデン人女性ビッテ（ストックホルム在住）を訪ねた時の話をしよう。

　彼女は以前、歴史と美術、英語の教師をしていたが、その後移住者の子どもたちの面倒を見るようになった。そして今の彼女は「活動家」で、ストックホルムの緑化運動に参加している。とはいえ、カメラの前の彼女はおとなしかった。

　二人してまず何をしたかといえば、きちんと整った彼女のキッチンに行ってコーヒーを飲んだ。彼女は私にマーマレードを塗ったパンを渡してくれた後、私の足のまめを手当てしてくれた。それから「さあいいわよ。何が訊きたいの？」ときた。スウェーデン人に何か質問するなら不意打ちはしないことだ。彼女は挑戦的な目でじっと私を見つめながら、こう答えた。

「ええ、幸せよ。飢えていないし、住むところはあるし、子どもと家族、そしてすばらしい友人たちがいるんですもの。幸せでないはずがないわ！」

　私はそこに二時間いた。彼女は私に自分の活動、プラカード、ＰＣの原稿をすべて見せてくれた。

次から次と披露してくれたので、私はそれに付いていくだけで精一杯だった。

「スウェーデン人はかなり幸せよ。変えたいと思うことがあれば変えようとする。ただ黙って苦情を言ってるだけじゃない。たとえ、努力にもかかわらず実現しなかった場合でも、改善しようとしたかしないかで大きな違いが出るの。自分が信じることのために努力を惜しんじゃダメ」

別れる時、彼女はストックホルムの公園をテーマにした大判写真集をサイン入りでプレゼントしてくれた。そして心を込めて私をハグしてくれた。私は感動した。だがその写真集を私はそれ以降ずっと持ち運ぶ羽目になった。旅を続けるにつれてどんどん重く感じるようになったが、今は私の自宅の本棚に並んでいる。

スウェーデン
全体の中の一部であること

ストックホルム空港。私は市内行きのエアポートバスの腹部にスーツケースを入れた。スウェーデン人はとてもモダンな国民で、技術にすぐれ、ネット化も進んでいる。エアポートバスのチケットもバスの車内でクレジットカードで買うと聞いていた。なら簡単だ。

だが、よりによって今日はその機器が不調。そこでバスの運転手に連れられてバス停の自動券売機前まで行った。私はそれまでにもうスカンジナビアを数日間旅していて、大騒ぎとか大問題にはとっくに慣れっこになっていた。だが自動券売機に記されたスウェーデン語は難敵だった。

「行く先は?」そんなの知らない。「何人?」私ひとり。ちょっとイラついてきた。

バス会社の職員がひとり、助けにきてくれた。クレジットカードが自動券売機に吸い込まれ、私が「支払う」のスイッチを押した途端、バスのエンジンがかかってドアがシュッと閉まる音が聞こえてきた。

私が乗るバスじゃないの？　私、まだここに立ってるのに。クレジットカードだって差し込んだままだ。横目で見ると、バスが出ていく。私のバス。スーツケースを入れたまま。

大きなオレンジ色のスーツケース、と私はその職員に説明した。だが、派手な色のスーツケース持参で世界一周なんて私くらいしかいないわね、と思ったら、何だか陽気になってきた。自分でも驚いたことに、私は笑いを抑えきれなくなった。スーツケースがどこかに行ってしまったというのに。

私は自分でも驚くほど平然としていた。スカンジナビア旅行が長すぎたからだ、と人は言うかもしれない。実際スカンジナビアは何もかも順調だった。

そのバスの運転手には、私のスーツケースを次のバスターミナルで降ろすようにとの指示が入ったらしい。そして私が今度乗るバスに積み込まれる手はずとのこと。私はバスの運転手にもバス会社にも、あるいはどうしようもないスウェーデンの組織（まったくひどいもんだ！）にも怒っていなかった。私は礼儀正しく、リラックスしたままだった……。だって万事うまくいったんだもん。

ここは、児童文学作家アストリッド・リンドグレーン、『ニルスのふしぎな旅』（女性作家セルマ・ラーゲルレーヴの児童書）、そして「触媒」という化学用語の創案と三点式安全ベルトの発明者たちの国。さらにはもちろんテトラパックとH&M、イケアの国。スウェーデンは流行に敏感で、きわめてモダンなのだ。

「スウェーデンが独特の流儀で時代の最先端をいっているのは、クリエイティブでなけりゃダメなことを知ってるからだ」とティルマン・ビュンツは言っていた。スウェーデン大好きでスカンジナビア専門家。長年にわたりドイツのテレビ局の特派員を務めている。

ストックホルムはＩＴとソフトウェアの分野では世界の都市の中でもトップクラスだし、スウェーデンはフィンランドとともにインターネット普及率が世界でも屈指の高さだ。なるほど！

面積四五万平方キロの土地に人口九六〇万人（ドイツは面積三五万七〇〇〇平方キロの土地に人口八〇五〇万人）。おまけにスウェーデンの耕作地は全面積のわずか八パーセント。国土の五三パーセントは森だ。その代わり無線通信技術は抜群だ。スカイプの創設者であるスウェーデン人ニクラス・ゼンストロームのおかげで、今や世界中の人たちがフェース・トゥ・フェースで電話ができるようになった。

イェーテボリでエスプレッソバーを経営する若者クリスティアンは性格こそおとなしいが、こう口にする。「自分が何をするかを自分で決断し、それをひたすら実行すればいい。何をやろうと。そうすればきっとうまくいく」

こうした実践的な考え方はスウェーデン人特有のもので、私も共感できる。クリスティアンは二〇代半ばで中背。褐色の髪をお下げに結っている。彼が経営するイェーテボリのカフェにカメラを背負った私が入っていくと、明るくほほえみかけてきた。

「お客さんがエスプレッソを飲むためだけじゃなく、心の内を語ってくれるのも大歓迎です。私にとってそれはお客さんにお返しができるチャンスなんです」

インタビューの間中、エスプレッソの装置は絶えずうなっていた。クリスティアンはすまなそうに私にほほえみかけてきた。カフェはこうでなくちゃ。彼がいかにもおいしそうなミルクの泡をラテ・マキアートのグラスに満たしている間を見計らって、私が彼に「スウェーデン人はどうしてこんなに幸せなの?」と訊くと、まずこういう答えが返ってきた。

「スウェーデンには自然がふんだんにあります。自然には何かパワーがあると思うんです。自然に接すると人間は落ち着きます。落ち着いていたほうが人は容易に幸せになれる」

イタリア人男性の常連がひとりカフェに入ってきた。クリスティアンはこう話を続けた。

「どうしてスウェーデン人がこれほど幸せか。よくわかりませんが、こう思います。

スウェーデン人は必要なモノをすべて持っている。住む家もあるし、食べ物もある。誰もが十分な教育を受けているし、失業すれば国からお金が支払われる。生きていくのに必要な基本的なモノはすべてある上に、もう少し余分に持っている。私の考えでは、誰でも自分がやりたいことをやれるんです。たとえば私は二、三年前にカフェを開きたいと思いましたが、今ではもうこの店を持っています」

この時クリスティアンの顔が輝いた。

私がふたたびカメラを背負った時、今聞いたばかりの「生きていくのに必要な基本的なモノはすべてある上に、もう少しだけ余分に持っている」という言葉がそのままドイツに当てはまるかどうか自問してみた。

クリスティアンが語ったスウェーデンの自然を、私は翌日味わった。ストックホルムから飛行機で移動し、その後バスに一時間乗って、典型的な赤壁を見せている東屋のベランダに座ったのだ。そこは、アストリッド・リンドグレーンが著書『わたしたちの島で』で不滅の名声を得た島のすぐそば。スカンジナビア大好きのドイツ人ビュンツが私を自宅に招いてくれたのだ。

彼が花柄模様のカップにコーヒーを注ぎ足してくれている間に、私はシャイなスウェーデン人を相手にする困難について語った。多くのスウェーデン人は、私が話しかけるとたしかにフレンドリーに応対はしてくれる。そう聞いただけでビュンツはほほえみながらうなずき、こう話した。

「もしスウェーデン人が堂々と『私は何もかもやり遂げた』とか『裕福だ』『幸せだ』なんて言ったとしたら、それこそスウェーデン人らしくない。ことによるとそれは、『あなたはとても幸せですか？』という質問に対してスウェーデン人が実は心の中で『私は本当に幸せだろうか？』『この人は本当に私に質問しているのだろうか？』と考えている印かもしれないね。『私は別に幸せなんかじゃない』と反論しようとは思わないだろうけど、そういうことなんじゃないかな。スウェーデン人は目立ちたがり屋じゃなくて、全体の一部になりたがるんだ」

ビュンツはそれがとても快適だと言った。そしてスウェーデンという福祉国家もそれ相応に構成されている。誰もが全体の一部なのだ。ビュンツはさらに詳しく説明してくれた。

「スウェーデン人にとっては国が強いことが重要なんだ。国がしっかりしていれば、公平さの基準がある程度決まるからね」

国は託児所を用意してくれるし、子どもが実家から出ていく時には子どもに補助金も用意してくれる。老人の世話もしてくれるし、葬儀の面倒も見てくれる。

「国は所得の再分配もある程度やってくれる。平均的な所得水準を決め、全人口のうち所得の多い二割の人たちの所得は、所得がもっとも少ない二割の人たちの五倍とされている。これは国家が決めているルールなんだ。だから個人はまさに自由なんだ」

「それが自由？　国がそんなに強くても？」と私は訊いた。

「国はたしかに強い――国民の大半が確信していることだがね。でもそれは個人を強くし自主性を高めるためなんだ。個人は重荷からちょっとだけ解放されているんだ。これはスウェーデンならではの制度だと思う」とビュンツ。

個人のためのセーフティネットがしっかりしているのでとても快適だという。こうしたネットがあればさまざまな事柄を上手に受け止めてくれるが、もちろん限界もある。並外れた才能の持ち主や変人、自己顕示欲の強い人は、スウェーデンでは快適な生活は送れない。

「アストリッド・リンドグレーンはそのことを実に見事に表現しているよ。『学校がなければ休暇もない』つまり限界がなければ自由もないってこと。限界の中でこそ、誰もが最大限に自由かつ個性的に生きていけるんだ」

ビュンツと私はちょっと黙り込んだ。濃緑色の深い森が私たちを取り巻き、霧雨がしとしとと湖に落ちている。私たちの脇には、赤ペンキが塗られた母屋が静かに建ち、白いガラス窓と切妻屋根がその赤をいっそう鮮やかに輝かせている。静寂、自然、孤絶。こうして私はゆっくりとスウェーデンの心根を理解していった。

今までインタビューにカメラを使っていたけど、あれではスウェーデンに近寄りすぎかな、と私は考えていた。やましさもちょっぴり感じていた。「ことによると君はまだ速すぎるのかもしれないな。まだテンポが違ってるんだ」と言ってビュンツは私を慰めた。「スウェーデンでは何もかも長い時間がかかるから、普通なら君や私のような南の人間は当初頭がおかしくなる」ビュンツは愉快そうにそう言ってニヤリとした。

「ここのテンポはとても快適だよ。ドイツ人はスウェーデンからそのゆっくりを学ぶことができるかもしれない。暴走しなくてもアウトバーンは先へ進めるんだよ」と言ってから、ビュンツは再度考え込みながらカップの中のコーヒーを揺らした。

「スウェーデン人は寡黙なんだ。挨拶だって『ヘイ』だけだしね」

私は気持ちよく両脚を伸ばし、黙ったままスウェーデンの森を眺めて、慌ただしさを心の中から追い出した。言葉は少なめ、静けさはたっぷり、そのほうが人生ははるかに美しい。

翌日にはもうスウェーデンの無言流を、私にしては極端なほど静かに、控えめに学んでいた。その後、事はうまく運んだ。

陽気で金髪、六〇歳前後のスウェーデン人女性ティッカが私のインタビューに喜んで応じてくれた。彼女は義姉および各々の夫たちと一緒に旅行中だった。私が話しかけた時、彼らはまず目立たないように逃げ出そうとした。これぞスウェーデン流！

だが結局女性二人とも楽しげに、ほおを赤らめながら、私のインタビューに応じてくれた。スウェーデン語と英語が半々。言葉は何とかそれで切り抜けた。私はティッカからスウェーデン魂の極意を訊き出したかった。

「ええ、スウェーデン人は暗くて悲しげだって陰口をたたかれているわ。でもそれはまったくのデタラメ！　スウェーデン人は申し分がないわよ。人が自分たちの世界に入ってくるまでは暗そうに見えるかもしれないけど、本当は他の人たちとお互いに相性がぴったりだって感じたがっているの。きっと私たちはとても感受性が強いのね。でもあなたがスウェーデン社会にいったん受け入れられれば、そのつながりは永遠に続くわ」

永遠に続く「全体の中の一部」。

幸福の処方箋

5

私たちは人間だ

道を歩いていても、誰が豊かで誰が貧しいかわからない。病院に診察に行っても、誰もが首相と同じ扱いを受ける。つまり差別がないのだ。私たちは誰もが同じ人間なのだ。私たちは人間なのだ。
——カナダ・モントリオールでリビア料理レストランを何軒か経営している男性ハッサン

私の獲物はまさに一見の値打ちがあった。スウェーデンの昼を過ごしたのち、ユースホステルに夜戻っていくと、「それ、ちょっと見せて！」と、好奇心の強いフロント係グスタフが私に呼びかけた。物干し場の場所を私が尋ねた時のことだ。

私はフロントの床に長さ二メートルもある布を広げた。「気をつけて！」と私はグスタフに注意した。「絵の具がまだ乾いてないから」彼はスウェーデン人が描いたその芸術作品をじっと見つめて物思いにふけった。

どの国に行っても、私は人々に絵を描いてくれと頼んでいたので、スウェーデンでもそうしたのだ。絵を描いたら、なぜ自分が幸せだと思っているか、その理由を書いてくれと。

「ラーゴム」とグスタフは大声を出して、満足そうにうなずいた。「この絵はまさにスウェーデンにとって何が大切かを表現してる。それは人間だ。多すぎない人間。グラスに注がれたワインを見てごらん。右下だ――グラスになみなみとじゃないだろ？　それに雪、これも多すぎない」

そうこうするうちに、若いカップルがその布の周囲に寄ってきて、いかにも納得したようにうなずいた。きちんと物干し竿《ざお》にかけてある誰かの洗濯物の横に、みんなでまだ絵の具の乾いていない布を持ち上げるまでのわずかなすきに、私はスウェーデン人にとっておそらくいちばん大切な単語をものにした。「ラーゴム」、つまり多すぎず少なすぎず、ちょうどいい程度。

人間は誰もが同等の価値を持つ

中庸というこの考えは、スウェーデン社会を赤い糸のように貫いている。彼らの祖先がヴァイキングだったとは想像もつかない。日々の略奪を終えた後、夜を迎えた彼らはキャンプファイアーを囲んで、穏やかに角《つの》製の杯をあけたのだろう。そして、ひげもじゃの連中は互いに殺し合いなどせずに順番に飲んでいった。ラーゴムというのは本来「みんなのために」という意味であり、順番が最後になった人にも何かを残しておくということだ。

つまりは適度に、控えめにということ。隊長だろうがヒラの兵士だろうが同じこと。高慢な身分意識は人付き合いに有害だ。「ラーゴム」というのは忙しすぎず暇すぎないこと。上下関係も緩やか。ただし最終的に誰が決めるかはみんな心得ている。

ある時はちょっと女っぽく、ある時はちょっと男っぽい。中庸を心得ること。ある時は男性がベビーカーを押し、ある時は女性が押す。スウェーデンについての私の第一印象はまったく違っていた。男性のほうが女性よりもベビーカーを押す光景を多く目にしたのだ。だが冷酷な母親は映画の世界だけのようだ。

「スウェーデン人は正義感が強い。全員が参加して全員がうまくやっていくのが好きなんだ。ラーゴムはこの基本的欲求を見事に表現している。誰もがモノを持ちすぎず、誰もが主張しすぎない。心のバランスがある程度とれていることがスウェーデン人にとっては重要なんだ」とビュンツは言った。彼自身も、きわめてバランスがいい感じがする。

人間は誰もが同等の価値を持ち、誰ひとり他人より上ではないというこの考えに、私は幸福度の高い国々の大半で遭遇した。そしてこの考え方には常に、寛大さ、自然な尊敬、極上の礼儀正しさが伴っている。

たとえばデンマークのラルスは、従業員の質問に答えようとする場合、時が経つのも忘れる。アイスランドに行けば、子どもの保育が充実しているので、大学時代に子どもを持つのはごく普通のことだ。またノルウェーは、次世代のためにさまざまな団結を駆使して豊かさを守ろうとしている。他にもルクセンブルクやオーストラリア、カナダは異文化を大いに重視している。

そうした人間的な考え方を感じる国々の「中心となる考え方」はいつも同じ。それは人間はみんな異なっているけれど、全員が同等の価値を持っているということだ。権力、名声、金銭など無関係。このことをビュンツもこう説明してくれた。

「ロシアの独裁者のように振る舞っても、スウェーデンではカッコイイとは思われない。そんなことでは誰も畏怖の念を感じない。平均からかけ離れているからね。平均こそ人間的なんだ」

つまり、人間性こそ切り札なのだ。ノルウェーの若者も同様に考えている。あなたはノルウェーのテレビ局特派員ロッテのことを覚えているだろうか？　絵のように美しい二〇歳の娘ミミとのインタビューは楽しかった。

「なぜノルウェー人はそんなに幸せかって？　そんなこと、私にはわからないわ。ことによると、私たちはみんな平等と見なしていて、そのように付き合っているからかも。国民同士お互いに社会的に大差はないし、厳格な上下関係もない。誰もが大体同等の水準で、希望を叶える可能性も同等だから」

基本的に開放的で人間的なこの考え方は、もう一つ別の大陸オーストラリアでも一般的だ。どういう理由でオーストラリア人があの地へ行ったか、それは私には訊かないでほしい。約二三〇〇万人の移民同士があの地で互いに折り合って生きていきたいと望んだのか？　ドイツ人ジャーナリストで一五年以上オーストラリアで働いているエスターの話では、オーストラリア人は原則的には誰からも自分の計画を邪魔されたくないと思っているという。

「ここは比較的寛大な社会なので、国民は今のままでも十分自由だと感じている。たとえばドイツでなら大騒ぎになるような服装でもオーケー。ここでは誰もそんなこと気にしない」

私はシドニー湾の青緑色の水面と白い砂浜を眺めた。ありのままの自分になるためには何が必要か？　絆？　自由？　責任？　社会全体の高い寛容と、受け入れようとする気持ち？

「オーストラリアは平等を強く目ざす社会なの。ここで重視されているのは、自由時間に何をするか、何かのクラブか協会に入っているか、隣人や友人と一緒か、といったこと。どんなステータスかなんて関係ないの」とエスターが口をはさんだ。

でもそれはきっとスウェーデンとは別種の「平等を求める精神」に違いない。なぜなら、私はシドニーでマセラッティを数台目撃したからだ。カメラの背後から私は逆風の中、そのことをエスターに大声で告げた。

するとエスターは「それはきっとヒモね」と言って心の底から笑った。私はうっかりして、シドニーでも指折りの悪名高い歓楽街キングスクロス地区に宿をとっていた。だが彼女はそのあとも真剣に話を続けた。「もし私がマセラッティを運転していても、横でマツダの小型車を運転している人は別に気分を害さないし、劣等感も抱かないわ。オーストラリア人は背伸びしないの」

まったく別の大陸なのに、「あなたは他の人たちより優秀だと考えてはいけない」というヤンテの戒めがここでも出てきたのだ。ヒューマニズムの価値は世界共通なのね、とカメラの背後で考えながら私は感激していた。「ここではおれも人間だ。人間らしくなれるんだ」というゲーテの言葉が脳裏をかすめる。なんとすばらしいことか！　そしてドイツでも、常に高慢な身分意識を気にしないですめばなんと快適なことか！　やれ博士だ、やれ教授だと呼びかける国ドイツ。私が、権威を無視しがちなオランダから帰ってきた時には、「ドイツで社会復帰するため」に周囲の人たちは本当に尽力してくれた。だが私はいらだちを募らせた。

最近のことだが、私はあるマンション展示場をじっくり見る機会があった。女性の不動産業者がこれ以上ないほどの微笑を浮かべて私を迎えてくれた。

「こんにちは、フォン・デン・ボーム夫人！」

「ファン・デン・ボームです」と私は愛想よく訂正した。

「ええ、もちろんそうですわね、ではフォン・デン・ボーム夫人、こちらがキッチンでして……。バスルームには残念ながら窓がございません。はい、ここには部屋と部屋をつなぐ中間のドアがございます、フォン・デン・ボーム夫人」

「ファン・デン・ボームです、パウルスさん。これはオランダ名なんです！」

「ああ――それはそれは」ちょっと失望した相手の視線を私は見逃さなかった。

「さて、フォン・デン・ボーム夫人。ヴァルター博士はこのカーテンもお売りしたいそうで」

私はあきれて、こりゃダメだと観念した。フォンというのはドイツでは貴族称号なので、私はそのまま貴族を演じることにした。

ステータスは、周囲にどう映るにせよ窮屈なものだ。前に立っている本人を見ないで、外面を気にするからである。フィンランド編で登場するヘルシンキの男性ダンサー・作家のヴァイノはこう語っていた。
「フィンランド育ちの私にしてみれば、幸せは社会を信頼することと関係がある。人付き合いがとても緩やかなこの社会では、学校に通うようになるとすぐにヒエラルキーは避けるようにと教えられた。それはその後の仕事の世界でも続いた。たぶんどこでもそうだったと思う。年齢が異なろうと、職業や社会的なステータスが異なろうと、人間同士の間に厳しい区別はない。フィンランドでは人間関係も複雑じゃない。それが人付き合いに影響してる。お互いの間にあまり区切りがないんだ」

私たちは誰もが裸でこの世に生まれてくる。そうでしょ？　そのことをもっとも意識しているのが、サウナが二〇〇万室もあるフィンランドなのではないか？　あれほどひんぱんに人前で何も隠さず裸になるところがある？　俗に、フィンランドでは重要な契約はサウナ内で、ネクタイなし、書類なしで取り交わされると言われる。

幸福度の高い国々では、着ているもので人々を判断するわけではないし、あるいはドイツのように車種で判断するわけでもないのだ。

「一文無しでも尊敬される。人の価値は何を持っているかで決まるんじゃない。あくまでも人間の格で決められるの。そういう場所にいると、とてもリラックスできる。ここの社会も他人を押しのけるようなところじゃない。互いに尊敬し合っているからね」デンマークのマンディはそう言った。

一方、スウェーデン大好きのビュンツは、物思いにふけるようにスウェーデンの新緑に見入りながらこう語った。

「ヒエラルキーはこの国では全体としてまっぴらだね。もし上下関係に慣れた人が自分より目下の人、たとえば中くらいの地位の人に何かをやらせようとしたら、ずいぶん難儀するだろう。地位が中くらいの人なんか、ここにはひとりもいないからね。だから自分で幹部だと思い込んでる人は、みずから部下の先頭に急いで立って『今から全員でコレコレをやるぞ』と言う羽目になる」

ビュンツの目つきに少しばかり「いい気味だという気持ち」が透けて見えたような気がした。ヒエラルキーがなければ、部下を盾にとって言い逃れることなどできなくなる。そうなると上司にとっては大変なことかもしれないが、その他の人たちにしてみれば健全なことだ。

このことは『技師対象の健康保険白書　二〇一三年版』に掲載のストレス調査に明らかだ。従業員がストレスを感じるのは、自分が担当する仕事の内容と流れに自分自身がほとんど影響を与えることができない場合であり、しかも序列の中で苦労して一定の地位を得なければならない場合なのだ。

誰もが同じくらいの所得

お金と言えば、誰もが大体同じくらい持っていなければならないのか、そうでもないのか？ノルウェー人、デンマーク人、スウェーデン人は「同じくらいがいい」とはっきり言う。彼らにとっては、所得のうちかなりの額を税金などとして支払うのは仲間に対する忠実さの基本的な証《あかし》だから、誰もが大体同じくらいの所得があるのがいいのだ。

少なくともアロンはそう考えている。例のノルウェーのヨット乗りで、外務省に勤務している。「私は今、白書作成局の『成長のための分配』というところで働いている。分配というのは、社会の中で平等を実現するためにはとても重要なんだ。そして分配こそがスカンジナビア諸国の特徴になっている」

お金が「ある程度までは幸せの源」という主張は別として、ノルウェーやスウェーデンのように所得格差がほとんどない場合、お金は幸せの源だろうか？　あるいはスイスのように誰もが自分の所得水準を明かさない場合、格差が広がる可能性はあるのだろうか？　それとも、アイスランドやカナダ、オーストラリアやルクセンブルクのように、所得格差があってもそれはまったく問題にならないのだろうか？

各自が所持しているモノの格差は厄介な問題であり、私は今回の旅の間に答えを見つけることができなかった。だが明らかになったことがある。各人への尊敬が維持されてさえいれば、不平等は問題ではないということだ。

ヘルベルト・ボップが私のカメラに向かってニヤリと笑った。彼はカナダ担当の特派員で、過去三〇年にわたりドイツとカナダの文化の違いを分析してきた。

「ドイツで重視されているのは主に二つだ。一つは職業。とりわけ攻撃にさらされやすい職業に就いている場合はそうだ。そしてもう一つは家族、友人、そして今まで人生を過ごしてきた間に構築してきたネットワーク。以上二つはドイツにふさわしいと思う。社会全体がそうしたものに沿って動いているからね。

だがカナダでは、そうしたことはすべて不適切と言われる。カナダ人にとっては、博士号を持っていようが教授だろうが、ポルシェを二台持っていようが、車を一台も持っていなかろうが、はたまた中古のマウンテンバイクしか持っていなかろうが、そんなことはまったくどうでもいい。カナダ人は他のモノを重視しているんだよ」

たとえばアイスホッケー。よりによって今日の午後、モントリオールの市街でインタビューのような俗っぽいことに時間を割いてくれる人はひとりもいない。なぜなら今日の晩、アイスホッケーのシーズンがにぎにぎしく開幕するからだ。それはクリスマスとイースターを合わせたよりも重要なイベントなのだ。アイスホッケーのためなら、カナダ人は死んでもいいと思っている。カナダ人の間では、「気温が何度の時に外にずっといられたか？」といった、ちょっとした賭けも大事《おおごと》なのだ。ヘルベルトがニヤリとした。

「マイナス五五度でワインを飲むなんてほとんど曲芸だよ。だって、そのくらいの気温だとアルコールはゆっくり凍るからね」。遠隔操作の加熱補助具を付けた高級なそりに乗ってワインを飲むなんてことに、いったい誰が興味を持つだろう？

ジャン＝セバスティアンはうなずきながら、お気に入りのモントリオールの街を満足そうに見つめた。「ここには人を外見で判断する人はひとりもいない。何をしているか、どのようにやっているかが判断基準なんだ。だから個人の自由がふんだんにある」

ことによると私たちは、互いに区別するのをやめるべきかもしれない。

「誰もが持っている権利」にしたがって自由に生きるスウェーデンの生活はすばらしい。あらゆるものがみんなのもの。少なくとも自然はそうだ。

テントをどこに張るか？　森の中か、道端か、湖畔か、あるいは前庭か？　そういったことをどんどんやろう！　人間としての自由を、自分が好きな場所で感じよう。垣根がなければないほど各人が動ける範囲は広くなる。

このことは肩書きという垣根にも当てはまる。ヒエラルキーや身分を意識している人は、そうした「過度の飾り」をはずした場合、それを喪失と感じる場合もあるようだ。エレガントな「何々教授」とか「何々夫人」という言葉がなくなってしまえば……。「皇帝陛下」とか「女王陛下」という呼称もなくなる。

「この国では国民と王室の付き合いは堅苦しくない。国王というのは単なる職業さ。私は王室を、デンマークを代表するマーケティング企業の一種と見なしている」とラルスは言った。建築士事務所の部長で、いわば管理職である。

「何千キロも離れた場所にいる時と同じ行動をせよ」という言葉をエスターが私に教えてくれた。

「オーストラリアでの人付き合いはかなりゆったりしてるから、ドイツとは全然違うわ。だから快適な社会になっているの。もし私がここで首相にインタビューするとしても、首相は私をエスターと呼ぶでしょうね。そして私もきっと首相をファーストネームで呼ぶ。オーストラリア人は誰もが、自分が推す政治家と会ったらファーストネームで呼ぶわね。平等意識が強くて、堅苦しくないから」

とっても開放的だと思う。教授とか博士といった面倒な挨拶はやめて、即、話の要点に入るのだ（この点は私も気に入っている）。もちろん平等志向のスウェーデンにもおあつらえ向きだ。スウェーデン大好き人間のビュンツは、そうすればいろいろなことが容易になると思っている。

「即座に相手と親しくなれるわけじゃないけど、ある種のバリアがさっと取り除かれるから、あっという間に実務的な話ができるし意見交換ができる。あんまり上下関係を気にする必要もないしね」

人間はすべて同等だ。出身がどこだろうと。

シドニー在住のエスターは、自分が選んだ第二の故郷オーストラリアへの熱愛が止まらない。彼女はその太くて低めの心地よい声でこう話した。

「オーストラリアはマルチ文化の社会。世界中からいろいろな人がやってくる。さまざまな文化圏から。だから互いにある程度の寛容さを発達させてきた。まずはともあれ隣人を受け入れる必要がある。互いに寛容に付き合っていくから、ここは誰にとってもとても暮らしやすいのよ。衝突なんてほとんどないの」

私は本書で、政治家が手こずっている「社会政策上の現実的テーマ」をすべて持ち出すつもりなど毛頭ない。だが、多様な文化を受け入れる寛大さは、『社会的団結度のレーダー』という調査によると、ドイツでは消滅しつつあるという。

一方オーストラリアの大地に足を踏み入れる者には、寛大さが強く求められる。「オーストラリア移民は誰もが、オーストラリア社会の慣習を尊重し、なおかつ、他国から移住してきたすべての人たちの慣習を尊重することを誓わなければならない」とエスターは言う。そうしてこそ、移民受け入れ国は、数多くの国々からやってくる移民とうまくやっていけるのだ。

だがデンマークに移住する人も、「尊敬に値する当地社会の価値を尊重する人は誰もが歓迎される」との言葉をかけてもらえる。『デンマークの同胞——新しく住み着いた国民がデンマークについて知っておくべきこと』という本は、難民・移民・障害者等々との統合を担当する省が作成したものだが、全部で一七二ページある。その冒頭には「デンマークに新しく住み着いた市民、ようこそ」と書かれているし、親しみに満ちた序文にはのっけからこう明記されている。「デンマークは、すべての人にとって民主的な国家であり、誰にでも自由、責任、発展可能性がある」

これに対して『ドイツで住むためのガイド』というパンフレットはわずか三〇ページ。そのスローガンは「ドイツで（何とか）やっていこう」。しかも冒頭の文章は「住居。ドイツには質的に多様なアパートがある」だ。私たちドイツ人は、自分たちの社会的価値について語るべきことがこんなにも少ないのだろうか？

移民は他国では「国を豊かにしてくれる人たち」、幸せをもたらしてくれる可能性のある人たちと見なされている。

「私の名はロバート。モントリオールで弁護士をやってる。カナダ人はとても幸せだと思うが、それはここには背景の異なる人たちが大勢いるからだ。私たちは一緒に生活することを学んできた。そして今、私たちは互いに大いに尊敬し合っている」

一流ホテルでドアマンをやっているアレクサンドルも同意見だ。「カナダ人は幸せだけど、それは平和で円満な国に住んでいるからだよ。私たちは互いに尊敬し合って生活しているし、みんなとても寛大だ」

ルクセンブルクの雨の中では、ドイツからやって来たノーラと出会った。長身、髪は薄茶色でショートカット、楽しげな微笑。それからもうひとり、アランとも会った。こちらはハイチ出身――長身痩軀、肌の色は濃く、笑い方が魅力的。ノーラは、ルクセンブルクでの人付き合いがとても快適だと言う。

「ルクセンブルクはミックスなのよね。ここには大勢の開放的な人たちがいるわ」アランが補足する。「ここにいるといろいろな国の人たちと出会うんだ。目からうろこが落ちるくらい世界の見方が変わるね。ドイツ人がドイツ人と一緒にいるとか、アフリカ人がアフリカ人と一緒にいるとかいった世界じゃないんだ。そうじゃなくって、全員が互いに結びついていて、お互いにおしゃべりしてる。それがとても楽しい。だから私は幸せなんだ」

とすると、会話を交わしている今がそう？　マルチ文化は国を幸せにする？　それはドイツでも可能？　もしそうならすばらしい。モントリオールのジャン＝セバスティアンは次のようなことまで口にした。

「カナダはマルチ文化の国だよ。この国は私たちのものじゃなくて、すべての人たちのものだ」なるほど。ドイツはドイツ人のものじゃないってこと？　一つの国が、多数派を構成する人たちだけのものという考え方は、ルクセンブルクやスイス、カナダやオーストラリアのような移民受け入れ国にとっては異常な考え方なのだ。

だがドイツ人の中にも、外国に移住する人はいる。チューリヒでシックな店を経営しているデヴエリン・キュルクミュラーは、移住をいい考え方だと思っている。

「スイスで仕事をしているドイツ人は大勢いるわ。彼らがスイスにやってきた時には反対の声があがったわね。『我々の仕事を奪うな！』ってね。でも、世の中にはいろいろな分野がある。人々の世話や介護、あるいは医療。ドイツ人がいなかったらそういうことは誰がやるというの？　仕事をやらせたらドイツ人はすぐれてるわ。とてもすばらしいわ」

そりゃそうだ。他の人がいなかったらお互いどうすればいい？　ＯＥＣＤの数字によると、二〇一二年にはドイツは長期移住希望者がアメリカに次いで第二位だった。約四〇万人がドイツへの定住を希望したのだ。称賛されてしかるべきだ。異文化の世界に入ると本来の顔を隠してしまう人がいることを私も知っているが、それにしても、スイス全人口に占める外国人の割合をドイツに当てはめればドイツには二〇〇〇万人の外国人がいるはずだが、実際にはそうはなっていない。

ジャン＝セバスティアンが次のインタビュー相手として私に紹介してくれた隣人のジャンは、外交官の妻として何年間も世界各国で暮らした経験がある。だが彼女はカナダに戻って以来、外国に行きたがらなくなった。

「モントリオールには、西インド諸島や中東、南米の出身者が大勢いるわ。モントリオールにいれば、さまざまな国々を散歩できる。たとえばイタリア人街に行けば路上生活者がイタリア語ばかりしゃべってるし、ポルトガル人街ではポルトガル語が聞こえてきて、店ではポルトガル特有の品々が売られている。これはすばらしいわ！　そういう人たちと親しくなれば、彼らを理解できるようになる。それが私の生活を豊かにしてくれると思う」

ジャンは大きくうなずいてからこう続けた。「カナダ人の中には、自分たち独自の文化を失ってしまうと恐れている人もいる。でも、得ることのほうが失うことよりはるかに多いと私は思う。いくつか失ったとしても、盗まれたとは思わない。他の人たちに譲っただけよ」

ポルトガル人街、イタリア人街、フランス人街、そしてイギリス人街。私はモントリオールで世界中を歩いた。

フィンランドのある学校の外壁には、「誰にでも何か取り柄はある」と書かれていた。人と付き合う時にはまさにそう考えるべきだ、と私は思った。誰でも、他の人の中に、自分が持っていない貴重なものを見つけることができる。人間として互いに同等だと評価し合うのはすてきなことだ。

モントリオールの街路が暗くなっていた。カメラをしまって今日の仕事を終えようとした時、オリヴィア一家の姿が目に入った。夫と、五歳と二歳の子ども二人が一緒にいる。カナダではまだ家族に取材していなかったので、相手になってもらうことにした。

「どうして私が幸せかって?」とオリヴィア。「ここにいるからよ! 私たちは、今日家族で出かけていた。そして今は幸せについてインタビューを受けている! とてもすてきなことだわ。でも私がいちばん幸せに思ってるのは家族のこと。家族の面倒を見たり、家族が生活上必要なモノを用意すること。子どもたちには、いい人、寛大な人、そして尊敬の念に満ちた人になってほしい。そういったことを考えて一日が終われば、私は幸せなの」

スイス
みんなが自由に行動できるために

あなたはゴム長を履いてオペラ座に行ったことがあるだろうか？　ちなみに私のゴム長は迷彩用の緑色。長さは膝まであって、今は中がびっしょりだ。歩くたびにピチャピチャと小さな音がしている。

今朝は雨が激しく降っていた。今の気温は二五度。今日は一日中、外出していた。チューリヒ湖畔とその周辺で行ったインタビューはすべて自宅宛に投函済み。

その後私は再度ぶらつきながら夕陽を眺めた。あたりを見回すだけの時間がちょっとあった。興味があったので、湖畔のほとりに建つオペラ座で演目リストを見てみた。今日はヴェルディの『椿姫』で、ヴィオレッタ役はアンナ・ネトレプコ。これは何としても観たい。しかもまだチケットは残っている！　だが市電でペンションに戻って着替える時間は残念ながらない。

その一時間後、私はイブニングドレスの女性が居並ぶ中を、赤い耳のまま自分の席に向かって歩いていた。観客の女性のみなさん、私の腰から下は見ないでくださいね、くれぐれも腰から下は見ないでくださいと繰り返し祈っていた。だが上半身だって立派な服装と言えたもんじゃない。隠したほうがいいくらいだ。毛皮の襟が付いたグレーのウール製カーディガンだから。そして下はくたびれたジーンズ。

だが誰ひとりとして、私を軽蔑のまなざしで見たりしなかった。それどころか、隣の親切な初老の女性は休憩中に私と快活に会話をしてくれた。「えっ？　あなた、スイスは初めてなの？」意外にも彼女は私を避けようとしなかった。すべてが不思議とノーマルに進行していく。私がこの場にふさわしくない格好をしていることなど、誰も気にしていない。まるで私が適切な装いをしているかのような接し方だ。

休憩終了のベルが鳴った後、私はリラックスして後半を堪能した。チューリヒ歌劇場の観客に私は深く感謝している。

終演直後、一一番の市電は私を乗せて夜の街路をペンションの方向にゆっくり進んでいった。私は今日行ったインタビューを思い出しながら、オペラ座の観客たちの態度を解明しようとした。

マルコ・ツァンカーのことが頭に浮かんだ。彼は今日の昼、黒の革ジャン姿でテーブルの上に肘をついてもたれていた。三〇歳前後、ぶっきらぼうでハンサムな男っぽい人。「スイス人はどうしてこんな感じなの？」と私は尋ねた。てっきり彼がはっきり答えてくれるものと思っていた。

「みんながちょっとずつ違った考え方をしているよね」彼はじっくり考えてから、そう言った。「でも僕が思うに、スイスの人たちは互いに尊敬しながら付き合ってる。スイスはとても開放的な社会なんだ。ことによると、無愛想で冷たいと言う人がいるかもしれないけど、お互いに礼儀正しく距離をとって付き合っていると思う。相手が自由に動けるようにね。他の人によかれと思っているし、誰もができるだけ希望どおり行動できることを願っている」

誰もが自分の希望どおり行動できる、などということは、スイス人にとっては本来ありえないことだ。なぜなら、スイスは何百年も前から連合国家だからである。アルプスの住人たちが自発的に決めたことだ。彼らが同一の言語、あるいは同一の職業を持っていたからではなく、カトリックを信奉するテサン地方の指物師も、プロテスタントを信仰するベルンの銀行家も、今後は一緒に誇り高きスイス人として生きていこうと誓ったからである。

スイスには、さまざまな方針を決定するような強い政府はない。財政、法律、経済、教育、その他いくつかの所管事項については、二六のカントン（州）が個々に決定する仕組みになっている。その結果、カントンごとにまったく異なるルールが突然適用されることがあるから、スイス人は互いに多くを語り合い、交渉することになる。

「争いを好まず、パワーを調整しようという考えこそスイス独特のものだ。たしかに、何事もゆっくりしか進まないのは、ちょっといただけないけどね」

チューリヒのある公園でそう語ったのはマルティン・キースリング。四五歳前後の建築家で、私のカメラの前で楽しそうにワイングラスを揺らしていた。「もし『争いを好まない考え』がなければ、スイスはもう存在せず、どうしようもないほど分裂していただろうね」

夕方、私はデヴェリンの店に立ち寄った。長身痩軀の女性で六〇過ぎ。ショートカット。スイス人とドイツ人の違いを彼女はこう説明した。

「ドイツ人はひたすら前を見てこう言う。『それは正しいから、それをやろう』こうして全員が同じ方向を目ざす。スイス人はそうはいかない。ドイツ系スイス人が左だと言い、ロマンス語系のスイス人が右だと言えば、テサン地方の人たちは『よしわかった、では中間を進むことにしよう。それがいちばん簡単だ』ということになる」

これでは大変だ。けれどももっと厄介な事態になる場合もある。だから考え方が錯綜《さくそう》した場合、それも事が急を要する場合には、住民投票に委ねられるのだ。

あるカントンがたとえば学校の前をゼブラゾーンにしようとした場合、あるいは国全体で「金持ちが税制上の特権を持つのはやめにしよう」とか「スイスの金《きん》を守れ」（スイス中央銀行の金保有高を維持しよう）といったことが議論になった場合には住民投票になる。失業保険金の引き上げについても同様だ。ちなみに以上の案件はすべて採択された。スイス人は毎回、こうしたテーマについて頭をひねっているのだろうか？　自分に関係のある事柄だけでなく、スイス全国民が関心を抱いていることに？　私だったら頭がおかしくなっちゃう。

ルツェルン出身の若い理学療法士ハイディの言葉を聞いて、私はホッとした。「投票率が低いから、大半の人は政治のこと全部に参加しているわけじゃないわ。でも私たちには投票する権利、可能性がある。これをチャンスと考えれば幸せなことかもね。でも実際にはそのチャンスを使っちゃいないわ」

この言葉に同意したのはブルーノ・フライ教授だ（彼についてはすぐ後で紹介しよう）。「この自治はスイス人の幸せにとってとても重要なことなんだ！　誰もが大切にされているんだから」

だが私は全面的な確信が持てなかったので、アハメートに訊いてみることにした。フレンドリーな男性で三〇代半ば。サングラスをかけ、帽子をかぶっている。両親はトルコ人だが彼はスイス生まれ。チューリヒで弁護士をしている。

「住民投票はとても重要だと思う。多くのドイツ人弁護士や、私のドイツ人のガールフレンドを見て感じるのは、ドイツでは国は遠くにあって、人は国のなすがままだということ。スイスでは国民が政治に参加できるから――たしかにそれはほんのちょっとだけれど――大事なことが上のほうで決められているのではないと感じるよ。これは幸せの一要素なんだ」ともあれスイスは『世界幸福度ランキング（ワールド・データベース・オブ・ハピネス）』で第四位だ。

チューリヒの店のオーナーで賢明な女性デヴェリンはためらいがちにこう言った。「スイスでは、どこかに入っていく時にはまず互いに挨拶する。でもドイツではまず、何をしたいか、何をしたくないかを訊かれる。こういう格言があるわよ。『ドイツ人は時刻を尋ねるが、スイス人は時計の説明をする』」

フライ教授は陽気に笑いながらこう言った。「スイス人はあまり理想を信じていないんですよ。極端なことはすべて避ける。だから幸せという言葉は、ことによると、スイス人にとって恐怖の言葉かもしれないね。幸福度を訊かれたらスイス人は本当は『別に悪くありませんよ』とか『とても満足していますよ』とだけ言いたいのかもしれない」

つまり私の質問は露骨すぎるし、あからさまだし、極端なのだ。フライ教授も、そうかもしれないと言う。「私はスイス人が質問にうまく応じているので心底ビックリしてるよ。だってその質問はつまりは、『あなたはどのくらい自分の生活に満足してますか』と訊いているようなものだからね。スイス人は慎重な国民だから、自分はとても幸せだなんて言いっこないんだ！」そういうことなのだ。スイス人は「自分はまずまずだ」と言いたいのであって、堂々と自分の生活を誇ることなどありえないのだ。

そうわかったからには、今後は戦術を変えよう。これからはスウェーデン人に近づく時のようにスイス人に近づこう。つまり超ゆっくりと、遠回しにだ。

スイス人はスイス製の時計を発明して几帳面さを発揮しつつ、時間を支配し続けている。つまり、自分のために時間を使っている。デヴェリンはこう言う。「これにはプラス面があるのよ。スイス人は何でも一〇回は考える。とてもゆっくりと、くつろぎながらね。そしてイエスかノーの答えが出たらそれに沿って行動する。その後ずっとね」即断即決などという野暮なことはしないのだ。最初の考えが最善とは限らないから。

すると、デヴェリンが店内から賛意の声をあげた。「ドイツ人は私たちスイス人から見るとまだ速すぎるし、いろいろなことの量も多すぎる。私たちはもう少し控えめ。でもドイツでは、とてもたくさんの議論が噴出する。たとえばサッカーについて。ドイツ人はサッカーのためなら死んでもいいと思ってる。でもスイス人はそんなふうには絶対思わない。ビールのために死んでもいいとは思わないわね」

世界を改善しようとする人は、偉大なビジョン、つまり空の星をつかもうとする。

高原で明るい夜空を見ながらだ。でもスイス人は現実という谷の中でじっとしていて、あれこれ思案し、せかせか動き回り、できるだけ努力し、発明する。そうでなければ、このつましいアルプスの連邦共和国が「世界銀行のデータで世界第五位の豊かな国」にはならなかっただろう。

その後ルツェルンで出会った老人ニルス・バウメは、物思いにふけって道路を見やりながら、こうつぶやいた。「スイス人は冷静で客観的なんだよ。幻想など抱かない。現実主義者なんだ」

アハメートもこの説に賛成だ。「こういう生活はとても快適ですよ。何しろくつろいでいられますから」大層な感情や情熱を抱かないのだ。彼らは「何だかおかしいほど血の気がない」と自分では言うが、私にはそうは思えない。

そうこうするうちに、デヴェリンの店内でヴェルナーとモナが私たちの話に加わった。ヴェルナーはミシンの営業マン、モナは老人介護をしている。六〇歳前後のとても聡明なカップル。

ヴェルナーが笑い出した。「典型的なスイス人？　型どおりに言えば、退屈な人ということになるな。正確で、ぎこちない」と彼は説明してから、顔全体でニヤリとした。妻のモナが大笑いし始めた。

するとデヴェリンがすまなそうにこう付け加えた。「多くのスイス人が言うことをあまり本気に受け止めないことね。スイス人は自分たちのことをそんなに偉いと思っていないのよ。自分たちのことをネタにして笑うのが好きなの」「そのとおり」とモナが言って笑った。「やることがあまりなければ、ほほえんでいるしね」

幸福の処方箋 6
しなやかな社会

この国ではわざわざ礼儀正しくする必要はない。みんなが根っから礼儀正しいからだ。だから幸せなのだ。

——デンマーク・オールボル在住の実習生ヤコブ

チューリヒ。一〇月末。午後一時〇五分。遅刻だ。しかもここは時間厳守で有名な国。経済学・経営・芸術研究所（ＣＲＥＭＡ）のベルを短く押してから三階まで上がり、フライ教授のオフィス前であえぎながらドアを前にして立つ。正確には複数博士・名誉博士ブルーノ・Ｓ・フライ教授。こんな肩書きは、権威に反発を覚える私のような人間にも畏敬の念を抱かせる。

だがその肩書きの当人は、とてもフレンドリーで気さくな経済学者で、私を簡素だがモダンな設備の最上階オフィスに案内してくれた。フライ教授はこの研究所の創設者であり、フリードリヒスハーフェン（ドイツ南西部の都市）のツェッペリン大学の教授でもある。目から放たれる知的で好奇心に満ちた視線と、銀白色の口ひげの下からもれるニヤニヤ笑い。いったい何歳だろう？　彼はそれを明かさなかった。

「私はとてもいい生活を送っていますよ」というのが、「ご自身は幸福ですか？」という私の質問への返事だった。「私は仕事と私生活の両面で非常に幸せです。これはすばらしいことですよ！たとえ何か嫌なことが起きても、まずポジティブにとらえることはとてもいいことだと思ってます。たとえばスキー中に片脚を骨折しても、『私はまだ運がよかった。両脚を骨折しないですんだんだから！』と考えるのです」

ここでフライ教授はニヤリとした。骨折が片脚だけなら幸せ、か！　本来ぎくりとしそうな話だが、結局はそういうことなのだ。黒っぽいコーデュロイのスラックスに、茶系のチェックのワイシャツ、そして黒い靴。スイス人の教授というイメージからすると、とても地味で心もち退屈なセンス。ところがビックリするのは靴下！　インタビューの最後にそれが目に入ったので、もちろんカメラで追った。派手な横縞の靴下だったのである。色は黒とオレンジ、黄、緑、青。「はい」と彼はニコニコしながら、こう言った。「この手の靴下を履いていると幸せになりますよ！　それだけじゃありませんがね！」と彼はあっさり言った。

すべての人のためになる問題解決

ノルウェー、アイスランド、スウェーデン、カナダ、コロンビア、スイスといった国の人々は、尊敬に値する聡明な方法で人付き合いをしようとする。誰もがあらゆる努力を払って人付き合いに参加し、対立が起きないようにしているのだ。そして相互の合意を得て、すべての人たちのためになる問題解決を図ろうとする。対決するなんてばかげていると思っているのだ。カナダ人ならきっとこう言うだろう。

「カナダ人が感じている幸福感は、ドイツ流の『対立の文化』がまったくないこととも少しは関係があるかもしれません。彼らは、我を忘れるほど怒っている人のことを即座に、座をしらけさせる人物と見なします。争いを持ち込んでパーティを台無しにしてしまうと。とはいえカナダ人もちょっとは表面的な言い合いをするかもしれません。でも、そのくらいで済みます」

カナダ人にとって「対立とは身の毛がよだつもの」であり、パーティがお開きになったら「みんなして同じドアから一緒に出ていく」べきなのだ。そのためならカナダ人は自分の意見をちょっと抑える。

例のスウェーデン大好きのビュンツなら、スウェーデン人こそそうした人たちの集まりだと主張するだろう。「スウェーデン人は自分があまり注目されないようにする。あくまでも全体の一部であろうとし、一定のバランスをとろうとする」のだ。こうした微妙なバランスは、独善的な人やナルシスト、あるいはボスがわがままな言動をとれば一瞬にして崩れてしまう。

デンマーク人のドイツ語教授ミリアムは、ドイツ人のメンタリティとの違いをこう見ている。

「デンマーク人は調和を求める意識が強い。何か批判的なことを言いたくなっても、デンマーク人は対立を避けようとする。それに対してドイツ人は断固とした態度をとるわね」

黒の革ジャンを着たスイス人マルコ・ツァンカーは目を細めながら批判を口にした。「スイス人は病的なほど調和を求めてるわけじゃない。そりゃたしかに他者のために自分を抑えることもあるだろう。だが、それは他者も自由に行動できるようにと思っているだけだ」

ドイツではしばしば「明確な発言、確固たる主張、堅固な意見」以外は弱気の表れと解釈される。自分の意見を他者の視角から検証するのは、人間の器の大きさの証左どころか、自説を修正することに他ならない。修正の判断を下すことはいわば相手に屈すること。

幸福度の高い国々の人たちにしても、各自が意見を持っている。明確な意見だって持っている。ただしあまりストレートには口に出さない。デヴェリンが評するドイツ流の考え方にかけて言うならば、「絶対にコレコレでなければダメ」とは言わない。

なぜなら、あまりに多くの人たちが自説に固執すれば、解決不可能な対立がたくさん生まれ、コミュニティが分裂してしまうかもしれないからだ。幸福度の高い国々の住民たちは、今まで見てきたように何としてもコミュニティを維持しようとする。そのためにコンセンサスを見つけて、互いに開放的かつ冷静に対立を解決しようとするのだ。

「私は部下に対して冷静な態度をとりたいと思っているし、逆に部下から私に対しても冷静に接してほしいと思っている」とラルスは言う。例の建築士事務所の部長だ。彼は私の目をじっと見つめてこう言った。「それ以外のことはどうでもいい」

ヘルシンキの作家・ダンサーのヴァイノも同意見だった。長身で細面《ほそおもて》。金髪で、両サイドをかなり短くカットしている。頭のてっぺんの髪はきっちり左右に分けている。フィンランドでよく見かけるヘアスタイルだ。彼は三〇歳過ぎで、典型的なフィンランド人。とても親切、とても控えめ。今はベルリンに住んでいて、フィンランドの新聞に寄稿している。

「『フィンランド人は自然の中にいるのが好きだ』というのは月並みだと考えてきたよ。フィンランド人は落ち着いていて、自分たち独自の空間を必要としているという考え方もね。けれど今ベルリンに来て、そうした考え方が自分自身の中にもあることに気づいた。フィンランド人はどんな状況でも落ち着きを失わないが、これが幸せへの鍵だと思う」

何が本当に重要かを、黙ってよく考えること。そして、どうすれば他者を傷つけずに言うべきことを言うかを考えること。このことに他国は多大なエネルギーを使っている。

「議論になると、ドイツでは互いに角を突き合わせて、『それはまったく間違っている』といった表現をするが、スイスではそういう場合に『どうも同意しかねます』とか『全面的には了承できかねます』と言う。これは本当は了承していないというシグナルなんです」と言ってフライ教授は私の顔を親しげに見つめた。

なんと退屈なことか、と私はとっさに思った。だがなんと穏やかなことか、とすぐに思い直した。多くの人にとっては退屈であると同時に幸せに思えるのだろう。鋭いところはほとんどないし、深みはほとんどないし、ドイツ流のメランコリーもない。イェーテボリの公園で出会ったスウェーデン人のペーテル・フリスクもそう考えていた。

「スウェーデン人には深い精神性はないが、だからこそ幸福度が世界第一〇位になるんだ。私たちには暗さもないが貧困もない。一度も戦争をしたことがなく、自然災害もなく、何の問題もない。なぜか『よすぎる』ということもない。もちろん、自分たちの幸せを高く評価してはいるが、何かが欠けているという気はしている。私たちには詩情がない。造形芸術や文学、そして舞台芸術を見ればわかる。私たちには深みがないんだ。これは私見だがね」

でもスウェーデンの作家は暗いミステリー小説をたくさん書いているじゃないか、とあなたは考えるかもしれない。だが口の悪い人に言わせれば、ああいったミステリーはマーケティングの結果だ。アストリッド・リンドグレーンの模倣ではないと受け取ってもらいたいだけの話だというのだ。

私はもう少し日差しを満喫しながら、公園でスウェーデンの伝統的な競技、クッブ（スウェーデン発祥の薪投げゲーム）をやっている何人かの人たちを見つめていた。深みについては、ドイツ人からたくさんのことを学ぶことができるだろう。これは確実にドイツ文化の強みであり、インスピレーションの源だ。

だが人間は常に、悲しそうな顔をしながら批評眼を持って思考するか、それとも底の浅い表面的なヒーローになるかを決断しなければいけないのだろうか？　オランダ人とのハーフである私としては、しばしば両方を感じるし、それで問題なしと思っている。そして芸術はそのバランスをとるものだと思っているのだが……。

精神がどんなに深かろうと――実は私はフィンランド人の精神はドイツ人よりいくらか深いのではと推測しているが――あるいは、たとえばオーストラリアのように精神がどんなに軽やかだろうと、幸福度の高い国の人々は争いで決着をつけることはない。ではどうやっているか？　単に互いに親切できわめて思いやりに満ちて行動するだけだ。つまりはエゴの程度を下げるのだ。対立が原因で動きがとれなくなるようなことがないようにするのだ。

二艘《そう》のヨットが行きかう時のように、融通を利かせて互いにするりと交差するのだ。全速力で轟《ごう》音《おん》を立てて往来するのではない。時には親しげに挨拶し合うこともあるかもしれない。二艘がぶつかりそうになれば針路を変える。それもなんと、小さなヨットのほうが大きなヨットに譲るのではない。双方は同等なのだ。なぜなら、もしぶつかったら双方に責任があるからだ。重要なのは、何が同じかであって、何が違うかではない。

こうした国々の共通点は、どのグループのためにもなる解決策を見つけることである。二艘のヨットの乗組員たちは互いに合図を送り、まず語り合う。それも長話だ。落ち着いて話し合う。どっと沸き立つようなドイツ流のおしゃべりは禁物である。

フライ教授は私にこう説明した。「私たちスイス人は決定の仕方がドイツ人とは異なっている。スイスで開かれる委員会では、まず投票することはせずに、できるだけ長く討議しコンセンサスを得るという傾向があります。すぐれた委員長ならコンセンサスを早めに察知し、ほどなくしてそれを自分から提案し成功を収めます」

コンセンサスの利点は、各委員の声が重きをなすこと、全員の耳に届くということだ。多数決ではないのだ。全会一致でなければならず、ひとりでも反対があったら成立しない。各委員は、自説の根拠が十分かどうか、それとも自説を引っ込めて他者の意見に賛成すべきかをよく考えなければならない。

この話を店を経営している聡明な女性デヴェリンに伝えると、彼女は心の底から笑って、こう言った。「スイスのやり方はドイツではうまくいかないと私は思うわ。ドイツ人は率直明快だもの。でもスイス人はいつも長い間、問題の核心を避け、それからようやく急いで結論を出そうとするの。結局三、四日はかかるわ」

スイスでは一つの意見を基に長い会話が始まり、最後にようやく結論が出る。それがコンセンサス。そして、それを全員が快く感じるのだ。

なんと非効率なことか！　利点は何かあるのだろうか？　たとえスイス、ノルウェー、デンマーク、カナダが幸福度の高い国々に入っているとしても、コンセンサスを目ざす方法には決定的な利点が見つからない。つまり重要なのは利点ではなく、倫理的な行動なのだ。

デンマークのラルスは今までドイツ企業相手に数多くの仕事をやってきた。その彼の意見はこうだった。「ドイツでは上司をこわがっている人が大勢いたよ。これはよくないと私は思った。ああいう付き合い方はすべきではないね」

幸福度の高い国々の人間像はスカンジナビアのヤンテの戒めとぴったり一致する。人はみな同等であり、同等の権利と、絶えず自分を発展させていく潜在能力を持っている。そしてコミュニティは各人に大きく開かれているし、各人の能力に信を置いている。そしてこれらの国々ではこうした考えを子ども時代からすでに教え込まれる。

そのことをマンディは、デンマークで娘が小学校に入学する際に身をもって体験した。「幼稚園から学校への移行準備は行き届いていたわ。将来先生になる人がまず幼稚園にやってくる。こうして全員が互いにちょっと親しくなるわけ。その後子どもたちは学校に行って教室を見学するの。でも前の年に入学した子どもたちにしても、逆に以前通った幼稚園に戻れるのよ。子どもたちの進路は厳しく決まっているわけじゃないの。デンマークの人間像はまさに総合的なのよ」

とても思いやりに満ちた社会だ、とマンディは思っている。

徹底的に議論するスウェーデン流

他人同士がお互いに好ましく思っていれば、自説を強硬には主張しなくなる。デンマーク人、カナダ人、スイス人、ノルウェー人はそうするために膨大な時間を使う。私はこれには大賛成だ。これと同じことを、私はオランダでの会議の場で経験したことがある。そこでは誰もが自分の話を聞いてもらっていた。たとえ、そのテーマに関係のない人でも何らかの意見を持っているものだ。ことによると、その件についてまったく新しい視点を持っているかもしれない。実習生が決定を下し、幹部がほとんど何も決めない場合も多い。

私が出席した会議では、何時間かが経過してから、チーズを挟んだ小型パンとコーヒー、バターミルクを載せたオランダ式トレーがテーブルに運ばれてきた。元気づけのためだ。ではデンマーク人はどうなっているか。それをラルスに説明してもらおう。

「デンマーク人が会議に膨大な時間を使っているとは思わない。私はたしかに何かを提案するが、部下のほうがそれについて私より詳しく知っていることもある。みんなで会議を開いたものの、誰かひとりが何かを理解していない場合には、後でみんなで語り合うことになる。その会議のために結局はみんなしてもっと効率的に働かなければならなくなるが、それでも物事を説明するためなら常に時間をとるべきだ」

結局のところ、誰もがどんな目的のために自分が働いているか、自分の行動にはどんな意味があるかを理解しなければならないのである。

「自分の仕事をよく理解すれば、社員ははるかに楽しく仕事ができるようになり業績も上がる。失敗も少なくなり、品質も上がる。私はそう思う」

ラルスは明確かつ冷静にそう語った。

「採石場で重い石を割っているひとりの男性の姿が目に浮かぶ。彼は指示を受けるだけでなく、自分の仕事の意味も承知している。その石が大聖堂の建築に使われることを知っているから、仕事全体がはるかに楽しくなる。これが仕事についての私の考え方だ」

ステップストーン社（求人情報サイト大手）が一万四八〇〇以上の企業・経営者を対象に行ったアンケート『幸せな従業員――うまくいっている会社』の結論は、ラルスの考え方が正しいことを証明している。そのアンケートではデンマーク人が第一位になっただけでなく、圧倒的多数の対象者が「職場で幸せを感じるには、興味をそそる仕事の他に、尊敬に値する付き合いと、よい労働環境、オープンでフェアな待遇が必要だ」と主張しているからだ。

また経営者の九七パーセントも、幸せな従業員を雇うことを明白なプラスと見なしている。それによって人間の輪が成立し、仕事を通じて経営者にいわばお返しをしてくれるからだ。ちなみにこの調査でドイツは最下位である。

スウェーデン大好き特派員のビュンツはこう述べている。「スウェーデンでは個人に対して配慮がなされている。『人々はバカではない。どういうふうに仕事をしたいかを知っているし、効率的に働くにはどうすればいいかを考えることができる』と言われている。社員はいわば企業が成功するための鍵なんだよ」

彼はそう言ってうなずき、花柄のカップからもう一口すすった。スウェーデンの夏の霧雨がまだ降っている。私ももう少しだけコーヒーをすすった。

「スウェーデンには常に革新的な考えがあった。ボルボでは労働条件改善のためにベルトコンベヤー生産方式を廃止した。人を大切にする労働を推進したんだ。スウェーデンではいつもそんなふうに新しい考えが出てくる。ヒエラルキーの差はあまりないし、会議では全員が意見を述べることになっている。どんなテーマでも、なぜか穏やかに解決する方法が出てきて、大騒動にはならない」

ビュンツはそう言った。だがそうした会議がたいていだらけてしまうことは、誰もが認めるところだろう。

「徹底的に議論するところがスウェーデン的なんだろうな。会議をもう一回、もう一回と開くんだ。あらゆる意見が出尽くすこと、そしてできればすべての異議を記録すること」

ビュンツはニヤリと笑い、カップのコーヒーをかき回しながら中を見つめた。世間の悪口によれば、スウェーデン人の意見が結局は一致を見るのは、そうでないと会議参加者が眠り込んでしまうからだという。スウェーデンのトークショー番組はどういうものだろうと私は思った。そもそもそういう番組があるかどうか？

ドイツなら、そういったコンセンサスの得られる番組は絶対に成功しないだろう、と私は想像した。仲よしのプロデューサーがこう言っていたことがある。「君の旅は超天才的だと思うよ、マイケ。ただし幸福というテーマは、私たちには向かない。賛否がはっきり割れないから」

ドイツの対立文化バンザイ、ということか？

ドイツ人は激突することばかり学んできたのだろうか？　幸福度の高い国々がパニックに陥るほど苦労して、ほんのちょっとでも共通の基盤を見出そうとしているというのに。

スイス人はいざ交渉となるとあまり手際がいいとは言えない。

「スイス人はいつも、他者が受け入れてくれそうな意見に賛成しようとする」とフライ教授は言う。「一方他国は――と言っても今私が想定しているのはドイツだが――最大の要求をまず持ち出す。だが結局はそれを最後まで押し通すことができないことは承知している。するとどうなるか。たしかにコンセンサスに至ることもあるが、たいていは無理だね。結局は投票になり、敗者側は不満を抱く。一方スイスでは議論は長く続く。エレガントとは言えないけどね。しかしいったん決まると、みんなしてそれを支持する」

「そんなのイヤだ！　骨が折れるだけだ」と私は思った。同僚と慎重に付き合うより一発やっつけるほうが簡単。だがことによると、スイス人がしなやかな社会のために努力するのは、臆病で意気地なしだからではなく、人間的な偉大さを演技しているだけではないかという気がしてきた。

たとえば何か問題が起きて、二人の人間が正面衝突寸前になったとする。その状況から脱するには、静かであまり目立たない黒幕《フィクサー》の存在が必要だ。落ち着いていて控えめな人間。

その黒幕は会社が雇っている清掃員の苦労を知っているし、清掃員の子どもの名前も知っている。そして従業員と同じ言葉遣いをする。こうした言動は、たとえば部下を思いやったり、部下と気安く接したりするような陽気な態度からは生じない。ごく小さな輪もコミュニティ形成の一助になっているという深い確信から生じるものだ。

そうした小さな輪の一つが上司自身ということもある。部下のためにコーヒーを持ってきてやったり、コーヒーメーカーのフィルターを取り替えたりするのだ。他に誰がやるというのか？　他にもっとやるべきことはないかって？　ないよ。そのささいなポーズから喜びがもたらされるのだ。

ラルスの部下マンディもこう言って感激していた。

「問題がどんなに小さくても、ラルスは全員に語りかけ、即座に、かつ単純に解決してくれる。たとえトイレ掃除の問題だろうとね。ラルスの感性は常に私たちと同レベルだわ。彼には私たちより上という意識はないのよ。それどころか、時には私たちのほうを引き上げてくれてると感じるほどよ」

オーフス（デンマーク）の町でレストランを経営するイギリス人マイケルも職場を快活にしたいと希望していた。

「私はレストランを毎日一二時に自分で開店するんだ。従業員のひとりひとりに挨拶したり、全員に食事を用意したりすると幸せな気分になるよ。そう言えば二日前のことだが、スーパーでミキサーが売られていた。そこで私は二四個買ってみんなに配ったよ。あれがあれば全員が朝、自宅で健康的なスムージー（果物・ミルク・ヨーグルト・アイスクリームをミキサーで混ぜた飲み物）を作れるからね」

幸福度の高い国の人たちは、同僚との付き合いを驚くほど深く尊重している。しかもその尊重の仕方は、多くの国々で多様だった。たとえばスウェーデンでは、私が自分の大型スーツケースをバスに持ち上げるのを誰も手伝ってくれなかった。私の自主性を尊重しているのである。仮にオーストラリアで現実に起こったように、過度の親切さゆえに私のスーツケースを引ったくるように運んでいってしまえば、嫌悪感を抱くスウェーデン人がいるかもしれない。

オーストラリアでは仲間が助けてくれるが、スウェーデンでは誰もが放っておくのだ。

スウェーデン通のビュンツは再度深い物思いにふけってから二、三度確かめるようにうなずいた。

「うん、スウェーデンは『自分』を強調しない国なんだ。これはとても快適だよ。アドバイスを求められた時にもね」

スウェーデンの路上であなたがショッピングカートを引いていたとしよう。それが誰かのかかとに当たっても、振り向いて「あら！　気をつけてね」と言うスウェーデン人などひとりもいない。それよりむしろ「あっ、ごめんなさい。捜し物をしていたもので」と言うだろう。私としてはいちいち説明してもらう必要はないと思うが、その言葉によってお互いの関係がリラックスすることは間違いない。

カナダでも同様だ。もし一つのレジが空いても、全員がそこに殺到することはない。いちばん前にいた人がもちろん優先だ。ちょっとした礼儀正しさ、ちょっとした譲歩が付け加われば、ドイツでもうまくいくはずなのだ。

「他の人たちと一緒にいるだけで、私たちにとってはお祭りだ。互いに理解し合えるし、誰かから微笑を投げかけられる。人付き合いを楽しんでいるだけだけど」

――オーストラリア・メルボルンの公認会計士ジェフ

「他者から理解されるよう努力しよう。批判ばかりしていないで、相手の長所を探すべきだ」

――コスタリカ・サンホセの屋台経営者アレクサンドロ

「デンマーク人はいろいろなことに感謝している。誰かが家族全員の食事を作ってくれれば、『ありがとう』と言う。友人たちと一緒に楽しい晩を過ごせれば、次回会った時には『また会えてうれしいよ。これはみんなからのほめ言葉だ』と伝える」

――デンマーク・オールボル在住の技師マニャ

「自分が他者にしてもらいたいように他者にしてやること。よくしてやれば、よくしてもらえます」

――アイスランド・レイキャビクにある同国最大の新聞社の社員フリジョン・ファナル・ヘルマンソン

あなたの周囲で交わされているちょっとした言葉のやりとりに気をつけてみよう。ドイツ語でいちばん好まれて発せられるのは、レストラン中に響き渡る「ウェイター、ビールのジョッキ三杯！」という言葉だろう。オランダ人はこういった言葉にはがまんできない。これは典型的にドイツ的だと思っている。

一方で、私が行くスーパーのレジ係の女性はこんなふうに声をかけてくれる。私は彼女が大好きだ。「こんにちは。キャッシュカードをどうぞ。どうもありがとう。ポイントは集めてます？　集めてない？　それじゃポイントは付けられませんね（笑）。それは残念。では言葉だけですけど、今日があなたにとっていい日でありますように！」

ここまで親切に言ってもらえるとは驚き！　第一、時間がかかる。私の時間だ。だがたとえ彼女のレジに長い列ができていても、私は彼女の列に並ぶ。親切な対応を期待して。

こうした場面がコロンビアでは、スーパーのレジ以外の場所でも起きる。コロンビアで私はハビエル・コリアと出会った。彼が経営する人気レストラン「アッパーサイド八一番街」で夕食を摂った時。彼は三一歳。マドリードの出身だが、三年前からボゴタの繁華街でそのレストランを経営している。彼はコロンビア文化に心酔している。

「ここの人たちはすてきなエネルギーに満ちあふれていて、それが信じられないほど伝染してくる。他の人を傷つけないようにいつも考えてるし、何かすてきな言葉を口にできないかと思ってる。とても礼儀正しくて、親切で、繊細なんです。だから彼らは幸せなんだと思います」

だが、スペイン人のハビエルも当初は彼なりの問題を抱えていた。「コロンビア人はノーとは言わないんですよ。何でもオープンで具体的にしゃべるんですけどね。もしスペイン人に向かって『金曜に会って仕事の話をしましょう！』と言えば、相手はイエスかノーと言います。ところがコロンビア人はこう言うんです。『オーケー、ひょっとしたらもう一度会えるかもね』これをどう解釈するか、私にはとてもむずかしかった」

チューリヒの建築家マルティンは、グラス片手に白ワインを味わいながら、陽光に目をしばたたかせた。そばで彼の奥さんが、少しもじっとしていない二歳児をまたつかまえようとしている。

「どうしたらドイツ人はもっと幸せになれるか？　ことによると、もうちょっと控えめにしたらいいかも。自己中心的にならないで。いつも強引にしないで、あんなに格好もつけないで……」

フィンランド

湖の青、雪の白

私はカメラを放り出して宿に戻った！　フィンランド人にはまいった。一言もしゃべらない。そんな国民相手にどうインタビューすればいいのか？　すっかり弱りきった私は、ヘルシンキのカンピ広場に立ち尽くした。初めて疑惑が生まれてきた。この国は本当に幸福度が高いのか？　私は近隣のスカンジナビア諸国でフィンランド人についてのジョークをさんざん聞かされていた。

「フィンランド人の夫婦がハリウッド映画を一緒に観ているとする。最後にハッピーエンドになり、ロマンティックな愛の場面になると、奥さんは夫に向かってこう言うんだ。『ねえ、こんなすてきな言葉を私にも言って』すると夫は『二〇年前に君に言ったよ。もし何か変わったら、その時はすぐに知らせるから』」

私は八月の真っただ中に「雄弁は銀、沈黙はフィンランド」と言われる国フィンランドにいた。劇場のカフェでバイトをしている女子大生アストリッドとニカは私にこう説明してくれた。

「フィンランド人は本当は、自分の気持ちをどう表現したらいいかわからないのよ。でもゆっくり変わってきていると思う。ただしスピーディとはいかないから、『私たちは幸せ』なんて言ってごまかしているのよ。でもフィンランド人に質問しても全然オーケーよ。ここの国民は幸せだし、親しくなれば愉快な人たちだから」

その言葉を私は信じた。だいたい携帯電話投げやスワンプサッカー（泥んこサッカー）、そして奥様運び（男性が女性を運ぶ競技）といった種目の世界選手権大会を、賞金まで与えて催している国が他にあるだろうか？　ニカはそのとおりとばかりにうなずいた。

「私たちはプライベートな生活を好んでいて、他国の人たちみたいにオープンに自己表現をするのが好きじゃないのね。だから路上でおしゃべりなんかしないの」

そのことにはもう気づいていた。でも気がついていたのは私だけじゃない。今回の旅で協力してもらったフィンランドのテレビ局の職員は、何とかインタビューを実現しようとして無駄な努力を重ねている私の様子を見て意地悪にも楽しんでいた。

その直後に私は銀行員のオレと出会った。昼休み中だった彼はカメラの被写体になってくれただけでなく、ビックリするようなことも語ってくれた。

「幸福になるほうが不幸になるよりはるかにすばらしいと思ったんだ。それがすべてだね。私は今、幸せだよ。あまり心配しないでいようと決めたからね」

もうひとり雄弁な人物に登場してもらおう。「これでも前よりよくなったのよ」レベッカ・リーバーマンはそう言った。一九八三年から、テレビ、ラジオ、通信社のジャーナリストとして活躍しているフィンランド通。肌は青白く、髪は黒みがかっている。メガネのフレームは黒く、唇は厚くて赤い。興味深い女性だ。

「インタビューする時、以前は五分間の休憩をしょっちゅうとってたわ。ずっとしゃべってもらってから五分間待つの。考えを改めるかもしれないから。すると案の定、相手はまた口を開くの。でもたいていは『そうね、あなたとまったく同意見よ』なの」そう言って彼女は高笑いした。

私にしてみれば、まったくの異次元世界だ。私はたいていさっと考えてさっとしゃべる。だがフィンランド人はゆっくり考える。ことによると不気味なほど記憶力がいいのかもしれない。だって五分も経てば、私なら言おうとしたことをとっくの昔に忘れてしまうからだ。フィンランド人は、言うべきことがあっても一言も口にしない。

私はカッリと出会った。各地を旅した経験がある男性で、驚くほど雄弁なフィンランド人だ。彼はちょうどその時、起業する直前だった。「きっともうこの話は耳にしてるだろうけど、フィンランド人は自分の幸せにすっかり感激して我を忘れていたとしても表情には出さないんだ」

いいえ、そんな話、聞いてない。

「噂《うわさ》によれば、これは寒さと関係があるんだ。零下二〇度になると目以外は表に出さないので、表情が識別できなくなる。そしてボディランゲージも萎縮してしまう」

ダンサーのヴァイノは、階段の途中で本を読みながら、長らくじっと考え込んでいた。「これはフィンランド人自身が下した判断だけど、フィンランド人は控えめでシャイだという説がある。でもことによると、プライバシー尊重と関係があるかもね。人間には本来、自分の領域、自分の時間が与えられていると考えてるんだ」

フィンランド人は言葉の使い方でも、あるいは空間的・時間的にも相手の近くに寄ることはない。スカンジナビア通のビュンツもこう言っていた。

「フィンランド人の沈黙についてなら、果てしなく語ることができるような気がする。でもそれはほとんどが間違いだ。誰だって、本当に言いたいこと、本当に必要なことだけを言おうとすれば、言葉はとても短くなる。あなたみたいなオランダ系ドイツ人は、いつ果てるともなくおしゃべりしては、気軽に前言をひるがえすよね、でもフィンランド人は『それでいい。十分だ』と言うだけ」

あなたも今試してみてほしい。まず考える。それから何かをしゃべる。次いで要点だけをしゃべる。そうすればことによるとフィンランドの静けさがあなたの心の中にも忍び込むかもしれない。

トゥルク行きのバスに乗る。かつてヨーロッパ文化の中心地だったところで、フィンランド南西部の港湾都市だ。無口なバス旅。赤い外壁の木造家屋を窓から眺めながら四時間乗っていた。絵のように美しい木造家屋の周囲を、印象主義画家の点描のような豊かな緑が縁取っている。藤色から純白までのグラデーションを帯びた雲が、紺色の空をバックにふんわり浮かんでいる。この地ではすべてがくっきりと分離していて、雲でさえその領域が明確だ。

医者で学者のサカリ・ドゥオミンが、遠慮がちな微笑を浮かべながら、ホテルまで私を迎えにきてくれた。彼はトゥルクの大学で公衆衛生を研究している他に、イェーテボリ（スウェーデン）の北方健康学院で非常勤講師も務めている。髪とまつげは赤みがかったブロンドで、肌は茶色がかっている。着用しているのは、青白のチェックのヨットマン用プルオーバー。その時はガールフレンドと一緒に航走中で、港からまっすぐやってきてくれた。

ドイツ語が堪能で、インタビューをしようとする私と一緒に、川に浮かぶレストラン船まで行ってくれた。「フィンランド人は無愛想ね」と感想を述べると、彼はほほえんで、その気持ちはよくわかるとばかりにうなずいた。

「フィンランド人は他の北方民族と比べるとかなり静かな性格だけど、ひとたび親しくなると信頼が置ける。だから親友として頼りになる」

「私たちドイツ人はフィンランド人から何を学ぶことができますか？」と尋ねると、彼はこう即答した。「開放的なところと誠実さだね。フィンランド人が口にすることは本音だけだ。たしかに口調はいつも丁寧とは限らないが、わざと不作法にしゃべろうとしているわけじゃない。フィンランド人の直截な物言いから、他の国々の人たちは何か学ぶところがあるかもしれない。それから問題を隠さず明らかにすること。それこそは、問題解決の大きなチャンスだよ」

ずいぶんほめるね、えこひいきだよ、と私は心の中で意地悪く考えていた。

フィンランドでは一一月初めに初雪が降る。そして泥んこの雪がすっかり消えるのはなんと五月だ。クリスマスの時期は一日一九時間暗いまま。ヘルシンキに建つ有名な白亜の大聖堂前の元老院広場で、私はロネに出会った。かわいい金髪女性で、幼児二人の母親。数年間外国に住んでいたことがあり、今はふたたびフィンランドで暮らせるようになって喜んでいる。

「フィンランドの冬は真っ暗でほとんど太陽が出てこないから、かなり陰鬱だって考えている人は多いけど、子どもがいれば雪を楽しむこともできるわ。スキーなどのウィンタースポーツができるしね。幸せかどうかは自分で決めることよ」

私のフィンランド像が徐々に変わっていく。フィンランド人は冷たくて近寄りがたい人間ではなく、逆にとても繊細な人たちなのかもしれない。銀行員のオレはは っきりうなずいた。

「フィンランド人は自国の社会に信頼を寄せているんだ。ここでは人間が大切にされている。冷酷な経済システムなんて一切ない。だから私たちは幸せなのかもしれない。生活するにはいい国だと思うよ」

フィンランドの雨が悲しげに降っている。次にインタビューをさせてもらったのは、男性のエートゥと、女性のシーリ。二人とも二五歳前後の大学生で観光ガイド。エートゥはフィンランド人についての私の印象の正しさをこう裏打ちしてくれた。

「フィンランドで暮らせば、自分が何に関心を抱いているか確認できるようになるし、夢を実現する可能性をゲットできるよ。うまくいきそうもない時にはフィンランド政府が助けてくれるしね」

シーリは、まさにそのとおりとばかりにうなずいた。「私たちにはチャンスが与えられているの。それが私たちフィンランド人にとって最大の幸せよ」

フィンランドは動乱の歴史を経てきたが、世界を征服しようなどと本気で考えたことは一度もない。いつも自分たちの生き残りを図り、スウェーデン・ロシア間（そして第二次世界大戦中はドイツ・ロシア間）で自分たちが消耗しないようにと努力してきた。サカリはさらにこう語った。

「私たちは過去にかなり辛い時代を経験してきた。だからこそ、実生活において何もかもやり遂げられるのは喜ばしいと考える国民になったのかもしれない。言葉ではなく行動が重要だということを体現しているんだ」

この言葉を耳にしてシーリはしきりにうなずいた。「フィンランド人は勇敢なの。絶えず新しいことを試みる。自分が望んでいることが何かを知っていて、その実現に全力を尽くすのよ」

国民ひとりあたりの国際特許出願件数で言えば、フィンランドは日本、ドイツ、アメリカの次に来る。特にハイテク分野ではトップランナーだ。それも抜きん出てトップなのだ。

とはいえ、フィンランドは重大な危機をくぐり抜けてきた。その際には多くの起業が助けとなった。たとえば遺伝子産業に新たな焦点を当てることによって、経済を維持しようとしてきた。

そうした小企業の起業者のひとりが前述のカッリである。彼はヘルシンキのカンピ広場で観光客に自転車を貸したり、観光ツアーを企画したりしている。

「フィンランド人は頑固で決断力がある。つまり根性があるんだ。それをフィンランドの言葉で〝シス〟と言う。フィンランド人は元来は沼地出身の民族だが、今や世界屈指のハイテク大国になった。それだけでも私たちは幸せだ。こうなるには多大な決断力が必要だった」

彼らはそうした力を養うために、零下二五度での散歩、寒中水泳、アイスホッケー、クロスカントリースキー、そして長距離ウォーキングで自らを鍛えた。フィンランド人は不気味なほど元気である。そして自然をスポーツのため、リラックスのために最適活用している。

「自然との絆、それこそはまさにフィンランド人の幸せの源泉よ」とレベッカは言う。「太陽が輝いていること、そして夏になるとサマーハウスに滞在して湖畔や海岸をぶらついたりできることを誰もが喜んでる。それがフィンランド人にとっての幸福なの」

フィンランド人。彼らは自国のカラーを、愛情を込めて「湖のような青、雪のような白」と呼ぶ。

幸福の処方箋

7 自然の中でエネルギーを補給しなさい！

エートゥ：フィンランドの何が私は好きなんだろう？　そうだ、フィンランドの夏だ！　たしかに短いけどすばらしい。
シーリ　：そうね、夏がベストね。太陽と夏。
エートゥ：夜は明るくて眠れないけど。
シーリ　：でも、フィンランドのそういった極端なところが大好き。冬になれば暗くなるけど雪が降るわ。いつまでも夏だったらさぞ退屈だろうなと思う。
——フィンランド・ヘルシンキの大学生で観光ガイド二人

自然との絆を強く感じる国々

私はアイスランド在住の妖精のような助手ナンナと連れだって、首都レイキャビクにいた。晴れた金曜日の昼。テラスは客の重みで今にも壊れそうなほどの盛況ぶりで、ちょっと霧のかかった視

194

界の中に、伝統的なアイスランドの週末宴会の徴候がほの見えていた。

私たちにビールを勧めてくれた清潔感にあふれたスーツ姿の男性三人も同様。彼らは撮影されるのを嫌がった。三人のうち二人が追加のドリンクを自分で持ってくるまでの間、ひとり残ったヨハンは何かたくらみでもあるかのように私に身を寄せてきた。

「どうして私たちが幸せか、知りたいんだって?」そう言って彼は秘密めいた微笑を浮かべながら広場のほうに目をやった。「アイスランド人は観光客が知らない場所を知ってるんだ。知ってた?」

ここで沈黙。

「まず二時間オートバイに乗る。とにかくどこかに行く。どこでもいい。そこには必ず自然がある。それからオートバイを停めて降りる。周囲は静かだ。見渡す限り誰もいない。どこかに横たわる。ひょっとすると少し眠ってしまうかもしれない。どのくらいでもかまわない。いつまでも明るいからね。もう何時かわからない。時間などどうでもよくなる。そしてまたオートバイで先に進む。風が耳元で何時間もびゅうびゅう鳴っている。頭の中は空っぽ。自然の音が聞こえるだけだ。野原を横切り、岩の塊を乗り越え、小川を何本も渡り、滝のそばや、蒸気が噴出している源泉のそばを通り抜ける」

ヨハンはここで小さくげっぷした。

「疲れ切ると、川のほとりで停まる。そして裸になる。他に誰もいない。川に入り、あおむけに横たわる。温かみと流れの心地よさを味わう。この国の川はどこも温かい。知ってるだろうけど。筋肉はほぐれ、頭はくつろぐ。こんなところが世界のどこにある？」

アイスランドの新しい物語？　いや、今の話はメルヘンではない。ナンナも後でそう断言した。まさに、アイスランド人は手つかずの自然を利用しているのだ。自然を征服しようと、いや失礼、自然を「開拓しようと」せずに自然を活用しているのだ。

飛行機の窓から見える景色は、各国によってなんと異なることか。コロンビアとコスタリカの鮮やかな緑、アイスランドの殺風景な溶岩原、そしてノルウェーの雪をかぶった山岳。私は着陸前からすでに自然のパワーを感じた。ドイツではそうはいかない。着陸時に見えるのは、きちんと整理された畑だ。

スウェーデン通のビュンツは、スウェーデンの自然を叙情的に表現すればこうなるという。

「スカンジナビアの航空会社が作った一枚の宣伝ポスターは、スウェーデンについていろいろなことを語ってくれる。そのポスターには二つの絵が描かれている。一方は一一月のグレーの雰囲気で、ガソリンスタンドと、そのスタンドに停まっている自動車。もう一つは小さな歩行板に座って湖を眺めているひとりの男性。片方には『ドイツでエネルギーを補給しよう』と書かれているが、もう一つには『スウェーデンでエネルギーを補給しよう』と書かれている」

これは、ことによるとメンタリティの相違かもしれない。

幸福度が高い国の国民は大半が、自然との絆を強く感じている。幼児二人の母親リリーもそうだ。彼女は晴れた朝にモントリオールで、私のほうに向かって歩いてきた。「カナダの自然は厳然と存在していて、私たちの文化、私たちの歴史の一部なの。地球との結びつきを感じるわ」

デンマーク出身だがケルン（ドイツ）永住を決心したミゲル・ビルベクも同意見だ。「海辺のどこかで座って海を眺める。どんな水でもいい。私たちは落ち着いてきて、ふたたび自分を感じるようになる。脳がつまらないことをペチャクチャしゃべることはなくなる。私に言わせれば、これは一種の瞑想《めいそう》だ。水辺の住人は他の人たちより満足度が高いという説もある」そしてデンマーク人は海辺から六〇キロ以上は離れないという。

ちなみにドイツ人の気分は比較的天候に左右されないらしい。雨が降ると気分は悪くなるが、根本的な心境は影響を受けないと『世界幸福地図　二〇一二年版』に書かれている。天候を嘆く必要などないのだ。雨が降っている？　ならレインコートを着ればいい。そんなことで嘆かなくてもいい。雨の時には女性はハイヒールを履かないほうがいいし、化粧も無駄だ。雨の中を走っていけばいい。

そして自分の姿を鏡で見れば、周囲の自然に左右されなくなる。私がそうだ。デンマークからスウェーデンに向かうフェリーに乗った時、波しぶきで化粧がすべて顔からはがれ落ちてしまったが、それ以来、鏡を見ても「これでよし」と思う回数が増えた。化粧なんて不要。

「アイスランド人は、ありとあらゆる天候と折り合う必要がある」と言っていたのはレイキャビクの幸福研究家ドーラ。「たとえば凍てついたり雪が降ったりしたら、戸外の温泉にゆっくり浸かってリラックスすればいい。健康と幸福にとてもいいし」

そしてカナダ人は、ドイツ人特派員ヘルベルトによれば、夏より冬のほうが好きな人のほうが多いという。「夏はたしかに心地よいが本当に強烈な季節は冬だ。冬こそ幸福をいちばん強く感じるし、家族にいっそう寄り添うようになる。そしてアイスホッケー・クラブのとりこになる」「冬ならではの強烈な幸福感は現に存在する。寒さが大好きな人間は本当にいるんだ。あの途方もない冬を人はまるで子どものように喜び味わう。バルト海の沿岸をぶらつくのも結構、スウェーデンのグリューワイン（ホットワイン）を氷上で飲むのも結構、自然に戻る感覚を味わうのも結構。そうした時こそ幸せな瞬間なのだ！」これはビュンツの言。

クヌート：マイケ、この国の戸外の生活ぶりをすべて撮るべきだよ。
インゲル：そんなこと必要ないわ。
クヌート：でも彼女は、なぜ私たちが幸せなのかを知りたがっているんだ。私たちは野菜を栽培している。ジャガイモやニンジンやレタス。そして漁もやってる。五〇キロ、一〇〇キロ、一五〇キロの海産物を捕ってくる。誰もが捕ってくるんだ。いちばん多いのはタラとマス。そして秋が来ると狩りだ。ノルウェーの戸外での生活は自然の中にある。これ以上の生活は考えられない。ここはすばらしいよ！
インゲル：私もとても満足してるわ。戸外には憩いがあるからね。動物の後を追っていくことができる。私たち、自然と一体なの。そして自分がやりたいことをやってる。目覚めるのだって好きな時でいいし。
クヌート：あれじゃ遅すぎるよ！
インゲル：この国にいると元気が出るわ。一から一〇までのランク付け？　そうね——人間が一〇〇パーセント幸せになれるかどうか知らないけど——私は一〇に限りなく近い点数を付けるわ。
クヌート：こっちは一二だな。
——ノルウェー・クヴァロヤ北島に住む年金生活者クヌートとインゲルのリーセ夫妻

自然が人間に時間と落ち着きを与えてくれる

ノルウェーのヨット乗りアロンは、そのとおりとばかりに満足そうにうなずいた。

「私たちこそノルウェーの真のアウトドア人間だ。私たちのうち何人かは絶対にノルウェーを去ることはない。そのことを私は確信している。なぜなら、山でのクロスカントリースキーができなくなれば寂しいからだ。ここにはまだ自然がある。人は自然とうまく折り合っていくことができる」

人は自然とうまくやっていかなければならないし、うまくやっていこうとしている。それは、自然が人間に時間と落ち着きを与えてくれるからだ。自然が人間にとってどれほど大切かということは、スウェーデン国歌を聴けばわかる。それは自然賛歌だ。

「我は汝《なんじ》に挨拶する
地上にありてもっとも崇高なる汝に
汝の太陽、汝の青空、汝の草原の緑」
（日本語訳はウィキペディアより引用）

自然はその筋肉を動かして、私たちにその美しさを披露している。こうして人間は自分の存在の小ささに気づくのだ。人間は全体の一部にすぎない。

私は滅多なことでは自然の中に入り込まない。だから、何かをつかみ損ねている気がしている。ノルウェーの暗くて寒い冬。カナダの暑い夏、それとは真逆な何メートルもの積雪。アイスランドの、震えおののきながら溶岩を吐き出している大地と、とてつもない寒さ。オーストラリアの耐えがたい暑さと乾き。カナダではクマたちが家の裏口をノックし、シドニー沖ではクジラが水面から跳びはねる。そしてフィンランドの明るい夜と、アイスランドの稲妻。

私はなぜか自分が妙に自然から離れている気がする。自宅からあまり遠くないところに、ボン市（ドイツ）が所有する森があるのだけれど。

あれは森と呼べるのだろうか！　そもそもあの森は、左側の長い道を行くか、右側の急峻《きゅうしゅん》で短い道を行くかしかない。だから私は向こう見ずにも中央突破を敢行する。だから木がポキッと折れる音が聞こえてくるし、枝が顔をかすめる。

時には、道から五〇メートル横のところに娘と一緒にダムを作るのだが、いつも何かいけないことをしているような気がする。休憩所、バーベキュー場、「冒険の道」、説明板、禁止札。私たちの手つかずの自然はどこにいってしまったのだろう？

ドイツには一一一〇万ヘクタール（一一万一〇〇〇平方キロ）の森がある。全国土の約三分の一だ。一ヘクタールあたりの人口で言えば七人。森の豊かなスイスでも一ヘクタールあたり六人だし、スウェーデンは〇・三人、フィンランドは〇・二人。ドイツは森林保護が進んでいるほうなのだ。ちなみにアイスランドには森は皆無。その代わり、あそこには膨大な自然がある。

ドイツのテレビ局のノルウェー特派員ロッテ・ヴィカントには――これはいかにも私らしいことだが――彼女の農場前の野原、それもウマとブタの間でインタビューさせてもらった。彼女はネコをなでていた。「ここノルウェーでは自然は国民の幸せにとってとっても重要なの。ことによるとこの国ではドイツに比べ自然体験をあまり制限していないかもしれない」

制限って何のこと？　それは、公に定められた「森の道」、立ち入り禁止の私有地のことだ。「この国では誰でも、行きたいところがあればどこに行ってもいいの。スウェーデンやフィンランドでも同じよ」つまり、「立ち入り禁止」とか「釣り禁止」「接岸禁止」「トイレを使用すべし」「山道閉鎖中」といった標識板は一枚もないのだ。

ちゃんとした散歩道などなくて、せいぜいあるのは小石だらけの小道だけ。言い換えれば、誰でもロビン・フッドのような気分で森を探検できるのだ！　スカンジナビアの観光客が誰かの私有地の庭を横切ってしまったかどうか、それはたいていの場合、永遠にわからない。

湖で泳ぐこともできるし、釣りをすることも、森を散歩することも、テント生活をすることもできる。たまたま私有地だったとしても、手に入った物は何を食べても自由だ。ただし住居から適度な距離を保つこと、そしてゴミをしっかり処理すること。

スカンジナビアの諸国民は、人は誰もが健全な考え方をすると考えている。だから観光客でも自然の中で規制されることはない。あなたはコミュニティ、自由、責任についての話を覚えているだろうか？

「ドイツ人はもっと自然と接するべきかもね」ロッテはそう言って、サーモス・ブランドのコーヒーカップに少しコーヒーを注いだ。「私、若かったころにはノルウェーから離れてフランスで暮らしたかったの。でもある日、ここノルウェーの新鮮さに気づいた。新鮮な空気、新鮮な水。山の水も飲める。だから母国を去ることなんかできないとわかったの」

こうした自然体験は、私がシドニーの海岸で話しかけたオーストラリア特派員エスターの幸福感の源でもある。

「感動的な体験の一つは、娘と並んでウマに乗って海を眺めていた時、マッコウクジラが目の前で水面から跳躍したことね。信じられないって気持ちになったわ。それがオーストラリアでは体験できるのよ。いつでもね！　ああいった自然体験をすると幸せを感じるわ」

それはカナダ人にとっても幸せの源である。ほこりっぽい駐車場でインタビューに応じてくれたジョージ・マスターは私にこう語ってくれた。

「カナダ人はとても幸せだと思うよ。本当にとんでもなく幸せだとね。それは自然との絆があるからさ。カナダ人はとてつもなく豊かな地で暮らしている。ここはブランドンという町だが、一時間で原生林のまっただ中に入ることもできる。好きなことが何でもできるんだ。私はここから一五分で行かれる湖畔に住んでいるが、ハリネズミを見かけるし、クマも見かけるし、コヨーテの鳴き声も耳にする。自然との絆は人をぐっと幸せに近づけてくれるよ」

私はカナダ、オーストラリア、フィンランド、スウェーデンの果てしない道を車で何時間も走った。人っ子ひとりいないし、家もない。なんと新鮮なことか。ひとりでいるみたいで気分がいい。

それに反してドイツには大勢の人がいる。そのことを私は今回の旅を通じて何度も考えた。いつであれ、どこであれ、家が建っている。人口密度の高いドイツで「静けさと、圧倒的な自然体験」を得るためには絶え間ない努力が必要だ。

ニルスもそう考えていた。三二歳の大学生で、イェーテボリ（スウェーデン）の街中で息子のベビーカーを押していた。「ドイツ人は自然をもっと大切にすべきだね。そうすれば今よりもっと手つかずの自然を体験できるようになる。家や道をあんなにいっぱい造っちゃダメだよ」

ん？　自由な市民は自由に車を走らせてはいけない？　実は私も、自由な市民のための自由な自然のほうに好感を抱くようになっていた。

スイス出身の小生意気なベルリンっ子シュテッフィは、ベルリンなまりで陽気にこうしゃべった。

「スイス人がとても幸せなのは、自然があんなにたくさんあるからよ。あれだけ多くの山に囲まれていれば、そりゃ心身も癒されるわ。小さな国で、あんまり人が多くなくて、移民も多くない。ドイツに比べると空き地がたくさんあるし、自由もしこたま」

これが解決策？　自然に戻れ？　たしかに平凡で陳腐な言葉。ドイツの自然は幸福度の高い国々に比べれば完璧でもないし、それほど手つかずとも言えないけど。いや違う。ドイツは自らの完璧主義で自国をダメにしているんじゃないのか？　もっとひんぱんに戸外に出て、天候を肌で感じるだけでいいのだ。悪天候も体験することだ。いや、悪天候こそ体感することだ。泥んこの中を歩き、雨を感じる。「何でも整っている五つ星ホテル」なんかやめて、たまにはノルウェー人みたいに「何もない」星なしの小屋で過ごすのも悪くないかもしれない。水なし、電気なし。

私の納戸には、数週間前から黄色い防水ヤッケ二着が掛かっている、私用と娘用。そして玄関ドアの前にはゴム長が二足。こちらは黄色と緑色だ。つまりわが家は、本物の自然の中で本物の天候に耐える準備は整っているというわけだ。

カナダ
素朴な生活

一〇月一日、日曜日、朝九時。私はモントリオール旧市街の心地よい安宿から戸外に出た。カメラとマイク一式を一方の肩にかけ、もう一方の肩にはマイクケーブルを無造作にぶら下げて。日はもう昇っていて温度は快適な摂氏二三度。暖かな風が鼻のまわりに漂う。

残念ながらまたしても天候に恵まれた。というのも、この季節の平均気温（摂氏一三度）を予想して、オーストラリア製のゴム長で出かけてしまったからで、モントリオールがこれ以上ないくらい暖かく私を迎えてくれたものだから、私の足はうだるようだった。とはいえ、すでに秋の気配は感じられ、空気もいささか冷たくなっていたし、木々も紅葉していた。

だが私は希望を捨てずにモントリオールの旧市街を歩いていき、典型的な住宅街へと入っていった。灰色がかった石灰岩の家々が並んでいた。装飾が豊かに施された錬鉄製の階段が、前庭から二階玄関へと導いている。

ある階段の上に男性がひとり立っていた。四〇代半ばで、カーゴショーツと色あせた青のTシャツを、腰くらいのところからだらりとぶら下げていた。金褐色をした飼いイヌが朝陽を受けて寝そべっていた。

「すみません。私、マイケです」と私が下から小声で呼びかけた。「ドイツからやってきました。どうしてカナダ人がとても幸せなのか知りたくて」

その一〇分後、私は途方もなく大きな緑のカフェオレ用カップを片手に持ち、彼の自宅の、さんさんと陽光を浴びた屋上テラスに立っていた。彼の名はジャン＝セバスティアン。自営でマーケティング・アドバイザーをやっているとのこと。

私がカメラをセットしている間、いつの間にかドイツ人についての話になった。彼の目がうやうやしさを帯び始めた。「ドイツ人は規律が好きだよね。それはいいことだと思うし、そこにこそドイツ人の幸せが見つかると思う。規律によって幸せが得られるなら、規律正しくすることだね。カナダ人はドイツ人から多くを学ぶ必要があるよ。たとえばドイツ車がいい例だ。それから芸術。ドイツ人はディテールが好きなんだ」

ジャン＝セバスティアンは興奮して生き生きと語った。「でも時にはドイツ人に言いたくなることがある、リラックスしなよとね！　いつも一〇〇パーセントでいる必要なんてないよと。だからって怠けろと言いたいわけじゃないよ。ただちょっとはほどほどにしろってことと」と彼は、すまなそうに微笑を浮かべながら言い添えた。「これはアドバイスじゃない、単なる提案。私が何の仕事をしているか、言ったよね?」まさにカナダ人である。ドイツ人とは異なる生き方に巡り合うには十分な話だ。

その直後、小さなコインランドリーでひとりの男性が座っているのを見かけた。リチャード・ストーン。新聞を読んでいた。日曜日にそこで洗濯する時はいつも新聞相手だ、と彼は言った。電気技術者。四一年前からモントリオールに住んでいるという。「カナダ人はとても幸せだけど、それは愉快に過ごすのが好きだからさ。仕事やお金の話はあまりしない。生活の中で起こった楽しいことを話すんだ。おいしい食べ物とかワイン、自転車のこととかね。いろいろなモノをゲットしようなんてあんまり考えないよ。モノをたくさん持てば、それを置く場所が必要になる。そしてその場所を用意するためにいろいろと準備しなければならなくなる」

リチャードは、ちょっと肩をぴくつかせた。彼自身はどうかと私が尋ねると、こう答えた。「幸せだよ、この世はすばらしいからね」リチャードは、いたずらっぽく私に笑いかけた。黒のTシャツをだらりと着て、口元には暗褐色のひげ。ウェスタンハットを振って別れの挨拶をしながらコインランドリーを出ていき、外でウマに飛び乗ったとしてもまったく不自然じゃなかった。

カナダ人は全員、こんなにリラックスしているのだろうか？　私はそれが猛烈に知りたくなり、翌朝、すぐにモントリオールのビジネス街に繰り出した。サント・カトリーヌ通りの近くで、私はコンドワニと出会った。有色のカナダ国民で、いでたちは黒っぽいスーツに紅白チェックのワイシャツ、茶色のネクタイ。顔全体に微笑が浮かんでいる。

「いい天気だね！　この国にはすてきな人たちがいるしね。カナダ人はみんな気分がいいのさ。幸せになるなんてまったく単純なことだよ」

カナダ人は、生活の中の小さな事柄に含まれているエッセンスをとても上手に感じ取る。目標をあまり遠くに置かず、生活をあまり複雑にせず、するりと幸せへと滑り込む。

カナダ人には、ドイツ人特有のすぐれた論争文化がまったくない。そのことにドイツ人特派員のヘルベルト・ボップは時々イラッとなる。「カナダやアラスカなどで数々のラジオ番組を手がけたり写真を撮影している。インターネットでの討論会で二、三度司会したり、自分の小さなブログを書いたりしている。それ以外はよき人間であろうとしているだけ」これは彼が私のインタビューを受けると言ってきた時に前もって伝えてきたことだ。彼はリラックスして私の向かいに座った。一九四九年生まれ。

白くなりかかった髪、べっ甲のメガネ、厚い唇。長身でとてもおしゃべり。
「ドイツ人は何でもこき下ろす。判断が鋭ければ鋭いほど激論になっていき、視聴者はおもしろさを感じる。あれはすばらしいと思う！」ヘルベルトは興奮気味。「カナダ人は対立を嫌うが、それはカナダ人が抱いている幸福感の一部と関係があると思う。討論上手じゃないからこそ、この国は明るくて透明なんだ」

お互いの調和。それが大切なのだ。思いやりに満ちていて、気さくで、対立を避ける。ヘルベルトはそれを残念に思っている。対して、私はそれをくつろぎと感じる。猛烈に自説を主張したがる自己顕示欲の強い人たちにいつも囲まれていないのは、なんと気楽なことか！　カナダ人はお互いシンプルに親切にし合っているのであって、丁寧に付き合っている。人を押しのけないし、誰かに権利を無視されても許してやる。

これは、さまざまな人たちが宗教や文化の違いを超えて互いにコミュニケーションをとらなければならないという必要性から生まれたソフトな付き合い方、大きな絆なのだ。人付き合いで対立が生じないようにするために。

カナダという国のメンタリティは、ヨーロッパ各国、それも大半は英仏からの移民によって形づくられてきたが、一九七〇年代以降は中東とアジア各国からの移民がかなり増えてきている。基本的には、ここにやってくる人は誰もが、それまでに移り住んできた大勢の人たち同様、最初はよそ者だ。そしてカナダ人は、新たにやってきた人全員を何らかの形で歓迎する。

「最初のパイオニアたちは、面積がドイツの四〇倍もある広くて何もない大地にやってきた。そして世界屈指の国を作り上げた。だからこそ、人は何でも作ることができるという確信が生まれたんだ。たとえば今日生活がうまくいかなくなり、失業し、借金生活が始まったとしても、必ず復活できると確信する。カナダ人は闘士なんだ。現在のカナダを見れば、彼らの正しさがわかる。なぜなら、カナダ人の生活はすばらしいからだ」とヘルベルト。

翌日、私はマニトバ州ウィニペグ行きの機内にいた。そこからさらにブランドンに行く。モントリオールから北西に二〇〇〇キロの距離で、そこに住む幸福研究家アレックス・マイクロスに会うために（「幸福の処方箋3」81ページ）。

私はサンドイッチとテイクアウトのコーヒーを用意し、午前六時にレンタカーでウィニペグから三時間のブランドンに向かった。どこまで行っても道路は直線で、右も左も畑ばかり。ガソリンスタンドもなく、家は一軒もない。

もうすぐ五〇歳の赤毛のダンサー、ヴィッキーは肌が青白く、目は水色。その彼女がレストランでリハーサルをしている最中に、輝くばかりの目つきで私を見つめながらこう語ってくれた。

「カナダはとても広いの。それも手伝って人間はリラックスできるんだと思う。静けさを求めたり、自分の生活に起きていることを考えるためなら、私たちはあらゆるものから逃げることができるわ」

面積は約一〇〇〇万平方キロでヨーロッパ全体とだいたい同じだが、人口は約三五〇〇万人で、ヨーロッパの七億四二〇〇万人とは比べものにならない。カナダは世界的に見ても人口密度がきわめて低い。

レストラン前のほこりっぽい駐車場でジョージ・マスターと出会った。ブランドン大学で教鞭を執っている彼は、ライトバンのハッチバックを開けてそこにじっともたれていた。赤黒のチェックのワイシャツ、サングラス、無精ひげ。彼の友人クレイクが荷物室に座っている。こちらはアーティスト。二〇家族ほどが住むパール島という小島で暮らしている。クレイクのほうが静かなタイプ。なぜカナダ人がとても幸せなのかという私の質問を聞いてじっと考え始めた。

「カナダ人が幸せなのは、自分が行動する領域を見つけることができるからだと思う。自分の生活を自分でコントロールしていると感じているから、好きなことができると思えるんだ。好きな時に人と付き合うことができるし」

絆と自主性から成り立っている「幸福の果てしない輪」。この輪に私はあちこちで遭遇した。

「おなか空いてるかい？」とヘルベルトが言ったので、私は考えるのをやめた。たしかにペコペコだ。実は私はいつでも空腹。今回の旅では絶えずワクワクするような話を耳にするので、食事をすっかり忘れてしまうのだ。「サテー・ブラザーズの屋台に連れてってやろう」彼の友だちのアレックスが兄弟と共同で経営しているレストランだという。一種のバーで、長い茶色のベンチと、屋根代わりの白い幌。高級料理店のようには絶対見えないし、絶対そうではない。マイケ、ここはカナダなんだよ！

私たちが長い行列を作って待っている間、ヘルベルトはこう耳打ちした。「これもカナダ流の生き方なんだ。まず大学で経営経済学を学び、それから二年間は実務をたんまりやる。彼は前から料理が得意だった。そして今彼はこの屋台をやってる。しかもここはいつも大にぎわいだ。料理がすばらしいからね！」

おいしかったが、とても辛かった！　私はハーハーあえぎながら水を一杯注文した。後でヘルベルトは私宛に、自由を満喫している人たち、自分の好きなことをやっている人たちについての情報を送ってきた。

裁判官を退職後、冬季に他人のためにシャベルで雪かきしている人。ソフトウェアマネジャーとして成功した後、今は芝生を刈ったり、プールの管理人をしている人。以前は大学の教員だったけど今は何でも屋で、博士号よりマルチパン（ケーキの一種）

のほうが尊敬されている人。

ようこそカナダへ！　心を開放しましょう！　情熱のおもむくままに、夢と才能のおもむくままに過ごしましょう。ともかく始めることです。そうすれば成功を収めることができます。なぜなら、豊かで満ち足りた生活が送れるからです。それこそは成功なのです。最善を尽くすのです。銀行預金が増えようと増えまいと。

「何かのために熱心に時間を使うのがカナダ人なんだよ」と駐車場にいたジョージが言ってきた。「カナダに来て、ここブランドンに到着したら、『ヘイ、幸福について話していいかい？』と訊くんだ——相手はどう答えるだろう？『もちろんオーケーだよ！』に決まってる。ドイツ人へのメッセージ？『そんなにきちんとするなよ、もう少しブラブラしなよ、もうちょっとは流れに任せろよ』だな」

2.3　カナダ

幸福の処方箋

幸せな人は単純なことを大切にする

幸福について話すとすれば、物事すべて一〇〇パーセントうまくいくわけではないってことだな。現状で十分満足することだね。

——オーストラリア・シドニーの医師ロブ

ブランドン。交差点を曲がって一三番通り四六三番地に向かう。時間どおりだが、やや興奮している。これから会うのは小物ではない。アレックス・マイクロス。ノーザン・ブリティッシュ・コロンビア大学政治学部の名誉教授。二四冊の本と一〇〇本以上の論文を発表している。学術雑誌六誌の共同創始者であり、ユネスコ自然・社会・人文科学局のカナダ委員会会長。その他、高名な国際協会の長も務めている。最近では、生活の質と福祉をテーマとする『百科全書』というタイトルの本を刊行した。全一二巻。積み上げると床から私の腰まで達する。

この人、いつ眠るの?

私は、シックな紺のビロードのスカートと青のブラウスに乱れがないかチェックしてから髪をとかして出かけた。アレックスは控えめな微笑を浮かべ、輝くばかりのまなざしで、もう戸口に立っていた。あら、親切な人なんだわ、と私はとっさに思った。ちなみに彼もチェックのワイシャツ。やせ型で中背、七〇代後半、細面、細縁のメガネ、オールバック。

「ハーイ、アレックスだ」と、ビックリするほど豊かな低音の声が聞こえてきた。彼はほとんどすまなそうな様子で大きな家を指さした。玄関を二本の柱が縁取っている。

「妻のデボラがブランドン大学の学長なんで、この家を使わせてもらってるんだ――コーヒー飲む？」ええ、喜んで。アレックス自身がわざわざコーヒーメーカーでいれてくれた。小柄でかわいらしいが存在感のある女性がちらっと中をのぞいて事務的な挨拶をし、またすばやく姿を消した。「今のが妻だ」とアレックスが言ってから、「フェミニストでね」と何げなく言い添えた。人生最大の恋人、とはアレックスが後で私に言った言葉。

私は居間の撮影を許された。高い格子窓の前に、ゆったりとした革製ソファーが置かれていた。アレックスにはそのソファーに座ってもらった。私のほうは今回もスキーで滑り始める時のように半ばかがんだ格好で撮影した。それを見て心配したアレックスは、小さくて快適なスツールを見つけてくれた。

アレックスは幸福の研究という発想があまり好きではなかった。「思うに幸福の研究は個人個人にとってはいいことだが、全員が幸福になるためには大いなる正義と豊かな生活がどうしても必要だ」

では人間が幸せな生活、いい生活を送るにはどうすればいいのか？　それを見つけるためにアレックスは何年もかけて個人の生活上の期待を研究してきた。厳密に言うと、私たちが手にしているものと私たちが望むものとの差、ないしは私たちが手にしてしかるべきものとの差、ないしは周囲の人たちが手にしているものとの差、さらには五年前には今ごろもう持っているだろうと考えていたものとの差。

「一般的に言うと、私たちには二つの大きなずれがある。一つは、自分が手にしているものと自分がほしいものとのずれ。ほしいものを手にするのは誰にとってもとても重要なことだよ。それが何であろうとね」と彼はニコニコ顔で言い添えた。「それからもう一つは、自分が手にしているものと、グループが手にしているものとの決定的な差だ。グループというのは各人が自分と比べる人たち、たとえば隣人のこと」

ここでじゅうたん業者の電話が入って話が途切れた。アレックスとデボラは他に自宅があるのだが、今それを売りたがっていてその家の修復の最中だった。そこで彼は私を工事現場へ連れていった。車中で彼は話を続けた。

「でも話は本当はもっと複雑だと思うよ」だから彼は、前述の差の他に社会的支援の水準も研究対象にしているという。あなたにはあなたの面倒を見てくれる人が誰かいるだろうか？ 何か問題を抱えた時にあなたが頼ることのできる人がそばにいるだろうか？「それが重要なんだ」とアレックスは断言した。「そのためには大きめのコミュニティが必要なんだ。すばらしいコミュニティに包まれていれば、いい生活を送るのがはるかに容易になる」彼は私にいたずらっぽくほほえんだので、私は心が和らいだ。

ブランドンのレストランでコーヒーを飲みながら、私はまだアレックスの言葉について考えていた。ケイトの顔が浮かんだ。オーストラリアの小さなストリートカフェで私が話しかけた女性。彼女はシドニーの朝陽を浴びながら、緑の革製の長椅子に座ってご主人と一緒にモーニングティーを楽しんでいた。短い白髪、ジーンズ、白いシャツ。ご主人が思いきり伸びをしている傍らで、彼女は静かにこう語った。

「私は自分がほしいものを持っている。健康だし、すばらしい家もあるし、すてきな夫もいるし、生きていくのに十分なお金もある。本当に幸せだと思う。これ以上何もいらないわ」

私がアレックスから聞いた話にしたがえば、彼女は間違いなくすべてを手にしている。人付き合いもうまくいっているし、自分が持っているものに満足していて、他人と比較などしていない。

これ以上何もいらないとも言った。すばらしい。なんと晴れやかなことか。安楽椅子にでももたれて何もしないでいようか？　この疑問への答えを私はポーリーンから得た。シドニーの小さな公園で出会った女性。七三歳でソフトな顔立ち、白髪まじり、考え込んでいるような視線。

「私は、人生をあまり深刻に考えないというオーストラリア流が大好きなの。たしかに真剣に生きることもできるし、この国にはとてもいい労働モラルがある。でも、オーストラリア人はリラックスして生活を楽しむことも大好きなの」簡素な生活を大事にすればそれで十分だし、それが彼女の生活全般のしっかりした基盤になっている。

「あなたの幸せの源は何ですか？」と私がルイーズに尋ねた時のことだ。彼女とはシドニーのボンダイビーチで出会った。白い海岸と青緑色の海を背景とした彼女は、夫と二歳の息子と一緒にいた。

「生活上の基本的なものは揃っているから幸福だと言い切れる。具体的には健康、おいしい食事、生活の支えになるすてきな人付き合い、そしていい家族。すばらしいパートナーといい息子に恵まれている。これは大切なことだと思うの。だから幸せなんだって。ありがたいと思うわ――毎日。この恵みに感謝しようと思う！　何が起きようとも、この恵みさえあれば十分幸せだわ」

フム。それでいいのかな？　生活上の基本的なことだけで十分？　私には他にも希望がある。それも少なからず……。

今持っているものに集中すること

心の片隅でそんなことを考えていたら、その数週間後にシルヴィと出会った。たぶん五〇代後半。ルクセンブルクの店員。土砂降りの雨を避けようとして、地元消防団のテントの下に入った時のことである。

「森の中を散策したり小旅行をしたりすると、幸せを感じるわ。たとえば先週はベルリンに行ってきた。幸せを感じるのは、あまりお金のかからないちょっとしたことよ。私に言わせれば、ドイツ人は、とても実現しそうもないような高望みさえしなければもっと幸せになれるでしょうね」

だが高望みをしたらどうすればいい？　たとえば今の私のように。シルヴィのような控えめな考え方は、自由や自立、大きなビジョンと両立する？　それは可能だ。足が地に着いている限りは。私たちは、何があれば自分が満足できるかを知ってさえいれば足が地に着いているわけで、そうした時にこそ空に向かって伸びようとするのだ。

「簡素で素朴な生活は誰の場合も、心身ともによいことだと思う」とはアルバート・アインシュタインの言葉だ。彼は人類に多大な影響を与えたが、小さなことを大切にしていた。ごく簡単な事柄で満足するのは、あらゆる努力の終着点ではなく出発点であり、上に伸びるための堅固な基礎なのだ。シドニーの海岸にいたルイーズもそう考えていた。

「ここ何ヵ月間か、一〇〇キロを四八時間で走れるようになるためにトレーニングしてきた」特大のサングラスをかけた彼女は誇らしげに私にほほえんだ。「そして三日前にイベントに参加したの。自分にその目標を課して実際に達成できたので、とてもうれしかった！」

いい生活を送っていれば、プレッシャーやストレスもなく将来を目ざすことができる。「今持っているものに集中することね、持っていないものじゃないわよ」と、ノルウェー北部トロムセーの海岸で私にさとしたリンダは、そう言ってから娘の金髪をさすった。カモメが鳴いていた。空気が澄み切っていた。背景の山並みは、今のままで十分だと告げていた。幸せになるにはこれで十分だと。私はちょっと休んで、壮大な景色を満喫した。

もしあなたが「自分にはすべて備わっている」と承知しているなら、どれか一つの目標を達成できなくても自分の世界が壊れないことがわかっている。あなたの家が隣家より小さくてもどうということはないし、会社の同僚が先に昇進したがっていれば、その人に「どうぞ」と譲ってやれるだろう。

ルクセンブルクの国家公務員ヴェルナーに言わせればこうなる。「多くの人にとって最大の問題は、他者のことばかり見ていることだと思う。ドイツ人もそうだね。自分よりいいものを持っている他者ばかり見てるから、自分の状況がわからなくなる。私は自分の生活に満足だね。私より悪い条件の人たちが大勢いることを知ってるから」

持っているものが少しだからといって、どんな大事《おおごと》が起こるというの？　どうして他者をねたむ必要があるの？　私には、必要なものはすべて整っている。住む場所もあるし、世界一の娘もいるし、私を支えてくれる両親もいるし、大勢の親友もいる。

単純な生活を送りたい人は強靭な神経が必要だ。周囲の人たちが別の考え方をしていたり、大きなことのほうが強烈に見えるからだけでなく、広告が私たちをだまそうとして「あなたにはコレコレが欠けている」と宣伝しているからでもある。ゴム長を履いたノルウェーの幸福研究家ヴィテルショはこのことについてこう述べている。

「CMはこんなことを言ってくる。『あなたの生活は見かけほどよくない。最新バージョンのスマホや、今話題のブランド品を持っていないから不満を抱いている。それを買って幸せになろう』しかし何を持っていないにせよ、それを入手すればあなたは当座こそヒーローになれるが、その後は、不必要なことばかりたくさんやらされる羽目になる」

そんなことはやめて、単純に別の考え方をすればいいのだ。「ほしいものを持たなければ持たないほど、あなたは自由になる」これはカントがすでに書いていることである。人間は物質的欲望から自由になればなるほど、おのずと自己実現できるようになる。そうなれば、絶えずモノを増やそうとせず、人間として向上しようとするようになる。

それ以外に加わってくるモノはいわばプレゼントであり、あなたはそれに感謝して悪いことはないが、それは究極的にはあなたが人生に求めるモノではない。つまりは「期待」の程度を下げよう。もっと控えめになろう。

モントリオールの一流ホテルでドアマンを務めるアレクサンドルはこう言った。「単純に自分の人生を生きればいいんですよ！　愛することです！　人生を単純にすることが重要なのです。もし人生が複雑になったら不幸になります。あまり期待しないことですね。失望することになるかもしれませんから」

「幸せとは何かって？　単純さを大切にすることだ」

——コロンビア・ボゴタの建築学部教授エルナンド

「多くの人は日々あくせくしているが、私は常に単純に暮らしているから幸せよ」

――オーストラリア・シドニーで障害児の面倒を見ているケイト

「単純な生活をすること。思うに、それがいちばん大切ね。私たちはしばしば複雑に考えたりするけど、そうするときっと問題が生じるわ」

――カナダ・モントリオールの店員ヴェッラ

「人生を複雑にしちゃいけない。心のおもむくままに、やりたいことをやればいいんだ」

――デンマーク・オーフスのNPO職員ダニエル

余分なこと・モノに目を向ける

私たちはしばしば自分がすでに何を持っているかを忘れてしまう。その結果、小さな喜びを見過ごしてしまう。簡単なことをしたがらない時もある。私たちは壮大なビジョン、途方もない目標を抱く。ささいな事柄は、かえって邪魔になるのだ。

だが幸福な国の人々は、そうした考えを無意味で危険だと思っている。際立つ人、みんなから浮いて見える人は、地から足が離れてしまうだけでなく自分の根まで失ってしまうからだ。だから幸福度の高い国の人々は、意識的にしょっちゅう単純なことをしようとする。フィンランド人は張り詰めた氷の中にできた穴の縁に座るし、スウェーデン人はアイスシューズを履いて雪の地面を踏みしめながら何キロも歩く。

あなたも、オーストラリア人のようにパーティを開こう。「マイボトルを持ってこい」というモットーにしたがって、食べ物と飲み物を持ち寄って隣人と仲間になろう。あるいはスイス人のように生活のスピードを落として、大切なことに注目しよう。誰にも自分なりのやり方がある。だが時には自制して、結局人生にはそんなに多くのことは必要ないことを実感するのだ。

このことは、私がサンホセ市内の交通量の多い交差点で出会った果物売りのアントニオがなぜ幸せを感じているかも説明してくれる。

「ドイツ人の兄弟に望むのは、自分がやっていることに満足することだね。そして今食べられるものを好きになること。もしそれが米と豆だったら、それがいくら少量でも満足すべきだな――それを食べられることを幸せに感じなきゃ。『今日のはうまくなかった』なんて決して言ってはいけない。『今日という日にありがとう』といつも言うことだよ」

結局「十分満足だ」と思うことこそ豊かな生活に必須なのだ。ルイーズは海をしばらく見つめて、こう言った。「オーストラリア人が幸せな理由？　月並みかもしれないけど、幸せな人は単純なことを大切にしてるわ。晴れた一日を自由に過ごすとかね、今日みたいに。親友と仲間。おいしい食事と家族。これは別に特定の文化に固有のものだなんて思わない。世界の他の地域がどうかは知らないけど」

他の地域だって、それほど違いはない。少なくとも、オーストラリアから一万五六〇〇キロ離れたストックホルムのエレンに尋ねてもあまり違いはない。エレンは金髪で陽気な若い女の子で、黒い革ジャンを着ていた。彼女は自分が幸せな理由を指折り数えてみた。

「すばらしい家族がいる。家もある。食事も、仕事もある。それに教育も受けた」この段階でもう一方の手が必要になった。「友だちでしょ。それに私、きれいでしょ――これはうれしいことよ――あら、私には不満なんて一つもない。だから幸せなのね」

カナダの幸福専門家でブロガーのヘルベルトは、今のテーマについてこう言った。

「一般的に言うと、多くのドイツ人はカナダ人とは異なることを求めている。思うに、カナダ人は自分たちが幸せだと気づいてる。街角で誰かと話をすれば気がつくことだが、定職に就いていなくても、その他の点では幸福感に満ちあふれている人がいる。家族や友人、趣味、あるいはスポーツに幸せを見出しているんだね。だから職業の問題は深刻じゃないんだ。幸せって何か？　それはね、土曜の晩に友人たちと集まって何か食べたりワインを飲んだり……」

ことによるとドイツ人は、完璧主義だから失敗しているのだろうか？「よき人生では不十分で、完璧な人生でなければならない」と思っているからうまくいかないのだろうか？　全体としてすべての事柄がきっちり一致していなければならないから？　子どもの教育から始まって、マイホーム、最新の車、そして手入れの行き届いた芝生まですべて。

これではドイツ人が遅くとも五〇歳までに「人生の意味に危機を感じる」のは不思議でも何でも

ない。完璧とは感じられず何かが気に入らなくなれば、その時点で人生に魅力を感じなくなるのは当然だ。だがそこに小さな「色彩の点」がぽとりと垂れれば、全体が活気づく。モントリオールのジャン＝セバスティアンは、朝陽を受けて目をしばたたかせていた。

「幸せが大量に必要かどうかはわからない。だが小さな幸せがあれば、そこから大きな幸せが生まれる。たしかにその双方をつかむ必要があるが、ちょっとだけでも毎日幸せならば、それはすごいことさ。大成功だよ！」その小さな点さえ加われば、人生というあなたの芸術作品は完成する。

しかしいくら不完全でも、それなりの美しさはある。イギリス人医師のロブとは、シドニーで彼の親友ドンと一緒の時に出会ったが、ロブはこう考えていた。

「友だちが大勢いたりモノをたくさん持っていることが重要なのではない。必要十分な友だちがいること、必要十分なモノがあることが重要なんだ——そして自分がやりたいと思うことをするのに十分なお金を持っていること。仕事に就いていれば刺激を受ける。それに人付き合い、友人……これらがすべて私にはある。本当に満ち足りた人生を送っているよ」

私はその二人がふざけ合いながら去っていく姿をじっと見つめていた。そうだ、十分に持っていれば満ち足りた生活が送れるのだ。

単純なこと・モノに気づくためには、余分なこと・モノに目を向ければいい。私がそうだった。コスタリカの一〇平方メートルの小屋から戻った後に私を待っていたのは、シックにしつらえられた五部屋の古家。ロケーションもベスト。ちょっと恥ずかしくなって私はこうつぶやいた、「マイケ、これってちょっとよすぎるんじゃない？」

そうこうするうちにも、たくさんモノがプレゼントされたし、のみの市に出すモノを地下室に置いたりもした。五つ目の部屋は他人に貸している。私は貸し部屋のことを一瞬たりとも後悔したことはない。何かがなくて困ったことも一度もない。空間も、心の自由も、仲間もひたすら増やしていった。

だがこのように自分の道を求めたり、自分の生活を評価し直すことは誰でもできる。大きな希望を抱いている時に、あなたの視野を妨げるささいなこと・モノを重視することなどできるだろうか？

私はルクセンブルクのリュックとイザベルの銀行員カップルのことを考えた。リュックは後頭部を掻きながらこう言っていた。

「モノ中心の生活から離れたいと思ってる。その代わり、もっと芸術や人間関係、対話やコミュニケーションを生活に取り込みたいんだ。子どもたちを見ていると、そのことを強く感じる」

そう言って彼は妻を引き寄せ、愛情に満ちたまなざしで見つめた。

オールボルのラルスも同意見だった。「私が何を、どのくらい望むかって？　今あるもので十分だよ。これ以上いらない。もちろんもっと多くを望んでもいいが、それで幸せになれるかい？　そうは思わないな。何か目標は見つけるべきだよ。けど自分の心の声に耳を傾けることも重要だ。自分が今どう思っているかとね」

あなたは今どう思っているだろうか？　幸せになるために何が本当に必要か、そのことを今日考えたか？

だからといって、デスク上の整理をしたり、収支計算したりする必要はないし、さまざまな人間関係を断つ必要もない。基本的な事柄を重視すれば、生活上のもつれはいつの間にか消えていく。あなたにとっての優先順位が自然に変化するからだ。突然、いくつかの事柄が重要でなくなる。

そして今までとは異なる人たちがあなたの生活に入り込んでくるし、今までとは異なる事柄と取り組むことになるだろう。そして新たなテーマについて語ってみたり、あるいは今までよりひんぱんに沈黙するようになるだろう。

彫刻をやっている人なら知っていることだが、彫刻は何かを付け加えるのではなく何かを削り取らなければ完成しない。ミケランジェロは、「彫刻が完成したと言えるのはいつか」という質問に対して「彫刻刀が肌に達した時だ」と答えたという。人生設計の中心となる回答も同じではなかろうか？　つまり、大きくするのはなんと簡単であり、小さくするのはなんと複雑なことか。あなたはもう肌を感じているだろうか？

もしあなたがもう「そんなにたくさんのモノはいらない」とはっきり自覚しているなら、今後入手するモノは自然と少なくなり、他者にプレゼントするものは多くなる。さらには、多くのモノを贈られそうになると、感謝しつつも拒否するようになる。こうしてあなたの生活は新しい秩序を得るようになる。

モントリオールのコンドワニは満面の笑みを浮かべてこう言った。

「人生は徐々によくなっていくかもね。私が幸せになるためにしていることは、今持っているものを大切にすること。身軽になって幸せになろう！」

心の中に小さな幸せがあれば

「なぜドイツ人は幸せじゃないの？　だって水もあるだろ？　清潔な水がね！　食べ物もあるし、野菜もあるし、牛乳もあるし、薬もある。病院に行ってもお金がかからないこともある。なのにどうして？　それで健康だったら幸せを感じて当然だよ。

ドイツは偉大な国、すばらしい国だよ。そして清潔な国だ。最高の機械を持っている。最高の車もね。ドイツ製品はとても優秀だ。ドイツには何でもある。周囲を見回してみれば、いかにいい暮らしをしているかがわかる。幸せを感じるんだな。ドイツ人が本当に幸せになることを私たちは祈っている」

モントリオールでレストランを何店か持っているハッサンはリビア出身だ。リビアの食事はおいしい。

ドイツ人の生活はいわば大きなクリームケーキのようなもので、私たちは過去になかったほどいい生活を送っている。危機は訪れたが去っていった。生活はかつてなかったほど快適だ。コーヒーメーカー、テレビ、水道。餓死者はひとりも出ないし、伝染病はなくなった。私たちは豊かな生活の中で飛び跳ねているようなものだ。何がヘンなのか？

快適さとお金は大事なものではない。

「ノルウェーは、金持ちになったから幸せな国になったとは、私は思わないな。過去のほうが幸せだったと思う。私を幸せにするのはいつもちょっとしたこと」

金髪がカールしているトロムセーのヨット乗りアロンがニヤニヤしながらそう言うと、ヨットの他の乗員たちが黙ってうなずいた。幸福の研究はこの話だけで十分だ。物質的水準が高くても生活の満足感にはつながらない。

「あなたの年収が一〇万ドルだったとする。あるいは二〇万ドルでもいい。もしもっと上を望めば、もっと上になる必要がある。稼ぎが多くなればなるほどもっと上が必要になるだろう。だから何を持てば幸せになれるか、それを考えてみたほうがいい」とは、メルボルン近郊にあるワイナリーのコック長マシュー・マッカートニーの言。

貧しくても大金持ちと同じくらい幸せで魅力的な人もいる。要は、考え方次第なのだ。あなたが新車を買って大喜びしているとする。だがあなたの脳は、次にはもっと立派な車を手に入れようと考えている。なぜなら、その新車はその時点では特別なモノだったが、今や標準になってしまったからだ。当たり前のモノではもう喜べない。日曜に洗車するとその美しい新車は輝きを失い、すぐさまもっといい車がほしくなる。だが次の新車もまた輝きを失っていく。

このように「すばらしいモノ」はすぐに「普通のモノ」になってしまい、人はそのすき間を常に埋めようとする。そしてそのたびに基準はどんどん上がっていく。アレックス・マイクロスが述べたずれが消えないのだ。

これを解決するには、別のことに気を集中させて幸せになればいい。たとえば毎日やっていることを楽しむのだ。だからメルボルンのマシューにとっては、客からのフィードバックが大金よりも重要なのである。

「お客さんが『これはすばらしい』と言ってくれたり、私が作った料理を食べて目に涙を浮かべてくれれば、それが私にとっては最高の称賛だ。友情もこれと同じ。時には人は、友情において大切なことを忘れてしまうことがあるが、それは相手を喜ばせることであり、相手を幸せにすることだ。一日のおしまいに美しい思い出がいくつかあれば、それはすてきなことだと思う」

今、私は涙を目に浮かべている。マシューの言葉が私にとって美しい思い出になっているからだ。モントリオールのジャン＝セバスティアンが、そうだとばかりにうなずいた。「心の中に小さな幸せがあれば人生はすばらしくなると思うよ」

お金が幸せと関係があるとすれば、それはお金の使い方次第だ。

「もし大金を持っていたら、何か体験のために使うのが賢明だね。旅とかコンサートとか、好きなものに使うんだ。ウィーンのオペラでもいいし、地元サッカーチームの試合でもいい。そうした経験は長期にわたって幸せに影響を及ぼしますよ」と、デンマークの幸福研究家で経済学者クリスティアン・ビョルンスコフ教授は言った。

ルクセンブルクのリュックはおずおずとこう言った。

「思うに幸せは心の中から生まれてくる。この世界はとても物質的だ。そこからちょっと距離を置いて、何が人生において本当に重要かを考えるのは大事なことだよ。重要なのは最新のコンピュータやこの上なく見事な時計を買うことじゃなくて、自分が日々の生活を味わうことだ。朝起きて、日差しを浴びて、子どもたちと一緒に森にキノコ狩りに出かけて……」

フーム。幸せになるには今、私たち全員が貧しくならなければならないのか？　それが解決策？　私は、今から全員で古代ギリシャの哲学者「樽のディオゲネス」（樽に住んだのでこう呼ばれた）のように極貧の生活を送らねばならないとは思わない。私だってすばらしいものは好きだし、それを手に入れるにはしばしばお金がかかる。だから、自分の希望どおりに生活をすばらしいものにしつつ、簡素なモノとの接触や、「すばらしいものも結局はすべていらない」という意識との接触を失わないことだ。所有という子どもっぽい欲求については、ほほえみながら小ばかにしよう。そしてしばしば欲望を自制するのだ。

伝承によればディオゲネスはモノをほしがることをやめたというが、この点ではノルウェー人が、電気と水道のない小屋に引きこもったり、スウェーデン人が桟橋に座って海を眺めるのを幸せと感じるのと変わりはない。

「私たちは本当に必要としているよりも多くのものをほしがっている。だがより多くのものを手にしたところで、たとえば私たちの子どもたちが幸せに近づくわけじゃないだろう？」と言って、アイスランドの船のコック、アルナルは私の顔をじっと見つめた。ほほえみが彼の顔をよぎった。「幸せはどこにでもあるよ。自分と幸せをつなげればいいだけのことさ」

私は膝まで丈のある草の中にしゃがみ込んで、ロッテにインタビューした。場所は、ノルウェーのオスロから数キロのところにある彼女の農場で、その日の午前中、私は貴重な時間を割き、ずっと彼女の後に付いて牧草地を歩いていった。ウマを見るためだった。

彼女がおずおずと話し始めた。「ドイツ人はちょっと他からコントロールされてるんじゃないかと思う時があるの。ドイツ人は常にベストを目ざしているけど、ことによると少しは成り行き任せにしたほうがいいんじゃないかって……」そう言いながら彼女は飼いネコの耳の後ろをなでた。「ほら！　見て！」と彼女がすっとんきょうな声を出した。「この花、きれいね！」そう言って彼女は紫色の小さな花を指の間に滑らせた。私は瞬間的にその方向にカメラを向けた。「あらホント。これエリカよ、ドイツにもあるわ」と私が言うと、ロッテは心の底から笑った。「それホント？これはここ独特の花よ。私が今『ほら！　見て！　この花、きれいね！』って言ったら、あなたは『これエリカよ、ドイツにもあるわ』って答えたわね？　つまり、あなたはこの花を見ても喜ばなかった。私、ドイツ人相手によくこの種の経験をするわ。ドイツ人は生活や小さなことを喜ぶことがないのよ」

この話を聞いたヘルベルトは深くうなずいた。「私は趣味で手品に熱中してるんだが、カナダで手品を披露すると、みんな集まってきて喜んでくれる。だが、ドイツでは『今どうやったの？　どうやって水を中に入れたの？　どうしてその水が今は消えたの？』とすぐに訊かれる」ドイツ人の詮索好きは幸せにとって邪魔とヘルベルトは考えている。

すでにゲーテも「何ものの上にも重くのしかかり、また何ものからも重くのしかかられるというのがドイツ人の性格」（日本語訳は『世界文学大系』筑摩書房刊より引用）と喝破している。

この傾向は、マーケティングを研究しているラインゴルト・ザロン社の調査でも明らかだ。それによると、「日常生活でストレスが多く、楽しみがどんどん減っている」と答えたドイツ人は四六パーセント、「仕事を終えた後なら気軽に楽しめる」と回答したドイツ人は八一パーセントだ。

デンマークの幸福研究家ビョルンスコフ教授はこう言った。「ドイツ人はヘンですよ。何か他のことをやろうと思えばできるくせに、常にまず義務を果たそうとしますからね」幸福度の高い国の国民にはこれが理解できない。彼らはことあるごとに遊ぶ。遊びこそは人生の彩りだからだ。

ボゴタ（コロンビア）在住の活発な弁護士アナ・マリアは生活の楽しみ方についてこう答えた。「まず家族相手に楽しむこと。次に、毎週金曜日に外出して、もう十分と言うまでお酒を飲んで踊ること」

この考え方に賛成なのがモントリオールのコンドワニだ。「私たちは人生を楽しんでいるよ。ミずしっかり働き、仕事が終わったら外出してとことん遊ぶ。とにかく遊ぶ時間があったら遊ぶことだね」

コスタリカの幸福研究家マリアーノ・ロハスもこれに賛成する。「結局人生は一度きり。二〇回もない。一回こっきりなんだ。だから楽しんで当然」

了解。しかもドイツ人の九一パーセントは、「楽しみがあるからこそ人生には価値がある」と思っている。

このテーマについてチューリヒの建築家シュテファンは慎重にこう答えた。「アドバイスとしてはだね、苦虫をかみつぶしたような顔をする回数を減らして、人生をもうちょっと楽しむこと。そして人生のよさを味わうこと」そのとおりだ！　彼の言葉は今も私の心の中で響いている。

オーストラリア

生活をゆっくり楽しむ

八月二五日。一〇時間の飛行と上海空港での数時間のトランジットを終えた私は、ふたたび機内の窓側の席に心地よく座って、都会の無数の明かりを眺めていた。今はオーストラリアに向かう途中。とてもリラックスした、とても人なつこい大勢のオーストラリア人と一緒だ。上機嫌の私たちは、飛行機がゆっくり移動するのを待った。だが長時間待たされた。本当に長時間！　挙げ句の果てに、「残念ながら飛行機はエンジン故障」というアナウンスが、ほとんど理解不可能な中国なまりの英語でラウドスピーカーから流れてきた。「なら、ここより地上にいるほうがいいわ」と私は隣席の人に言った。

こうして私たちは飛行機から吐き出され、またしても待たされることになった。それ以後は何の指示もなかった。人口二三〇〇万人の上海の広大な空港のど真ん中に放置されたのだ。周囲では大声を上げながらあくせく動いている中国人が何人もいたが、彼らもシドニー便のゲートが何番か知っているわけではない。オーストラリア行きの飛行機を自力で見つけようとする運命共同体が次第に形成されてきた。私もそのひとり。

「あなた、どちらから?」ひとりの男性が私に訊いてきた。革ジャン、無精ひげ、レンジャーハットというういでたち。

「ドイツですけど、あなたは?」

「オーストラリア。でも元をたどればアイルランド」その人のガールフレンドは「私もオーストラリア」と答えたが、どうもトルコ人のように見えた。

「私はギリシャ、二世でね。名前はディアナ。よろしく」ディアナね、了解。

「で、あなたは?」と私はさらにそこにいたひとりに訊いた。

「私はポムとやらでね」と言ってその金髪男性は笑った。そばかすがあって三五歳前後。

「え?『とやら』って?」と私が尋ねた。

「つまり大英帝国の前科者」とその男性がゆっくり、はっきり説明してくれた。「あっしゃ、イギリスから来たんだ」

「札付きってわけだ」もうひとりの男性がそう言ってから、笑いながら私に手を差し出した。「ハーイ、私はゲオルク。じいさんばあさんはドイツの出だよ」

その後、中国系三世とかセルビア系一世、デンマーク生まれの「もう少しでオーストラリア人になるところ」という男性が続いた。なるほどね、こうなると本物のオーストラリア人ってどういう人のこと？

そんなこと、どうでもいいのだ。オーストラリアのパスポートを所持した時点で人は「ラッキー」と思う。世界最高の地に足を踏み入れる許可を得たからだ。そこはオーストラリア人が「ラッキーカントリー」と誇らしげに呼ぶ地。「幸福の地にようこそ！」というわけだ。地上の楽園、ここにあり！

翌日、私は特派員エスターと会った。シドニーから三〇分で行ける夢のようなビーチ。まさにアメージング！　水は青く輝き、白浜はまぶしく光り、そよ風が吹いている。

エスターはインタビューのために私を海岸近くの天然プールに連れていった。女性用プールだった。「ここならアラブの女性だって水泳用のブルカ（イスラム教徒の女性が着る上衣）で泳げるのよ」。それでこそノーマル。オーストラリア人は寛大なのだ。「寛大さはオーストラリア人にとって誇りなの。寛大さのためなら何でもするわ」

エスターはドイツ人ジャーナリスト。一五年以上前からオーストラリアで働いている。彼女はプールの囲いに両腕をついてくつろぎながら、ソフトな低音で話を続けた。「気に入らない点もあるけど、総合的には本当にすてきな国。豊かでチャンスのある国。だから私、ラッキーなの。オーストラリア人はこう考えてるわ、ここで暮らしているからには幸せに違いないって」

ロバート・カミンズ教授（愛称ボブ）とは、ある日の夕方、シドニーの中心にある高級ホテルのビジネスフロアで会った。彼は日本へ行く途中だったが、私のためだけにシドニーに寄り道してくれたとのこと。光栄だった。ボブはメルボルンにあるディーキン大学の心理学部教授で、『幸福研究ジャーナル』の発行者である。今までにすでに、生活の質に関する幾多の調査・報告の推進、指数の開発に参加してきた人物だ。

「ハーイ」と、ソフトだが冷静そうな顔立ちの白髪まじりの男性が、ほほえみながらカメラのフレームに入ってきた。「多くの点でオーストラリアは本当に幸せな国だと思うよ。人口の大部分は移住者だけど、移住者と難民はすばらしい特徴を持っていると思う。彼らは、自分にとって不都合な事柄から離れることができることを知ってるんだ。その結果、ここの国民はとても個人主義的な集団になった」

ボブは、すっかりリラックスしてカメラのレンズをのぞき込んだ。「これ、あなたにとって初めてのインタビューじゃないよね？」私はどっと笑った。ボブも体を震わせてくっくっと笑った。「ええ、一〇〇回は行ったと思います」と私。

オーストラリアに来た人はみんなが仲間《メイト》で、みんなが同等に尊敬されている。例外は「他者を尊敬しない人」、つまり出身、宗教、あるいは財産など理由は何であれ自分のほうが上だと考えている人。ここへ来た人は当初何も持っていない。上でも下でもなく未知数なのだ。きっとオーストラリアの歴史と関係があるのだろう。

歴史は、先住民および、アイルランドやウェールズ、そしてイングランドから船で運ばれてきた流刑者とともに始まった。死刑判決を受けた人たちも多かったが、その判決理由は、飢餓のためにパン一切れを盗んだことだったりした。移住者にとっては、いずれにしてもそれが再出発だった。

現在に至るまで、何百万人という人たちが世界各地からやってきた。オーストラリアの人口は現在二三五〇万人。彼らの母国は一四〇ヵ国にのぼる。統計的に言えばこのワクワクするような大陸の人口密度は一平方キロあたり三人。

「となるとドイツとは大違いね。わが家、わがボートを持ってる自分はすごい人間だなんて考えない?」と私はエスターに聞き返した。

「たしかにそう思っている人もいるかもしれないけど、たとえば誰かがレストランで『私はすばらしい人間だから私に注目してくれ』と言っても、ウェートレスは『ええ、たしかにあんたは自分ではそう思うでしょうよ!』と言ってその場から去っていくでしょうね。それでいいと私は思う。そのほうが双方にとって気楽だから」

仲間意識のほうがステータスより上なのだ。「みんながまとまりを持って互いに助け合っていくのがコミュニティなのよ。この国ではたとえば山火事や天災が時々起こるけど、そういった時に役立つのがコミュニティなの」オーストラリアは地球上でもっとも乾燥した大地だ。ここにいると毎日、日差しの強さを感じる。

今日も太陽はさんさんと照っているが、私はシドニーのホテルを出て、午前一〇時ごろにドンとその友人ロブに会った。ドンは四六歳。昼間は障害児の世話をし、夜はDJをやっている。生粋のオーストラリア人だ。のっぽでのろま。歯がかなり大きく、とてもウィットに富んだ人物。

一方のロブはイングランド出身の医師で、八年前にサバティカルイヤー（長期有給休暇）でオーストラリアにやってきて、そのまま居着いてしまった。中背。にこやかな丸顔で、楽しげな目つきをしている。夜更かしタイプで、夜の仕事が好きだと自分で言っていた。

ロブは興奮しながらこう語った。

「オーストラリアは他者をそのまま受け入れる国だと思う。ここで生まれた人でなくても、ここにやってくれば夢の生活を送るチャンスはたくさんある。ここなら自分のリズムに合わせて仕事時間を自由に割り振りできるが、そんなことはイングランドではおそらくできない。オーストラリアでは新しいこと、ワクワクするようなことを始められる。そして思ってもみない結果になるかもしれない」

ロブはドンの顔を見てから、再度気持ちよさそうに髪を指ですいた。「ここは本当にいいところだよ。生活もすばらしいし、みんながフレンドリーでリラックスしてる」するとボブがうなずいて、こう言った。「ああ、そうだとも。オーストラリア人のモットーは『夢を追え』だと思う。そして実際オーストラリア人は夢を追っている。私たちはオーストラリアならではの夢、つまり希望を追ってるんだ。オーストラリアの夢っていうのは、希望を追うってこと」

ジョン・ワーデンは六五歳前後の弁護士。メルボルンにある彼のオフィスに私は偶然立ち寄った。彼は、今話に出た「オーストラリアの夢」がとても気に入っている。「私たちは常に発展している。そして常に創造し続けているから、ちょっとリラックスできるんだ。その結果、とても自由に暮らせている。ヨーロッパのように大原則なんてないし、厳しい社会的階層《ヒエラルキー》もない」

だが「オーストラリア人は、何が受け入れられ、何が受け入れられないかについてはルールをとことん守っている」とエスターは言った。「けどそれが何かの規則になっているわけじゃない。何々禁止という札は立ってないし、何かを守らなくちゃいけないと主張する人もいない。でも、一定のルールに意義はあるという点では意見が一致している――『了解、じゃそれは守ろう』ってわけ。無意味と思えるルールもいくつかあるが、ひとりも守ろうとしないから廃止になる」

こんなに単純なのだ。エスターが笑っている。

「そうなんだ。私たちオーストラリア人にははっきりわかってるんだ」とジェフが私に言った。公認会計士で三〇歳前後。「スポーツ。それから友人と一緒に酒場でビールを飲むこと。そして住むところがある。これだけ揃えば幸せになれる。私は仕事にも恵まれているし、毎日うまいものも食っている。この国の肉は最高だよ――この話、退屈？」

足が地に着いていながら、そこにちょっとしたユーモアを交える。これだけ揃うとオーストラリア人は幸せを感じるのだ。「ここの人は自分で自分のことをよく笑うの。物事をあまり重大に受け止めない能力があるのね」と言ってエスターはニヤリとした。オーストラリア人はおもしろがるか仕事をするか、そのどちらかしかしないのだろうか？『OECD　よりよい暮らし指標』によると、年間平均労働時間はドイツ人より四〇〇時間多い。

海岸で出会った魅力的なジャーナリスト、ルイーズも同様。彼女はアイルランドの出身。彼女の夫トレヴァーはインタビューの間、二歳の子どもの面倒を見ていた。ルイーズの言葉を聞こう。

「私たちはとてもよく働いていると思うわ。でも仕事第一じゃないのよ。誰もがその人なりの目標を持ってる。たとえばスポーツ。オーストラリアは健康志向の国なのよ」

クリケット、ラグビー、サッカー、テニス、ゴルフ、ヨット、サーフィン。スポーツをまったくやらない人なんて、オーストラリアでは考えられない。だからこそオーストラリア人は八五パーセントが自分の健康状態を良好と言っているのかもしれない。そう言っているドイツ人は六五パーセントだけ。

最後に私はエスターに幸せの源は何かと尋ねてみた。「自然体験に尽きるわ！　自分にとって大切な人たち、つまり家族や友人と一緒の自然体験。オーストラリアでは自然体験がふんだんにできるわ」

じっと海を見つめていた彼女が突如興奮して海を指さした。「ねえ見て！　すごい！」はるか遠くに二つの黒い点が見えた。「見た？　クジラがポーンと飛び上がったのよ。二頭も！　まわりで水が跳ね上がったわ。クジラの手前にボートが一艘いるわ。見える？　あのクジラ、海面から完全に飛び出たわ。あのボートの人たち、ラッキーね！」

ロブが満足げに私の顔を見つめた。「イェー！　オーストラリア人は幸せだよ。そうでないわけがないだろう？」

9 今、この瞬間を生きること

ポジティブだろうがネガティブだろうが、そんなことはどうでもいいし、そもそもあなたが判断することじゃない。あなたはその瞬間に何が起こるかをじっと見つめて、ひたすらそこにいればいいのだ。

――メルボルン大学の科学者メラニー・ダヴァーン博士

ジャン＝セバスティアンを覚えているだろうか？　モントリオールで私が、彼の自宅の玄関先をうろうろしていた時に出会った人。それから二時間経っても私はまだ彼の自宅の屋上テラスでインタビューしていた。私のミルクコーヒーはその間にカラになったが、彼の思考はその後も長々と続き、とどまるところを知らなかった。

「私は二五年前にある高齢の男性と出会ったことがある。ナチスの強制収容所で何年も過ごしたという。八八歳になっていたその人は私にこう言った。『関心があるのは今のことだけ』その言葉は強烈だった。私は考えた。自分はどうか？　その心境になるのはむずかしい。未来と過去に無縁になり、今ここに生きること。だがそうなれれば幸せが得られる。物事が常に今あるがままに見えるようになるからだ。言いたいことはそれだけだよ」

カナダ人はこの「今という瞬間の生活」を見つけたように思える。ジャン＝セバスティアンの自宅から二、三ブロック離れたところで、私はジョン・フィリップスと出会った。ガールフレンドのヴェッラと一緒に、大きな建物の二階で座っていた。周囲には白い柱が何本か立っていた。二人はモントリオールの温暖な夕べを満喫していた。ジョンはアメリカ出身だが、三年前からここに住み、この都会を愛していた。職業は電子音楽の作曲家。「ドイツ人にアドバイスすることは？」と訊くと、長い間考えた末にこう口にした。

「あまり将来のことを考えるのはやめたほうがいいかも。今という瞬間をつかまえて、今を生きること。まさに今ここにいると実感すること。それから他者と仲間になること。そう意識すれば、自分の周囲には本当に何もなくなり、あるのは自分と、今自分が持っているものだけになる。そうなれば幸せになれるよ。明日どうなるかを心配すれば幸せから遠ざかってしまう」

私は自分の意識の中で「今という瞬間にどれだけの価値を置いているか」をカメラの後ろで考えた。瞬間ってどのくらいの時間？　それはどれくらい濃密？　わからない。

昔のパラパラマンガを覚えているだろうか？　紙一枚ずつに単純なイラストが印刷された漫画本で、誰もが一度は持っていた。何ページ分かをさっとめくっていくと、男性が走ったり、ヒツジが柵を跳び越えたり、風船が空に上がって飛び去っていくように見える。だが何ページか欠落してしまうと、描かれている男性などの動きが不自然で、なめらかな連続性はなくなる。

かく言う私たちも自分の時間をおおよそそれと同様に切り刻みながら、瞬間瞬間を駆け抜けている。こうして連続した時間は引きちぎられていく。切り刻むはさみはどこにでもある。ＣＭ、ＳＭＳ、頭の中の思考。それに旅行アプリ。バサッ！

その一刀両断によって私たちはディテールを勘違いする。ヒツジは柵を跳び越えているのだが、私たちはそれを見損なってしまうのだ。重要なメッセージを見損なう場合もあるし、情報ひとかたまりを見誤る場合もある。あなたも今までに見損なったページはないだろうか？

過去二五年間で今も私の意識の中に残っているのは何だろうか、と時々考える。かたまりがドンと欠落しているところも結構ある。三歳の女の子を路上で見かけると、自分の娘と一緒にいたはずの瞬間が欠落していることに気づいて苦痛を覚える。娘に注目せずにキャリアやお金などに関心を注いでいた時間や、毎日ＳＭＳや平凡なＥメールに頭を使っている時間。それは私の生活の中で「見損なってしまった瞬間」だが、そうした瞬間は日々積み重なっていく。

オスロ出身のミュージカルダンサー、カロリーナとはオスロの市立公園近くのカフェで出会った。彼女はその時、ダンスのパートナーと同席していた。彼女は私の顔をじっと見つめてこう言った。

「もし私がドイツ人に何かアドバイスするとしたら、今を生きなさいということね」

彼女はそう言う直前に、自分の幸せの源を私にそっと明かしていた。「ほとんどすべてね。おいしいチーズ、緑の信号。でも私がいちばん幸せなのは、自分がやっていることを通じて誰かと心がつながっている時」。あなたは今までに誰かとの心のつながりを求めたことがあっただろうか？心がつながるのは今という瞬間しかないのだ。

幸せはその一瞬にある

その時、アイスランドで出会った物静かな船のコック、アルナルのことが頭に浮かんだ。息子二人と一緒にフライドポテトを食べていた。彼は私とはまったく違っていた。彼は落ち着き払っていて、地に足が着いており、物静かだった。彼とは今もフェイスブックで時々やりとりしている。次の文章は、インタビュー直後に彼が私に送ってきたものだ。

「短い話だよ、マイケ。だがアイスランドの私たちにとっては大事なことだ。この前の週末、車でシンクヴェトリル国立公園に行ってきた。ちょうど日没時で風もなかった。私たちは観光ルートを外れて、ある湖畔で車を停めた。日没をじっくり眺めながら、自然の音に耳をそばだてることができた。

その時、二匹のネズミが近くを猛スピードで動き回っているのに気がついた。私たちは身じろぎもしなかった。まったく音も立てなかった。そのうち、それが雄と雌のネズミだということ、来るべき冬に備えて巣を大きくし、住みやすくしているところだとわかった。

私がカメラをつかんだ時はもう『時すでに遅し』だったが、その二匹のネズミは私に人生の循環について考える機会を与えてくれた。つまり季節の循環だ。秋、冬、春、夏。どの季節にも独特のロマンがある。私が言いたいのは、こうした瞬間をとらえる回数が多ければ多いほど人は幸せになるということだ。私たちは何もかも必要としているわけじゃない。すばらしい時間があればそれで十分だ。自分が大好きな季節が一つあればいい。自分の時間がいつ過ぎ去ってしまうか、それはわからない。そうしたわずかな瞬間をじっくり味わうこと、気づくことが大切なんだ。そうじゃないかな？」

アイスランド人はやせた土地に住む真の詩人だ。

時々私は、今いる場所から離れたくなることがある。離れたほうがはるかにいい生活ができそうな気がするのだ。私たちは常に、どこかよその場所に思いをはせる。私たちは絶えず次の瞬間を待っている。そしてその瞬間が来ると、また次の瞬間を待っている。何たること！　私たちは将来に駆り立てられているのだ。

ジャン＝セバスティアンは将来を避けようとする。

「私たちはあらゆる瞬間を生きなければならない。幸せはその一瞬にあるんだ。前か後ろをのぞいてみたって、どこもかしこも不幸ばかりだ。そんなことをしても何の意味もない。今はあなたと一緒にいる。今は快適だし天気もいい」

まさにそのとおり。人生でいちばん大事なのは今なのだ。「おっと、取り逃した。まあいいや、また次がある」だって？　とんでもないと、メキシコシティの若い女子大生バレリーは考える。

「どの瞬間も特別なのよ。二度と戻ってこないわ」

あなたの人生から切り離された瞬間には接着テープは付いていない。今という瞬間は、離れていたいと考えるほど悪くはない。なのに私たちは人生の半分を「もっと魅力的な将来」を待って過ごしている。今をよくしようとせずに。

この問題は、ラテンアメリカ人にはほとんど無縁だ。彼らは待とうとしない。仮にあなたが私と同じように二〇〇七年初頭にメキシコに引っ越したとしよう。私はその時、夫と一歳の娘と一緒だった。そこまでは問題なかった。大きな家。家政婦までついている。すばらしい庭。庭師までいる。高級住宅地。ただしスモッグ付き。娘の通う幼稚園は門に鍵が付けられていた。車道のど真ん中に下水道の蓋などなかった。私は警官買収用に常にダッシュボードに一〇〇ペソを入れておいた。

すべての車が同方向に走っている限りは、大丈夫だった。しかし時には逆走する車もいた。近道しようとしているのだ。わからないでもない。陽気で小柄なタコス売りニコもそうだった。バカめ!

快晴で涼しい秋の朝、私は警備万全の幼稚園に車で向かったのだが、その途中でラジエーターグリル部分がニコの青緑色のおんぼろ車とぶつかった。彼が車に積んでいた金属製の容器が路上に落下して、私のラジエーターグリルよりも大きな音を立てた。車体破損だけで済んだのは幸運だった! だがその直後、悪賢いニコはアクセルをいっぱいに踏み込んだ。逃亡を図ったのだ。だがそれは、たまたま私の横を通り過ぎた車によって阻まれた。その車の運転手は電話をかけてくれてから、そそくさとその場を走り去った。

私はそこにとどまっていた。そして待った。警察を待っていたのではない。メキシコでは警察は呼ばないほうがいい。そうではなく保険代理人の到着を待ったのだ。二時間一〇分。

それから私のお抱え運転手を待った。私は全書類を携帯していなかった。これが一時間二〇分。そして最後に公証人を待った。もちろんニコが保険に入っていなかったからだ。一時間五五分。

事故処理の手続きに結局トータル六時間かかった。貴重な時間が失われた。その時私は思った。ニコもそこに六時間いたんだと。だが彼は時間を無駄に過ごしていなかった。その二万一六〇〇秒の間、彼はずっとそこにいただけだった。私は興奮してもおかしくなかったし、実際興奮していた。だがニコはその間、おんぼろ車に体をだらりともたせかけていた。サルサの音楽が車内から響いていた。そして彼は上機嫌でなんと「緑色のソース付きのタコス」を土木作業員や予備役の警官、その他通り過ぎる運転手たちに売っていたのだ。彼は誰とでもおしゃべりしていた。あっという間に一〇人がうまそうに口いっぱいにほおばりながら冗談を口にし、破損した車の周囲を取り巻いた。私の保険代理人もそうしたし、信じがたいことに私のお抱え運転手も同様だった。公証人は今日は胃の調子が悪かったようだ。私ももちろん食欲などなかった！　六時間以上が経過して私は自宅に戻ったが、疲れていたし不機嫌だった。長時間を無駄にしてしまったからだ。

私はその後二年間、メキシコ人相手に時間についての自分の考えをさんざん説明した。裁判をスピードアップしようとしたり、プレッシャーを加えようとしたりしたのだ。時間を守ること、信頼できることを証言すること。それを約束させた。彼らはわかったとばかりにうなずいたが、その後も遅刻してきた。私はしまいには逆手にとろうともした。私のほうが遅刻してみたのだ。だが相手のほうが私より上手だった。私の小さな反逆作戦にイラだった人はひとりもいなかった。

メキシコ人は待つことなどせず、その時間を使って楽しくおしゃべりなどをする。彼らが所定の時刻に間に合ったことなど一度もない。そしていつも他のことをやっていた。

以上のことはメキシコ人に限ったことではない。「自分の結婚式にだって遅刻するわよ」と笑いながら言ったのはアイスランドの幸福研究家ドーラ。遅刻など問題ではないのだ。その時間を使って楽しめばそれでいいのである。

「待ち合わせが午後六時なら、相手は八時にしか来ないから、それ以降に何かを注文すればいいのよ。それが当たり前。それから長々居座って、たくさん飲み食いすればいいのよ」と言って笑ったのは、ボン出身ララ・ガイガー。彼女は半年ほど前にパナマにやってきて、今はドイツの自動車会社でマーケティングマネジャーとして働いている。

「私が不満なのはドイツのせいだと思ったの。いつも体調が悪くてストレスがたまり、二五歳なのに外見は四〇歳くらいに見える、それはたぶんドイツのせいだって。当時は目の下に隈《くま》ができていたし、元気もなかった。ところがここに来たら全然違うのよ」ララは、時間を自由に使えて楽しいのだ。

「パナマの人はどうして幸せなの?」と私が尋ねると、彼女はこう答えた。「パナマ人は毎日まるで人生最後の日みたいな暮らしをしてるのよ。料理もアルコールもダンスも音楽も毎晩たっぷり楽しんでるわ。一日を満喫するというのがここのモットー。こんなこと、あなたは明日になっても気がつかないかもしれないけど」

危険な国で暮らすにも利点はあるんだ、と私は思った。人生の価値、瞬間の価値を深く意識するようになる。そういえばコロンビア人もたいてい遅刻してくる。「でもコロンビア人はいつも上機嫌でやってくるんだ！」と言ったのは、ボゴタでスペイン料理レストランを経営しているハビエル。コロンビアにぞっこんの彼は、母国を官能的な国と称した。まあいいだろう。時間厳守ほど官能から遠いものはないだろうから。

時間厳守と言えば、「私たちは違うやり方もできるのよ！」とララが勝ち誇ったように言い添えた。「お客さんに時間を守ってもらいたければ、招待状の待ち合わせ時刻の後に『ドイツ式の時間で』と書けばいいの」ちなみに、メキシコとパナマの人たちもそれとまったく同じ文面を送るという。

つまりは、二種類の時間感覚の間を往来できるのだ。彼らはやろうと思えばできるのだが、ただ、そうしたくないらしい。

今という瞬間に関心を抱くこと

ドイツ人は自分の意思より時間のほうを優先させるが、他国は時間を自分の勝手に使っている。ボッシュの南米地区支部長ヘルムート・オビレニクはそれを心得ている。「パナマの人たちは、今日を生きなければならないと言うね。たしかにこの国はいろいろ問題を抱えている。たとえば子どもたちの将来の問題とか。でも今は今日を生きているんだ。明日もそう。明日以降は明日を生きるんだ、明後日ではないよ」

コスタリカの章で登場したドイツ人女性のザンドラが詳しくこう説明してくれた。「もちろん私だって最初のうちは悩んだわ。友だちと待ち合わせをしても、友だちがそれを忘れてしまうの。でも私も次第にちゃらんぽらんになってきたわ。きっと他に大事なことがあったんだろうなんて思って」

友人と会うのも重要だろうが、誰かを助けるのも重要だ。人付き合いにおいていちばん大事なのは人情、つまり「カリデス・ウマナ」だ。ラテンアメリカの人たちはいつも瞬間を体験している。それも強烈に体験していて、生活全般をその基準に合わせているのだ。時間研究家が言うところの「体験時間」を生きているのである。

生への執念に燃えるメキシコシティのジャーナリスト、マルタは、長期にわたったドイツ滞在について、目を白黒させながらこう説明した。

「ドイツではあらゆることが組織だっていて計画どおりなのね——それがとても厳密なのよ。余暇もそう。『今日映画観にいく?——いいわね!』と会話をした後でも、私たちなら、他の人と会えば予定を変えるわ。『でも映画を観にいくと約束したじゃない！』と言っても、『でも予定は変えられるわ。映画は逃げはしない』と言われるだけ。それに比べるとドイツ人は融通が利かないわね」

ドイツ人はルールと時計にしたがって暮らしている。だから時間厳守が重要なのだ。一五分以内の遅刻は——大学の講義が一五分遅れで始まるように——許容範囲だが、それ以上は失礼になる。結局、どこの文化がいいのだろうか？　時間中心の文化か？　それともその都度必要に応じて時間を合わせる文化か？

その答えを私に期待しないでほしい！　実は、私は遅刻常習犯なのだ。ことによると私はメキシコ人から何かを学んでしまったのだろうか？　ドイツ人は時間と尊敬を関連づけているが、違う考え方をする人もいるのだろうか？　他者のために時間を割くのは尊敬の印ではないだろうか？　待ち合わせの場合もそう？　スマホで遊んだり電話したり、あるいは、ながらでメールを読んだりしないで相手の話をじっくり聞くべき？

相手に精神を集中させるのは相手への最大のプレゼントだ。私自身は「時間は厳守するが正しい場所に来ない人」より「遅刻しても正しい場所にやってくる人」をずっと待つほうだ。

私たちはいつから時計に合わせて暮らすようになったのだろう？　私はミルクセーキをちびちび飲みながら、一本指でスマホを軽くたたき、ネットで回答を探してみた。

「時計に合わせ始めた」のはそんなに昔のことではなかった。厳密に言えば一八九三年四月一日以降だ。それ以来、ドイツでは中部ヨーロッパ標準時が適用され、以来あらゆる時計が同じ時を刻むようになった。実質的には、あらゆる産業のプロセスが同じ時を刻むようになった。コスタリカの幸福論の専門家マリアーノに訊けば、「人間関係にはよくないことだ」と言うだろう。彼にしてみれば、自由時間は人間が所有できる最大の富の一つなのだから。

だが時計の時刻は第一にドイツ人の完璧志向に合致していた。そしてドイツ人は時計の三本の針を自分たちの価値体系に組み込んだ。遅刻する人は失礼で、当てにならない人とされ、それに対して時間厳守は業績と成功の証とされる。私たちは時間は守るべきだと思っている。それ自体悪いことではない。お互いにたっぷり時間がある場合、つまり「カリデス・ウマナ」のためにたっぷり時間がある場合には、時間厳守も邪魔ではない。

今必要なのは、クッションの時間だ。そうした時間があれば、一つの待ち合わせと次の待ち合わせの間がぎっしり詰まることはなくなる。そうした「移動しないでいい時間」が必要なのだ。

だがアポからアポへと急いでいる場合には、いわばよろめきながら進んでいくようなもので、今回の私の旅のように、落ち着かなくなり、時間に翻弄されるようになってしまう。落ち着くためには、ラテンアメリカの人たちのように、今という瞬間を生きることだ。予定表を「無意味なプラン」におとしめないことだ。

デンマーク人やスウェーデン人、あるいはスイス人が見せてくれたように、テンポをちょっと落とすだけでいい。時間を最大限有効利用しようなどと思わないこと。そして予定表の中に空白の時間をとることだ。時間に余裕を持たせたいなら、そうすることだ。

私が今回の旅の間に遭遇した多くの価値観を実行するには、長い時間と不断の注意力が必要だ。絆や信頼は、時間とともに大きくなっていくからである。スイス人が体現しているコンセンサスに到達するには、コミュニケーションが必要だ。それは時には長時間を要する。

だが自由時間といえども、次々とウマに飛び乗ってむちを打ち鳴らし、山また山を飛び越えて次のトレンド目ざして疾走してはいけない。目標をじっくり考え、責任を引き受ける必要がある。それには時間が必要だ。ヒエラルキーがなくて、人間同士が同価値の場合でも、長い論議と投票までのプロセスが必要だ。それを通じてモチベーションを得た仲間が何らかの行動に熱心に参加しようとすると、これまた時間を要することになる。ことによるとだが。

アイスランドの幸福研究家ドーラははっきりとほほえんだ。日差しはペルトラン（レイキャビクにある複合施設）に反射し、ドーラの目を、雷雨の上空に現れる閃光《せんこう》のようにきらめかせた。「幸せになりたかったら、どうしたら幸せになるかを考えることね。そしてそれが見つかったら、迷うことなく突き進み、その瞬間を楽しむこと」

了解。瞬間の話はわかった。だが瞑想慣れしていない私のような人間が、瞬間瞬間を生きるという「高みの世界」に昇れるものだろうか？

オーストラリアの幸福研究家ボブの優秀な学者仲間二人が、メルボルンのディーキン大学の建物の前ですでに待ってくれていた。私はもちろんまたしても遅刻。だが今回は私のせいではない！

オーストラリアはあまりにも広い。キャスリン・ペイジは髪は黒っぽくて肌は青白い。鼻は短くて上を向いている。三〇歳になったばかり。もうひとりのメラニー・ダヴァーン博士は四〇歳になりたてで、赤みがかった金髪をポニーテールにしている。正直そうな顔つき。二人はほほえみながら私を迎えてくれた後、向かいの公園に行こうと誘ってくれた。

私が二人を公園のベンチに座らせた途端に、メラニーがこう話し始めた。「幸福というのは、あることのために時間を使うことよ。精神的な健康、元気に役立つ活動のために時間を使うこと」

「それと集中力」とキャスリンが物思いにふけりながら言い足した。

「そうね、集中力は私の大好きなテーマの一つ」と言ってメラニーは晴れやかに笑った。

ン？　集中力って厳密には何のこと？　瞑想について初心者の私が質問する。するとキャスリンは身振り手振りを交えて生き生きと説明してくれた。「ひたすら瞬間に集中することよ。ある事柄を心から喜び、そのことに集中すること。今していることを本当に真剣にやること——五感すべてを投入してね。つまり簡単に言うと……」

なるほど。私もやってみよう。それはまさに今という瞬間に関心を抱くこと。五感全部を使うこと。しかし人間の頭は過去と未来相手の奮闘を好む。現在を相手にする気にはなかなかならない。「私は今ここにいる」と意識するのは大いなる決意であり、そう決意した途端に脳はあらゆる思考を停止せざるを得なくなる。進化の過程は、完全に「今を生きる」という方向に進んではこなかったのだ。あまりに深く今という瞬間に沈潜してしまうと、脳は周囲の危険を感じなくなる。そうなれば、人類の祖先がトラの出現に気づかなかったことに等しい。現代に移し替えれば、たとえば自転車が不意に街角から出現しても気づかないようなもの。

それよりは、そうした状況であらゆる可能性を考慮するほうが安全だ。トイレットペーパーを買うことも忘れてはならないし、メールも送信しなければならないし、ガソリンも入れなければならない、等々。こうした軽薄な思考の連続は車を運転している時にはたしかに有益ではあるが、しかし本当に何かに集中していたい時、たとえば大好きな演奏者のライブコンサートの最中にそんなことを考えるのはばかげている。

本書を読んでいるたいていの親が恥じ入ってしまうこともある。たとえば、愛らしい子どもが眠る前にお話を朗読してやることもできるのに、頭の中では翌日の予定をまとめたり。朗読は私もかなり上手にできる。だが親のアンテナは決まり切った行動をとってしまう。子どものかわいい目に注目しないで、ぼんやり微笑するだけ。

ちなみにこれと同じことは、数ページにわたる業務報告書を読んでいる時や退屈な講演を聴いている時にも起こる。逆に、猛烈にすばらしいプレゼンを聴いている時にも起こる。だが私たちは自分の任務に頭がいっているので、その瞬間に浮かぶさまざまな考えに想念を向かわせるのは容易ではない。

メラニーは、放心したような様子で巻き毛を一房、顔から払いのけた。

「集中力というのは、一つの経験に一心に関わり合うことよ。開放的になって新たな経験を歓迎する。つまり、経験をどう受け入れるかと関係があるのよ。経験のすべての部分と付き合ってみる。ポジティブな経験だろうがネガティブな経験だろうが、そんなことはどうでもいいの。判断しなくていいのよ。その瞬間に起こっていることをひたすら見て、そこにじっとしていればいいの」

ノルウェーの幸福研究家ヴィテルショは目を細めながら、自宅のテラスからフィヨルド越しにはるか彼方のクジラ島を眺めていた。彼は、人間が一つのことに没頭している時の幸福感について研究している。

「物事を一定の方法、一定の順序、しかも自分の体のリズムにしたがって行えば、そこから喜びが生まれるんだ。人はそこにいるだけでいい。判断することなど何もない。人は何かを行い、自分のリズムに浸れば、いい気分になる。それが一種の幸福なんだ」

こうした感覚を知っている人は大勢いる。自分がしていることに熱中していて、時間を忘れている瞬間だ。

「これは三〇秒ないし五分間続くこともある。人はその気分に入り込むが、その後そこから出てくることになる。電話が鳴ったり、何か別のことが邪魔したりして、その流れから出てくることになる」

なるほど——お話を朗読してやるのは特別なことではないが、それを特別な瞬間にしてやればいいのだ！　登場してくる悪人を本当に悪者として語り、登場する車が街中で違法走行している時には本当にキーキー音を出せばいい。

あなたがある瞬間に注目したいなら、その瞬間に関わり合えばいい。その瞬間の密度は、あなたの集中力と意味づけによって決まる。注目すべきことはたくさんあるが、私たちが注目しているのはそのうちごくわずかだ。子どもが眠る前の読み聞かせを「注目に値する新たな事柄」にすること。そして、生活の中のあらゆる瞬間もそうした事柄にすること。

オーフス（デンマーク）の橋の上で出会ったデーニエルは、次の言葉を熱烈に語った。

「大事なのは一日をあるがままに見ること。日が昇り、日が沈むのをあるがままに見ること。昼になり、昼が去っていくのを、そして時間が続いているのをあるがままに見ること。というのも、毎日が新しい一日だから。今日をいい日にするにはどうしたらいいか？　そう考えれば、生活が刺激的になる。これは楽しいことだよ」

各々の瞬間をいい瞬間にするにはどうすればいいか？

驚きを取り戻せばいい。物事をあるがままの奇跡として眺めればいい。スイス出身で大学入学寸前のザシャは、このことについてこんなアドバイスをしてくれた。「いつも地面ばかり見ていないこと。一生走り続けることなどしないこと。ちょっとは周囲を感じてみること」

瞬間にとっての大敵は、脳が考える対象である将来や、自分が熱中していない時間だけではない。物事を見る時の固定観念、もはや魅力も感じず注目することもない固定観念も大敵なのだ。花を見る時も、他者と会う時も、華麗な建物を目にする時も、そして眠る前の読み聞かせの時に物語の筋を追っている子どもの目を見る時も、固定観念を抱いていれば何も感じなくなってしまう。

ジャン＝セバスティアンは、またしても物思いに沈みながら、レモンの葉を指の間で滑らせながら、モントリオールの家々の屋根を眺めてこう言った。

「人は一生を終える時、何が重要だったかを知る。それは、いくつかの小さな瞬間で、人はそれを思い出してほほえむのさ。それが人生のおみやげ」

パナマ
ここが世界の中心だ

「じゃあ、今からエル・チョリージョ地区に行って」私は車の後部座席から運転席にいるアリに声をかけた。そこがアポの場所だった。パナマ市西南部の悪名高き立ち入り禁止区域。アリは落胆の目つきこそしなかったが、ちょっとうんざりといった顔つきをした。肌は少し青白くて、白い野球帽をかぶっている。

宿泊先のホテルの前で、外国人ガイドのアリに仕事の内容を言い渡した時のことだ。彼が白いミニバスに乗せた客、つまり私は普通のツーリストではなかった。そのことを私は彼に繰り返し説明した。こうしてともかく私たちはその地区に向かうこととなった。

いずれにしても私は何カ月も前に「庇護《ひご》のマントの聖母」という名の学院にアポをとっていた。ミニバスは殺風景な街路をのらくら進んでいった。色あせた青緑、ピンク、あるいは淡紫《たんし》色のみすぼらしい三階建ての家々が並んでいる。太平洋岸に立ち並ぶ輝くばかりの摩天楼とはまさに天と地。洗濯物が小路やバルコニーに垂れている。格子が窓を縁取っている。古い中型車が何台か、いい加減なタール舗装をした道の端に停まっている。モルタルが剥がれ落ちている家も時々見える。気味が悪いほど静かだ。寂しげな街路、寂しげな母親たち。

子どもたちはすっかり興奮しながら私を待っていてくれた。女性の校長がほほえみながら説明してくれたところによると、私のために何日間もパナマ特有の踊りを練習していたとのこと。この学院のような社会プロジェクトのおかげで、ある程度はまともな生活を送ることができるようになった極貧の子どもたち。パナマ国民の四分の一以上は今も暮らしは貧しい。

カリブ海の影響は子どもたちにもはっきり見てとれる。大半は暗褐色のきれいな肌で、縮れ毛に白い歯。私は心が和らいだ。小さな男の子たちは白いパナマ織りのシャツにジーンズの半ズボン、かぶっているのは丸い帽子。女の子のほうは、白いひだ飾りのあるブラウスと、典型的な幅広の赤いスカート。わびしいホール内で子どもたちが旋回しながら踊り始めると、私の口からは「わあーっ、すばらしい！」以外の言葉は出てこなかった。

贅沢な生活と比べれば、もちろん月とスッポンだ。だから女性教師のひとり、フレンドリーでソフトな感じのサラの希望はただ一つ。「子どもたちに、自分たちも将来性のある人間だと思う勇気を持ってほしいんです。この地区は暴力と麻薬の烙印《らくいん》を押されています。私は子どもたちにいつも言ってます。あなたたちは他の子どもたちより恵まれてはいないけど、そうした子どもたちとは違った人間になることができるって。あなたたちはこの地区の暗闇を照らすランプだと言い聞かせています。私の最大の希望は、子どもたちがランプになってくれることです」

サラはこの地区でわが子二人と一緒に暮らしている。「今は落ち着いてますが、非常に危険な状況になったことも何度かありました。警察がいい仕事をしてくれて、大勢が逮捕されました」

そうか、この地区は今は安全なのだ——ラッキー！　インタビューを受けてくれたことに感謝を述べて学院に別れを告げた後、私たちは街角を曲がったが、そこで防弾チョッキを着込んだ神経質そうな警官たちに呼び止められた。その道に入らないように、と注意された。三〇〇〇ユーロのカメラ一式を持参している私はそこでぼんやり立っているわけにもいかないので、アリと二人して警官たちに「一〇〇メートル先で駐車する」と言って発進したが、警官たちはそこまで追いかけてきた。

実はその直前、警察が麻薬業者の住居にガサ入れしていたのである。私がミニバス内でこっそりカメラの準備をしていると、女性のヒステリックな叫び声が聞こえてきた。一〇人ほどの警官が銃を手にして射撃態勢に入った。刑務所の車が一台、通りを閉鎖した。私たちはゆっくり前進した。私は撮影を始めた。まさにジャーナリストの血が騒いだのだ。どこが安全なのよ!

翌朝、アリと私は、パナマでは日常茶飯事の交通渋滞に巻き込まれた。耐え切れないほどの暑さだったので、私は熱中症で死ぬか、排ガスの毒で死ぬか、どちらかだと確信した。額には玉のような汗が浮かび、シルクドレスが全身にべったり貼りつき始める。ポルシェのパナマ支社で財務担当の副社長ウンベルト・カルロに話を聞くにしては最悪だ。

そこに行くまで、アリが自分の生活ぶりを話してくれた。

「今、私にとっていちばん重要なのは、子どもたちがいい教育を受けていること。それが私にとっては誇りで、だから幸せだと思う。ちょうど大学の法学部を卒業したばかりの娘がひとりいます。もうひとりの娘は私立大学の医学部で二年目を修了しました。お金はかかりますよ。月九〇〇ドル。私の平均月収は一五〇〇ドル。それでも何とかやっていけます」

アリのミニバスが自動車販売店の前、スマートなスポーツ車の間にガタッという音とともに停まった。到着。私はミニバスからぴょんと跳び出したが、途端に大ショックを受けた。気温は殺人的な四二度、体感湿度は九九パーセント。平均気温三二度の国なんだから、あらかじめ予想できたはず。太平洋に面した海岸は長さ一七〇〇キロ、カリブ海に面したほうは一二九〇キロ。その間の息をのむほかない多様な自然。北米と南米をつなぐこの狭い地で暮らしているのは三三〇万人。

ほどなくして、私はウンベルトのオフィスに腰掛けていた。やせ型の男性で、モダンなメガネをかけ、身のこなしがエレガント。私がカメラとマイク一式を準備し終えるまで、彼は面談室でソフトな微笑を浮かべながらじっと待っていてくれた。彼は英語がぺらぺら。それもそのはず、アメリカの大学で学んだのだ。現在五〇歳。だが母国の状況にあまり満足していなかった。

「パナマ社会の発展は途中で挫折してしまいました。全国民の生活水準は上々とはとても言えません」

では、なぜパナマ国民の幸福度は高いのですか、と訊いてみた。

「この状況では国民は断じて幸せではないのですが、だからこそ折りあらば楽しんでやろうと思っている。それが幸せにつながるんですよ。『私は今という瞬間を楽しんでいる。なぜなら、明日は仕事で朝四時に家を出なけりゃならないし、晩だって八時にしか帰宅できないかもしれない。その間は子どもたちとも会えないし、家族とも会えないから』とね。たぶん国民は変化を求めていますが、同時に、あらゆる機会をとらえて楽しもうとしている。だからパナマにはお祭りがたくさんあるんです」と彼は笑いながら言い添え、さらに話を続けた。

「今お話ししたことは歴史に由来するのかもしれません。国家の成り立ちと関係があるかも。パナマはヨーロッパの植民地になった経験がありますが、そのヨーロッパ人たちはここに長くとどまるつもりなどなくて、手っ取り早くもうけようと考えました。その考え方は私たちのメンタリティに刷り込まれています。たいていのパナマ人は長期的なビジョンなど持っていない。早めに結果を出そうとします。ですが、それが幸せに役立っているのです。二年、五年、あるいは一〇年後にどうなっているかなんて心配しませんからね。目の前にあることにしか集中しない。それも毎日。即座にもうけることしか考えていない点はたしかにマイナスです。長期的な計画を立てようとするなら、次世代のことも考えざるを得ないはずなんですが」

だがパナマ人は心配するより踊っていたいのだ。友人たちや家族、隣人と一緒にサルサとメレンゲに合わせて夜中まで一日中踊る習性がパナマ人から抜けない。生を楽しみ、人と一緒にいること。それこそは貧困の特効薬なのだ。

ボン（ドイツ）生まれのララは半年前からパナマで暮らし、この国に惚《ほ》れ込んでいる。「朝オフィスに行くだけでわかるの。みんなが歓迎してくれるし、ほほえみかけてくれる。ドイツとは違う。ドイツでは誰もが下を見つめて、こう考えている。『ああ、また働かなくちゃいけないのか？　また月曜になったのか？』パナマは生活の質が高いのよ――物質的にではなくて、生きる喜びがね」

ララはウンベルトの下で働いている。二〇一六年一月にパナマ人の婚約者アンヘルと結婚する予定。ドイツに戻る気などさらさらない。ララはさらに続けた。

「パナマ人は愛すべき国民だ。あまり教養はないかもしれないけど、その代わりとても親切で礼儀正しい。開放的だし、いつもほほえみを忘れない」


「パナマへようこそ！」と大声で言ったのは、丸ぽちゃのパナマ帽売りペドロ。輝くばかりの表情を浮かべながら、カメラに向かって両腕を大きく広げた。私たちを歓待してくれたのは彼だけではない。政治的に不安定だった暗い時代は過ぎ、今パナマ国民は自国がやっと周囲からも認められるようになって感激しているのだ。パナマはにわかに活気づいたのだ。現在のパナマ経済は「活気づいた」としか言いようがない。

パナマ市の半分、つまり輝かしい摩天楼がそびえ立つほうの海岸沿いの地区は、どこを見ても建築現場と化している。

「まったくそのとおり」と言ってアリは笑った。「今は本当にうまくいってる。工事は目白押しだし、誰にでも仕事がある」

それにパナマは国際海運の面で卓越した地位を占めている。特に有名なのはパナマ運河で、世界貿易の五パーセントがそこを通過する。だからこの国には国際的な雰囲気がある。パナマ人は自国のことを誇らしげに「世界の中心」と呼ぶ。

ララは、輝くばかりの目で私を見つめた。淡褐色の髪、ほっそりした顔立ち、知的に見えるポニーテール。彼女がパナマで暮らすようになって以降、この国はすっかり落ち着きを取り戻し、ストレスのない社会になった。

「効率を比べれば、ここはドイツの四〇パーセントだけど、仕事はいつかは片付くものよ。時間はかかるけどね。でも最初は私も参ったわ。同僚に向かって『コレコレが必要だからその準備をしてね』と言えば、たしかに同僚は『了解。ノー・プロブレム』と言う。でも、翌日私が『書類はどこ？』と尋ねると同僚は肩をすくめる。そこで私が『どうしたの？　この仕事やってくれると言ったでしょ』と言うと、同僚はまた肩をすくめる。以前はそうだったの。それ以上進展なし。けれど今は私が『明日までに仕上げて――ドイツ時間で』と言えば、翌日には仕上がるようになった」

私がエル・チョリージョ地区での顛末をララに説明すると、彼女は心を痛めたようで、こう言った。「もし何か起こったとしても、あなた、きっとほったらかしにされたわね。面倒を見てくれる人なんていないわ」――「ん？」と私が怪訝《けげん》な顔つきをすると、彼女はこう言った。「もし誰かに強盗のチャンスを与えれば、きっとそうされるってこと。助けてくれる人なんてひとりもいないわ。雨が降るくらいのありふれた感じで誰かが撃たれたり刺されたりしてる。そんなものなの」

私はパナマ市の砂浜に両足を突っ込んだ。明日は次の国だ。だが、もしこのままパナマにとどまったら、ここの生活が気に入るだろうか？　足の指の間を滑っていることの砂のように、とても軽くて柔らかくて暖かい国。

幸福の処方箋

10

人生とはこういうもの

人生はウサギに似ている。
急にぴょんと跳ぶんだ。
——コスタリカの首都サンホセのタクシードライバー、ラファエル

私が素知らぬ顔をしている間、アリは警官と通行止めのことで話をしていた。「あの人たち、私たちを通してくれないわよ」と私は言ったが、その直後アリはテープをひょいと持ち上げて、私をパナマ随一のデパート「グラン・マンサナ」の周囲に設けられた立ち入り禁止区域内に入れてくれた。デパート自体はあまりよく見えない。巨大な黒煙の背後になっているからだ。レストランのキッチンが火元になった大火災のため、ビルは残骸と化したのだ。

その後私は消防隊員と警官、救急隊員、それに報道関係者が集まっている場所に立った。「警官にどう言ったの、アリ？」と私が横から小声で訊くと、アリは「ドイツのメディアだと言った」と誇らしげに答えた。へーっ、ドイツのメディアか。私はぷっと吹き出し、その機転をたたえてアリ

の肩をたたいた。オーケー。ドイツのテレビ局は私に好感を抱いてはくれないだろうけど。

消費文明の殿堂はその間も勝手に燃えている。人々が焦っている様子はどこにもない。あたりはまるでお祭りみたいだ。「おい、久しぶりだな」「おたくの子どもたち、どうなった？」

消防隊員がおしゃべりしている。デパートの屋上で濃い煙の中に立ち、哀れなほど弱い水圧で放水している隊員もいる――どこに向けて放水しているのやら。救急隊員は消防車に寄りかかっているし、警官は警官で雑談を交わしたり、その場に誰がいるか眺めたりしている。火事なんかどうでもいい。そんな感じだ。抵抗できっこない。誰かが洋服ダンス大のガスボンベを、向かいの建物から通りをガタゴト転がして安全な場所に移動している。

この間、私はいかにもパナマ観光客っぽい帽子をかぶったまま、あらゆる主役たちの間を何の邪魔もされずにぶらつき、何枚か写真を撮り、ひとりの女性記者とおしゃべりした。その人と一緒に、デパートの真向かいの店で買い物もした。ミネラルウォーター二本、バナナ二本、ポテトチップス一袋。

複数の救急隊員と消防隊員、それに警官もひとり買い物していた。その警官は私のポテトチップスを見て、黙って片手を私のほうに差し出した。彼の肩からだらりと垂れている銃が私の鼻先一〇センチのところに見えたので、私は渋々ポテトチップスを渡した。

二時間後、アリと私はその場を去った。デパートはまだ燃えていたが、結局、中心に向かってゆっくりと崩壊していった。その間に現場に到着したデパート経営者は冷静な目で火事の模様を見つめていた。「あの人、きっとしっかり保険に入ってるわね」と私がアリに耳打ちすると、彼は「何寝ぼけたこと言ってるんだ！」と耳打ちを返してきた。「この国には保険に入っている人なんてひとりもいない。こんなことはよくあるんだ」

人生の流れを受け入れろ、身をゆだねろ

「人生とはこういうもの」とは、じたばたせず物事をありのままに受け止める態度にぴったりの表現だ。パナマ人は実にうまくこの態度をとることができるが、コスタリカ人もこの点ではひけをとらない。私の運転手を務めてくれたエドゥアルドが明かしてくれたことだが、ドイツ人女性ザンドラを妻にしている彼はこう言った。

「コスタリカ国民はドイツ人よりリラックスしてるよ。アポや仕事など、ストレスの原因になる生活上のすべてを冷静に行っている。将来のことをあまり考えないところはあるけど、あまり不安には感じていない」

本当にすばらしいことだ！　では、どうしたら人は今より冷静になれるのだろうか？

メキシコシティの情熱的なジャーナリスト、マルタは、ドイツ人に対してこうアドバイスした。「何事もあまり真剣に受け止めないこと。ドイツ人は自分に厳しすぎるというのが私の印象。メキシコ人の場合、仕事が一〇〇パーセントできなかったり学歴がよくなかったりしても、別に大事件

じゃないわ。だってそんなふうに思ったらうまくいかないもの。でもドイツ人の場合は、いつも世界が崩壊してしまうように感じるのね」

私は思わずニヤリとした。まさにそのとおり。ドイツ人の世界はしょっちゅう崩壊する。私は一九九〇年代にオランダ最大の新聞に出た広告を思い出した。その広告は今もって強烈な印象とともに脳裏に焼きついている。そこにはゾウの絵と文章が載っていた。その文章は「どうすればゾウから蚊を作ることができるでしょうか?」というものだった。いい質問だ。

さらに一歩進めれば、どうしたら蚊を蚊のままでいさせることができるでしょうか、となるだろう。蚊を蚊のままでいさせることができれば、それはその人が冷静な証拠ではないか? 今のままの生活を続ける。「おい、生活クン、あんたはまだそのままかい? オーケー、あんた、今いい顔してるよ」

私たちドイツ人は実質的には長所をたくさん持っている。だが冷静さはその中に入っていない。本当は落ち着きたがっているのだが。ノルウェーの人たちはこの落ち着きに相当するものを「ジンスロ」と呼んでいる。まさに現代という慌ただしい時代において冷静さは、砕け散る波を受け止めるどっしりとした岩である。ジンスロを胸に世の中を見つめることができたら、潮流は絶えず浮沈を繰り返しながら私たちの横を通り抜けていき、海中から突出した岩礁に当たっては繰り返し音を立てながら波頭を泡立てるだろう。微動だにしない落ち着きこそは、いわばしっかりと根を張ったような性格の強さの象徴であり、荒々しい動揺から距離をとる際の基盤だ。私は絶えずではなくとも、何とか落ち着きを得たいと思っている。

白髪のノルウェー人クヌートは、クヴァロヤ北島の岩だらけの海岸を冷静に眺めていた。「たとえ何かうまくいかなくてもかまわない。ノルウェー人は人生を冷静に受け止めているからね。もし何かにつまずいても、うまくいっていないところを改めればいいだけ」

そう言って彼は、笑いながら納屋のあちこちを指さした。その方向を見ると、数週間前に嵐がフィヨルドに当たった時に納屋にできた傷跡が見える。「あの納屋が壊れたら、新しい小屋を建てればいいだけのこと」彼はそう言って肩をすくめた。話は簡単。

あなたは国の将来のことを心配しているかもしれないし、前方の自動車のドライバーにカンカンになっているかもしれない。あるいはアポの予定表を見て焦っているかもしれない。だが予定表を見ないでおく手もある。すべてはあなたの気持ち次第だ。冷静になることができるかどうかは完全にあなた次第なのだ。

私はエドゥアルドの母親クリスティーナ・オバルディアと一緒に、コスタリカにある彼女の小さくて愛らしい庭に腰掛けていた。まだ夕方の六時前だったが、もうすぐ暗闇が訪れる。背の高い壁が家と庭を取り囲んでいる。ラテンアメリカ特有の城塞めいた建築様式だ。

クリスティーナは大学で哲学を学んだだけあって、批判精神を備えていた。白髪で美人。肌は褐色。フレンドリーで開放的な顔立ち。「ドイツ人は心配性ね」と彼女は悠然と言い放った。「この国の人たちは、本来問題などないと考えている。人生に悲しみや心配は付き物。そうした状況はもちろん私たちを幸せにしてはくれない。でも私たちは考え方を変えることができるし、問題や状況をよい方向に活用する道を探すこともできる」クリスティーナは私に向かって優しくほほえんだ。

「こういうことわざがあるわ。『問題の解決法が見つかったなら、どうしてあなたはそのことをまだ心配しているのですか？　見つかっていないとしたら、どうしてそのことを心配しているのですか？』」

私は後でこれとそっくりな言葉をコロンビアで耳にした。ボゴタのスペイン料理レストラン「アッパーサイド八一番街」を経営しているハビエルが、移住先であるコロンビアの国民性の一端をのぞかせてくれたのだ。

「コロンビア人はいつも問題が大きくなる前にそれを解決しようとする。私たちは問題を重大視しすぎることがよくある。だから、そんな時にここではこう言うんだ。『問題の解決法が見つからないなら、どうして悩んでいるんだい？　逆にもし解決法が見つかったなら、どこに問題があるんだい？』　コロンビア人は人生を辛いものにしないから幸せなんだ」

オーストラリアも同様。同国の住民もこれに似たすばらしい方法で対処している。その一例がシドニーのＤＪドンだ。

「ん？　オーストラリア人が何で幸せかって？　きっと、いかにもオーストラリアらしい『きっとうまくいく』という考え方のせいだな。何でもうまくいくようになっている。私はオーストラリア人五世だが、『ちっぽけなことで悩むな。人生を楽しんで幸せになれ。流れに任せろ』と育てられた。人生の流れを受け入れろ、身をゆだねろ、とね。変えられることは変えろ。変えられないことは素直に受け入れろ。これが私の生き方」

そんな言葉、カレンダーによく書かれてるな、と私は思った。ドンと会った直後に、シドニーの流麗なオペラハウスが望める波止場に座って、オペラ『ラ・ボエーム』の開演を待っていた時である。「神よ、変えることのできないことを受け止める冷静さを与えたまえ。変えることのできることを変える勇気を与えたまえ。そしてそのどちらなのか、それを区別する知恵を与えたまえ」。読者の多くは、アメリカの神学者・哲学者ラインホルド・ニーバーを通じてこの言葉に接したことがあるかもしれない。

だが、どうしたら変えることができる事柄と受け入れるべき事柄とを区別する冷静さを身につけることができるのだろうか？　私が、デンマーク大好きなマンディとその夫ライナーの自宅の庭に腰掛けていると、マンディがデンマーク人をこう賛美した。

「デンマーク人はたくさんのことを冷静に見つめているわ。長所も見てるのね。だからのびのび生活してる」

「ああ、そうだな」とライナーが賛同して、こう続けた。「人間は生き生きと暮らすべきなんだ。私は今を生き、ベストを尽くしている。政治やなんかのことで考えすぎることもないし、くよくよ悩むこともない。素直に生きてるんだ。変えることができるかもしれない多くの事柄に関してもそうだな。人は折り合っていくんだ」

折り合っていくのは、あきらめの言葉のように聞こえると私はとっさに思った。さらに一歩進めれば、「変えられないことは冷静に受け入れる」ということになる。人は折り合っていく、か。他にどうしようもないのか？

ドン・キホーテと風車の戦いに明らかなように、人生の流れに逆らうのが無意味だということはわかる。だが知ることと行動することとは違う。外国に長年住んでいるドイツ人も、冷静さにたてついている。

たとえばヘルムート・オビレニクはオーストリアのパスポートを所持しているが、ドイツで育った。彼はここ三〇年来、メキシコやベネズエラ、アルゼンチン、ブラジル、そして今のパナマといったリラックス本位の地に滞在してきた。現在はボッシュの南米地区支部長である。「とことん親切」と、私が前もって訪れたパナマのドイツ商工会議所の推薦状には記されていた。そこで私はすぐさまメールを彼宛に送信した。その三時間後、私はなんと彼のオフィスで腰掛けていた。

私が到着する前に、彼はもう幸福に関して従業員全員にアンケートをとっていた。仕事中だというのに。

「私たちドイツ人は問題を抱えています。将来を見据えて、明日どうなるかを今日心配しているのです。対してパナマ人は将来のことをもっと冷静に見ています」そう言って彼はほとんどすまなそうにほほえんだ。真っ黒に日焼けしている。もうすぐ五〇歳だ。

「たとえば当地は交通事情で問題を抱えています。頭がどうかなりそうなほどです。でも地元民はこう言っています。『こんなことでどうして悩むんだ？　しょうがないじゃないか。変えようがないんだから文句を言ったって仕方がない』」

なるほどね、と私はその考え方に賛同した。ドイツ人は異議申し立てが上手だ。ラテンアメリカの人たちは大ざっぱだが、ドイツ人は厳密な分度器を使いたがる。ボゴタで私を招いてくれたオーストリア人女性ヴェレーナは、それこそがコロンビア人がドイツ人やオーストリア人より幸せな理由かもしれないと思っている。

「私たちと比べるとコロンビア人のほうがリラックスしてるわね。彼らは将来のことをあまり心配しない。それよりも今を生きているのよ。先の予定もあまり立てない。私はここに来てから自分が変化したことに気づいている。必ずしもネガティブな意味じゃなく」

私たちは、彼女の友だちでドイツ人女性のテレージアと一緒にボゴタの朝陽を受けて腰掛けながら朝食を摂っていた。ヴェレーナはじっと考え込みながらこう言い添えた。

「それにコロンビアの人たちは即興の才にとても恵まれているわ。その点ではトップクラス」完璧主義と落ち着きとは、なぜか両立しないようだ。私はオランダの遺伝子が入っているので、心の深層でリラックスしているオランダ流の付き合い方に慣れるべきなのだ。オランダ人のモットーはこうである。「なるようにならなかったら、そのままにしておけ」

楽観的に考えれば幸せになれる

完璧主義から離れれば、人生は成り行きに任せることになり、「ジンスロ」に近づく。私たちは誰もが、「子育てに失敗しないように自分の子どもから絶対離れようとしないスーパーママ」がいることを知っている。そうしたママは、コンマを違う位置に打っただけで世界が崩壊する。「ジンスロ」とは、他者と将来を信用して、自由にすることだ。物事や人間、あるいは出来事から距離をとって放っておくのだ。

一歩下がって全体をよりよく理解してこそ、ふたたび行動できるようになる。自分の作品から幾度となく二、三歩距離を置くアーティストのように、全体の構成をつかむことが肝心なのだ。細部にこだわって誤った方向に引きずられてはいけないのである。

オーストラリアの弁護士ジョンのオフィスにいた私は、息をのむようなメルボルンのスカイラインを眺めていた。ジョンは二重あごを片手にのせて、メガネ越しに私をじっと見ていた。

「失望した時は、時間が助けになってくれる。ある日、何か怒りたくなるようなことが起こったら、『一、二日経てば立ち直れる』と考えるんだ。そうすれば、ひどいことにはならない。とにかく数日耐えること」

緊急事態と思っても、時間が経過すれば急ぐ必要などなくなってしまう。いくら「時は金なり」

としてもだ。「今すぐ対応すべきだ。そうでないとチャンスは失われてしまう」といったんは思っても、まず落ち着いて距離をとること。芸術作品の上にハンカチをかけて、翌日再度作品を見つめるのだ。一夜明ければ必ずたくさんの解決法が見えてくる。

ある事柄の重要性と影響力を決めるのは、私たち自身なのだ。私たちは誰もが、物事の重要度を比較する能力を持ち合わせている。ジョンは心から笑いながらこう言った。「何か事が起こっても、人生全体の中でそれがどういう意味を持つかを考えること。そうすれば、自分が怒っている出来事なんか、どうってことないとわかる」

何か事が起こっても、他の事柄と比べればその重みは減ずるかもしれない。つまり、物事を比べるのだ。ただしそれはカナダ人の幸福研究家アレックスによれば、個人の幸福にとって危険な場合もありうる（幸福の処方箋8）。その時こそチャンスが隠れているかもしれないからだ。すべては、何と比べるか、誰と比べるか、それ次第である。

モントリオール在住の特派員ヘルベルト・ボップは次のように言ってから、うれしそうに笑った。「カナダの人たちは世界のトップと競ったりせず、常に自分にとって快適なことを発見しようとしてきた。うまくいっていない国々と比較してきた。そうすればカナダにとっていい結果になり、カナダ人は幸福感が高まる」前のテーマに戻るが、あなたは自分が持っているものを高く評価しているだろうか？　物事を何と比較しているだろうか？

デンマークのコペンハーゲンでマルテは、自分の娘が私たちの周囲を自転車で回っている間中、アイスクリームをなめ続けていた。その彼がこう言った。

「この国には恐ろしいものはほとんどない。地震もないし竜巻も起きない。洪水は、まあ、時にはあるが。娘も私も健康だ。私たちはこのすばらしい国、かなり整然とした国で暮らしているから、深刻に心配すべきことがない。雨が降り始めてもレインコートは着ない」

「私の名前はアレクサンドロ・サンチェス。これが私の店だ」愛想のいいコスタリカ人男性が温かい笑顔を向けてきた。彼の「店」は小さくて暗い屋台で、屋根の下までさまざまな物がぎっしり詰まっていた。場所はサンホセ郊外のほこりっぽい道端。「ウチはスナックもやってるんだよ」と彼は誇らしげに言った。

「もちろん私は幸せだよ、ああ、そりゃもう。娘と妻がいて、すべてうまくいっている。幸福度で言えば八点かな。この店の借金がまだちょっと残ってるんでね。それさえなければ一〇だけど仕方ないね。この国を気に入っている。おしゃべりは楽しいよ。見知らぬ人とね、ちょうどあなたのように。そりゃすてきなことだ」

「仕方ないね」というのは、つまりは落ち着いている証拠だ。

完璧主義に「どうでもいいの」を少量混ぜれば落ち着きに一歩近づくようだ。「どうでもいいの」とか「仕方ないね」は、「人生はそういうもの」の意。人生をあまり真剣に受け止めないこと。仕事でチョンボしたら？　仕方ないね。

同じように考えている女性を私はひとり知っている。エンジンがかからなくても「人生そういうもの」、いずれにしても太陽は今さんさんと輝いている。私の庭が汚い？　そんなの、どうってことない。もうちょっと待てば仕事は報われる。

あなたは若い母親マリア＝ホセのことを覚えているだろうか？　コスタリカ最悪の地区に住んでいるシングルマザー。朝四時に起きて子どもの世話をし、自分も学校に通っている。一晩ゆっくり眠り続けたことなど一度もない？

「どんなに眠くても、そんなことどうでもいいわ。子どもたちがそばに来て、私にキスしてくれてママと呼んでくれれば、すべてオーケーよ」

何と何を比較するか、それを知るためにはまず、私たちがすでに何を持っているか、私たちの人生にとって何が重要かを認識しておく必要がある。「がんばってずっと幸せを感じている必要なんかない。でも自分が幸せだってことを再三思い出して、今の状況に常に感謝すべきだよ」

オーストラリアのワイナリーのコック長、マシュー・マッカートニーの言葉。

幸福は、自分で自分を幸せと思う人にはいつも付いてくるものだ。木漏れ日に気づかない人は、自分の子どもから愛《いと》しいママやパパと思ってもらえないし、同僚からほほえんでもらえない人は、逆境に耐える力が不足気味になる。人生は楽しいはずなのに、いつも何かに阻まれてしまうのだ。

「私の名前はグスターボ。コスタリカに住んでいて、現在六〇歳。弁護士で大学教授」エドゥアルドと私がグスターボと出会ったのは、サンホセの丘の上、森の中に建つエドゥアルドの別荘。グスターボはドイツに何度か滞在したことがあり、ドイツ人の知り合いが大勢いる。

「コスタリカの人たちは無責任ではないものの、自分にそれほど厳しくありませんね。でもドイツ人はいったん目標を決めると、几帳面に事を行おうとして緊張し、重荷を背負ってしまう。ですから私としては、人生をもっと冷静に受け止めなさいとアドバイスしたいね」

誰でも人生において、信じがたいほど何度もアクセルを踏むことができる。どんどん前進し、どんどん高く跳び、どんどん速く走ることができる。しかし不条理にも、人生の究極のゴールラインは全員同じだ。そしてどんなに急いで走ったとしても、そのラインを越える時期を誰もができるだけ先延ばししようとする。

時は過ぎていく。あなたがいてもいなくても。コスタリカで空港から私を乗せたタクシードライバーのラファエルがこう口にしていた。

「人生はウサギに似ている。急にぴょんと跳ぶんだ。だから何事もうまくいくと考えなくちゃね。私は将来を楽観的に見ている。これはもちろん見方によりけりだよ。悲観的に考えていれば、将来はうまくいかなくなるし、楽観的な見方をしていれば人生はすばらしいものになるんだ」

あなたはきっと、人生は「悪夢の中で想像するほど悪くはない」と思っていることだろう。

ルクセンブルクののみの市でワインを大量に投げ売りしていたナタリーは、人生にはちょっとした悪夢も付き物だ、と言った。「あまりうまくいかない日もある。それは人生に付き物よ。でもそうじゃない日もある。すばらしい日もね。まさにこれこそ川の流れのようなもので、その流れを肌で感じて味わうのがとても重要なことね」

人生というウサギがどちら向きに急転回するにしても、そこには何らかの意味があるのだ――スイス出身でベルリンに住んでいる陽気なシュテッフィも、私が泊まったチューリヒのペンションでこう言っていた。「すべてに何らかの意味があるのよ。そしてそれが結局は経験になって、最終的には自分にとってプラスになる場合もある。たとえ当初はマイナスに見えたとしてもね。結局はそれを体験することで、その後はもっとうまく立ち回れるのよ」

人生をそのように見れば、そうした事態に首尾よく対処できる。オーストラリアの冷静な幸福研究家ボブもそう考えていた。「世の中をコントロールするのに失敗したら、自分で自分をコントロールすればいい」

これって賢明じゃない？ 「何か悪いことが起きたら、自分にこう言うのだ。『もっとひどいことになったかもしれないじゃないか！』」ボブはそう言ってからカメラに向かってニヤリとし、さらにこう続けた。「もっとひどいことになる可能性は常にある。だがともあれ生きていれば何とかなる！」

ボブはここで体を震わせながら大笑いしたが、その直後に真剣な顔つきでこう述べた。「人間って即座に現実を解釈しようとするよね。あなたのような人は、マイケ、とても楽観的な見方をする。常に楽観的に解釈して、あたかも当然のように楽観的な方法を用いる。たとえばあなたの乗る飛行機が出発直前に空港で故障したら、あなたはこう考える。『飛行コースの半分まで来た大海原の上空で故障するよりマシ』つまり、悲観的な出来事を楽観的に再構成するわけだ。その考え方は強力だよ」

シグルンという名の女性とは、レイキャビクの数キロ郊外に広がる荒涼たる自然の中で彼女がウマと一緒にいる時に出会った。彼女は微笑を浮かべてこう言った。

「アイスランドの人たちはだいたい楽観的ね。私が幸せを感じる理由はたくさんあるわ。晴天もそうだし、悪天候もそう。自分が楽観的に考えれば幸せになるし、悲観的に考えれば不幸になる。だから生きてるだけでも素直に幸せを感じることね！」

物事は、時には変化せずにはいられない。それを悲観的に見ることもできるだろうが、放っておくこともできる。「経済が破綻した時のことだって、あの時はあの時なのよ」

自分の問題をチャンスと見なすか、それとも肩をすくめて「仕方ない」と受け止めるか。「問題は常に存在するが、いったん生じた問題は必ず去っていく。解決策は必ずある。たとえそう思えなくても必ずあるのだ。しょげて悲しくなってもね。何でも解決策はあるものよ」そう言ったのは、ボゴタ銀行でインダストリアル・エンジニアとして勤務しているディアナ・ピエトロだ。彼女によれば、どんな問題でも、それ自体の中に解決策が隠れている。がまんして嵐が去るのを待つほうが、焦って対応したり、何か予防措置をとろうとするよりよい対応であることが非常に多い。解決策は自然に見つかることが多いのだ。

賢者とは、いつどのような考え方をするのが適切か、その知恵を持っていて決断できる人である。その能力に恵まれていれば、ある時は冷静になり、ある時は積極的に動く。冷静になるとは、なまけたり無関心になることではない。このことを明言していたのは、経営経済学者・医学生のギジェルモ・キニョネスだ。

彼とはボゴタで真夜中に出会った。彼は数人の友だちと一緒だった。幸福度を尋ねると、彼はあっさり一〇点を付けたが、その後でこう言い添えた。「私が不幸を感じるのは、苦しんでいる人たちの姿を見た時だ。だから今は医学を学んでいる。病院を建てて、多くの患者を助けたいんだ」「ドイツ人に幸せになる方法を何かアドバイスできますか？」と訊くと、「もちろん！ 人生をあるがままに生きていくこと。悲観的なことも不安に思わないで、いつも前進していくこと」

そして、もしこけたら、また立ち上がって、自分がこけたことを笑い飛ばす。簡単なことだ。本当にそうなんだから！ もちろんこけたままでいることもできるけど、それでどうなる？ ケガをせずに一生過ごせる人なんてひとりもいない。経験を積んだ人は成長し、それとともに冷静になってゆく。

「もちろんルクセンブルクにも失業者はいるよ。でもまた立ち直ろうという精神は、ここのほうがドイツよりはるかに強力だ」と言ったのは、ルクセンブルクに住むことにしたドイツ人ディーターで、彼自身すでに何度も立ち直った経験を持っている。

しかし残念なことにドイツ人は、倒れるのは辛いこと、チョンボは負け組という考えに慣れてしまっている。だが多くの療法士《セラピスト》やコーチは、私たちにその逆を納得させることによってお金を稼いでいる。ことによるとドイツ人は将来をあまり信用していないのだろうか？　過去の歴史においてあまりに多くの失敗を犯したので、今もそれを引きずっているのか？　あまりに重い罪を犯したものだから、自分たちが本当に何かを学んだとはまだ信じていないのか？

ドイツ人は、自分が歴史を学ぶことによって成長したこと、だから今は外国から尊敬されていることを、まだ正しく認識していないのだ。アイスランド人もチョンボを犯し、考えを改めてまた立ち上がった。チョンボした当人は猛省する。チョンボは冷静さを得る最上の方法だ。日本に「七転び八起き」という言葉がある。ふたたび立ち上がった人は、少なくとも、まだ生きているのであり、だからまた勝利を収められるのだ。

モントリオールの歌手ダニカは、自分の新作ＣＤの録音に使ったピアノの椅子にもたれながら、こう言った。「時にはへこむこともあるけど、人生の本当の体験をしてるから幸せよ。へこんだ瞬間はそうじゃなくても、全体としては幸せだわ。だって夢を実現して、こんなすばらしい瞬間を体験してるんですもの」

「大きなことを試みる人は、たとえ失敗しても称賛に値する」。約二〇〇〇年も前にルキウス・セネカが述べた言葉だ。人生はその途中で幾度となく私たちをノックアウトしていく。コスタリカの魅力的な数学者で大学教授のマルゴットは笑いながらこう言った。

「幸せを感じる瞬間ってあるわよね。そうした瞬間は大切にすべきね。たしかに辛い瞬間もたくさんあるけど、そこでとどまっていてはいけない。人生を幸せな瞬間で満たそうとするのよ。つまずいたり倒れたりするのは当たり前。でも倒れたままはよくないわ。とにかくまた立ち上がるのよ」

ルクセンブルク
多様性に満ちた小国

雨がちな国ルクセンブルク！　私が今回の旅で最後から二番目に訪れた国。雨が降っていた。私は不愉快な気分でゴム長を履き、雨傘をバタンと開いた。ホテルのドアマンは私のカメラを怪訝《けげん》そうに眺め、「この付近は気をつけたほうがいい」とアドバイスした。えっ？　ここ、いったいどこ？　昨晩はまだ自由なカナダにいて、スカンジナビア諸国同様、何の心配もなくあたり一帯を歩き回っていた。

その気持ちのままでいたかった私は、昂然《こうぜん》と頭を上げて街路を歩き、ホルへ・アレントの許へとまっすぐ向かった。陽気な年金生活者ホルへは帽子をかぶり、銀行のひさしの下に立ち、アイスクレーパーを配っていた。

一〇月六日――つまり明日――は、ここでは父の日なんだ、と彼が教えてくれた。つまり、父親たちのために何人かでアイスクレーパーを配っていたというわけ。ホルへは、私のホテルが建っている地区の美化などに尽力する協会に入っていて、その協会の宣伝係も兼ねていた。

私は今回の旅で初めてカメラに雨対策を施すことにしたが、話好きなホルへはその間も元気にあれこれしゃべっていた。「そのヘンテコな方言、何という言葉なの？」と私は彼に尋ねた。「ルクセンブルクだからルクセンブルク語だ」そう来るだろうとは思っていた。「この国ではドイツ語、フランス語、英語も話されてるよ。おまけに人口の二五パーセントはポルトガル語もしゃべる」そう言ってホルへは満足そうにうなずいた。

「フランス人やドイツ人が『わが国は外国人が多すぎる。一二、三パーセントもいる』と言うのを聞くたびに笑ってしまうよ。ここルクセンブルクでは四六パーセントだ。私たちはそうした外国人と仲よくやってる。毎日ね」と言いながら、彼は私のマイクケーブルの調整を喜んで手伝ってくれた。「ともあれ、この国は労働力が少なすぎたんだ」

ルクセンブルクは小さな国だが公式には大公国と呼ばれ、ヨーロッパ域内で重要な役割を果たしている。欧州議会の事務局本部とか、欧州司法裁判所や欧州会計監査院など多数の本部が設置されているのである。

「ルクセンブルクは人々の仕事だけでなく、いわば生活水準の仲裁もしてるわけ。つまり、みんなに人生を味わってもらうお手伝いをしているわけだ」とホルヘは、五メートル先の雨傘の下から高らかに叫んだ。私は耳が痛くなってきたので、音量はそれで十分だから普通の声量でしゃべってくれと言った。

「財産が必ずしも重要ってわけじゃない。心も豊かでなくちゃね。さまざまな面で豊かでないとね。お金で幸せを得ることは絶対できない」そりゃそうだ、と私は思った。

とはいえ、この国ではかなり多くのことがお金中心に回っている。保険、航空会社、テレコミュニケーション、放送。ここにはアマゾンもあるし、eBayもスカイプもある。二〇一〇年のデータによると、この国に登記されている銀行数は約一五〇。そしてここに支店を置いている投資ファンドの数は三五〇〇以上。だからルクセンブルクはヨーロッパ最多のファンド所在地であり、アメリカに次いで世界第二位だ。

ホルヘは平然と肩をすくめた。「人生でいちばん重要なのは健康だよ。毎日十分な食事を摂ること。それが明日のためになる。何かが多すぎても幸せにはなれない。エネルギーの元になって幸せをもたらしてくれるのは小さなこと。大事なのは、人生をあるがままに受け止めることだ。そして毎日楽観的に考える。早起きしてベストを尽くす！　それが将来のためになるんだ」

ルクセンブルク人は、驚くほど地に足の着いた生活をしているらしい。ホルヘはなおも続ける。「私たちは勤勉な国民だから、仕事中毒のドイツ人に近いし、食事面ではフランス人に近いグルメだ。この二つを合わせただけでも幸せに近いと思うよ」

「非常に多くの国籍の人がいるので誰が真のルクセンブルク人なのかわからないんだけど」と三二歳のジョーに訊いてみた。外見から言うとアジア系の男性で、短い黒髪。陽気な目をしていて一重まぶた。ルクセンブルク市役所に勤務している。

「それはとても重要なご質問、とても興味深いお尋ねです。私の考えでは、純然たるルクセンブルク人というのはほとんどいません。私自身ルクセンブルク出身です。一見しただけではそう見えないでしょうけどね。ルクセンブルクのおもしろい点は、とても多くのさまざまな文化が存在していること、そしてとても多くの言語が話されていることです。それによってルクセンブルクは得をしていると思います。つまり多様性が国民を豊かにしているんです。この国には事実上すべての国籍の人たちが住んでいます。だから休暇を利用してそうした国々に行く必要なんかまったくありません」

ナタリー・シュミッツとは、ルクセンブルクのみの市で出会った。三八歳、金髪。ほがらかに笑うが、その時とてもかわいらしく鼻にしわが寄る。妹、母親と一緒に、売り物のワインが入った箱の背後に立っていた。どうしてルクセンブルクの国民は幸せなの？

「さまざまなことを楽しんでいるからね。食べ物、飲み物、集まり。こうしたことがルクセンブルクではとても大事なの。それが生きがいになってる。いろいろとミックスされている点が重要なの。働いて、楽しんで、他の人に何かを喜んで与え、そして休息する」

私はその後ものみの市を歩き回った。ほどなくしてイザベルとリュックのお宅に長居することになった。四〇歳寸前のきわめて魅力的なカップル。男性のリュックは長身痩軀で、かなり落ち着いたタイプ。イザベルのほうは身長が彼より頭一つ低く、髪は茶色で長さは中ぐらい。彼女も、控えめだがかわいい微笑を浮かべる。発音はフランス語っぽい。リュックが口を開く。

「私はルクセンブルク生まれだけど、妻はフランス人。二人して二〇年以上、ルクセンブルクに住んでいる。二人とも銀行員として働いてるんだ。ここの生活は気に入ってるよ」

イザベルが賛成とばかりにうなずく。「こういうマルチ文化の国に住むのは本当にいいことだわ。自然に寛大になれる。外国人とおしゃべりすれば、その国の生活がどんなに困難かを耳にすることもある。そうすればこの国がどんなにいい国かがよくわかる。それがきっかけとなって、私たちは幸せを感じるようになるし、現実的になれるのよ」

ルクセンブルク国民のメンタリティの核は多様性なのだ。それが元になって、自分たちの文化に柔軟に接するようになり、自分たちの意見にあまり固執しなくなる。

　この路線がうまく進めば、さまざまな文化が持つ楽観的な側面がすべて一つに融合する。そのメリットをリュックは完全に理解している。

「ここに住んでいるベルギー人やフランス人との付き合いを通して、女性のフルタイム就業もどんどん当たり前になってきた。子どもが大勢いてもね」リュックとイザベルが四人の子持ちだということを、二人は後で教えてくれた。イザベルが大きくうなずいてこう言った。「すべてがすごくうまくいってるから、私たちにはいろいろな可能性があるの」

　面積二五八六平方キロのルクセンブルクは世界でもっとも小さな国の一つ、EU内でも二番目に面積が小さな国だが、移民の国としてはオーストラリアやカナダ並みに開放的だ。私が最後に「あなたたちはどうして幸せなんですか?」と質問すると、リュックはこう答えた。「まず自然、それからもちろん芸術、音楽、そして子どもたち。そうしたものが相まって幸せな文化が形づくられている。他者との絆、開放性、寛大さ」

　ここルクセンブルクはとても快適だ。少なくともマルクはそう言う。彼は教師だが、私が出会った時にはちょうど所属政党から立候補した直後だった。「ルクセンブルクの国民は幸せとは何かを比較的早く理解する。大国では幸せ探しにもっと時間がかかるかもしれないけどね。快適さと小ささ、そして今言った幸せ探し。それが私たちの幸せの源なんだ」

ルクセンブルクが小国であることに私はすぐさま気づかされた。ダニエル・クラレンスと一緒に外を歩いていた時のことだが（彼とは「幸福福祉省」という名の感動的なプロジェクトを通してドイツで知り合った）、どの街角でも「ハロー」と声がかかり、そのあと方言だらけのおしゃべりが延々と続いたのだ。

そしてまた「ハロー」。私は頭がどうにかなりそうだった。だが今度はわけのわからない言葉ではなく、わかりやすい標準ドイツ語だった。それがディーター。五一歳で、八年前からルクセンブルク在住。今はソフトウェア会社にプログラマーとして勤務している。

「私がルクセンブルクを高く評価するのは、エスプリに満ちている点だ。私が『自分は四〇歳』と言おうと『五〇歳』と言おうと、そんなことはどうでもいい。だがそれによっていろんなことができるようになるんだ。妙な言い方だがチョンボもできる。新しいこともできる。私自身、ここ二年間で二度転職したよ。でも何の問題もなかった。これは私にしてみればとても重要な判断基準だ。幸せとの関連ではね。つまり、一度うまくいかなくなってもまた立ち上がるチャンスがあることを私たちは知っているんだよ」

私はのみの市の石壁の上に座って、自分が感じたさまざまな印象を思い起こしてみた。ここにはカナダやオーストラリアと同じエネルギーがみなぎっている。自分と人生をあまり深刻に受け止めない開放性だ。常に異文化と接しているから、自分の見方を客観的に知ることができるのだ。

長らく外国で暮らしたことのある人なら、異文化同士が頭の中で格闘した経験をお持ちだろう。二つの文化がぶつかるが、それでも同等に並び立っているという経験。これって矛盾？　私はそうは思わない。根本的に異なる文化に接すれば、頭が柔軟になる。

私は石壁からぴょんと飛び降りた。列車がもうすぐ出発する。母国ドイツ行きの列車。ドイツはここからたった一五キロ先。

幸福の処方箋 11 生活にユーモアを！

リラックスして、楽しくやろう。
ここに住んでいればチャンスが訪れる。
――オーストラリア・メルボルンのワイナリーのコック長マシュー

私はルクセンブルクの写真を撮り終えた。カバンの中はきれいな画像や言葉、感動でぱんぱんだ。次の国に行くまでの間、一週間の休みがある。娘が私の帰宅を首を長くして待っている。

ルクセンブルクからボンまで列車で行くのは、ちょっと厄介だ。直線距離にしてたった一二二キロだが、時刻表を見たら三時間かかることがわかった。しかも二度の乗り換えで、乗り換え時間はともにわずか四分。

フランクフルトからやってきた団体旅行の一行も同じことを考えているようで、乗り換え駅到着の一五分も前から列車のドアに鼻を押しつけて接続列車のことをひどく心配している。ルクセンブルク発の列車は二分遅れでまず第一の乗り換え駅トリーア（ドイツ）に着いた。

女性二人と男性三人が不機嫌そうに、足を小刻みに動かしている。ドアがシュッと開いた途端、彼らはプラットフォームに飛び降りて走り出した。男性陣はひとりが階段、ひとりがエスカレーターを使った。女性のひとりは悪態をついているが、進む方向が定まらないでいる。「ドイツ鉄道はこれだから」と言っているところからすると、列車が遅れたので返金してもらいたいらしい。あの年齢であんなことを言ってる！　あの女の人、私より五つは年上ね、と私は思った。

フランクフルトの団体は、接続列車も一〇分遅れだというアナウンスがラウドスピーカーから響いてくると大声で愚痴をこぼしたが、結局次のプラットフォームに集合した。

少なくとも乗り遅れないで済んだことにホッとした私は、キャスター付きのスーツケースに悠然と腰掛けた。だがフランクフルトの連中にしてみれば愚痴の種が増えただけ。こんなことならあんなに急いで駆けつける必要はなかったと言いたいのだ。その不機嫌風がこちらに吹いてくる。「まったくドイツ鉄道はこれだからなあ」どうやら今度は本気で返金してもらいたいらしい。私はあきれた。「本当にいい年をして！」

ちなみに接続列車は三分後にプラットフォームに入ってきたので、私はうれしかった。そしてほほえみながら、フランクフルトの連中とは別のコンパートメントに逃げ込んだ。あーあ、ドイツ人って何でも大げさだなあ。

だがその接続列車も一時間以上遅れてコブレンツに着いた。ケルンから来たカップルと私の三人はこの不運に負けまいと、ボンに向かう列車に向かって大急ぎで走ったが、到着は大幅遅延とのことだった。
鉄道職員相手に冗談半分の交渉をした末にとうとうあきらめた私たちは、笑いながら駅のベンチにどさっと腰を下ろし、棒チョコと梨を交換して、そのうち悠々とやってくるはずの列車の到着をひたすら待った。実際そのとおりに事態は進行した。こうして私は上機嫌で帰宅した。冷蔵庫のフランクフルトソーセージ、今ごろどうなってるかな？

人生を笑える幸せ

「ユーモアのセンスとは、物事の明るい面に目を向ける感覚のこと」ドイツの作家ビーアバウムが一九世紀末に述べた言葉とされる。ユーモアとは、世の中や人間の不十分さ、日々の困難や不運を、陽気にリラックスして受け止める才能のことだ。

このユーモアの定義はメキシコからそのまま輸入したものかもしれないよ、と言ったのは二四歳の公認会計士アルベルトで、彼はもし幸福度を訊かれたら自分なら九点にする、と言った。

彼はガールフレンドのユリカと一緒に外を歩いていた。二人は、ピンク色の幌の下で営業しているフルーツ店の前に立っていた。あたり一帯、メキシコならではのカラフルな光景が広がっていた。二人は袋に入った切りたてのマンゴーを、レモンジュース、塩、チリパウダーを付けて食べていた。私はつばが出てきたので一袋注文することにした。

そしてこう切り出した。「メキシコ人の幸福度は世界第六位だけど、どうしてこんなに上だと思う？　犯罪率はとっても高いのに」（メキシコでは一日平均一〇〇人が誘拐されている）。アルベルトは肩をすくめた。「たぶん、メキシコ人は不幸なことも笑ってしまえるんだよ。どんな話でも私たちメキシコ人は楽しい面を見つける。最悪の場合でもね」

ユーモアとは人生の重みを軽く見ることなのだ。アルベルトがうなずいた。「私たちだって、熱意と喜びに満ちた将来を望んでいる。たしかに人生にはいろいろと不安定なことがあるだろうけどね。でもメキシコ人は自分にとっていいことを何でもやってみるんだ」

ラテンアメリカの人々は純朴で軽やかな生活を送っているからあまり笑いはしないが、重大な局面になるとにぎやかに笑う。彼ら一流のユーモアという魔法を生活にふりかけているのだ。それこそは、貧しい人たちがよく口にする「バランスパワー」だ。

たとえば私がボゴタ（コロンビア）で夜間に出会ったカルロス。彼は道端に座って靴磨きの仕事をしていた。その姿は一見惨めそのものだった。

「今までの私の人生は九割が幸せだった。残り一割は幸せじゃなかったが、それは時々生活が苦しかったからだ。だが九割は幸せだったから、一割を気にしないでいられる。私は世界一幸せな男だよ。人生を笑うことができるからね」

彼にしてみれば、不幸が重なっても大したことはないのだ。それまで重大だったことが、今となっては少し重みが減っているのである。あるいは、列車の遅延が私のフランクフルトソーセージに及ぼした影響ほど重大ではなくなるのである。

それに対してドイツ人のユーモアは魔法とはほとんど無縁だ。ドイツでは、不幸に見舞われた時にとことん陽気に対処したりすると、即座に「敬虔《けいけん》さに欠ける表面的な人」という烙印を押される。かく言う私も人生の初めの一三年間は、自分に向けられたがさつなからかいに怒っていた。粗野な決まり文句を浴びせられることほど嫌なことはない。だがしばらくすると、そうした「むかつくような」ユーモアを私自身が口にするようになっていた。そうすることで気を静めていたのである。当時の私は「どうか事態の深刻さを理解してほしい」と思っていた。とても悲惨な状況に陥ると、ドイツ人はそう考えて、悲しげな顔つきをするようだ。だがそんなことをしても事態は一向に改善しない。

ちょっとしたブラックユーモアでいいから、どんな状況になってもユーモアの対象を見つけたほうがいい！　いちばんいいのは自分自身を戯画化することだ。あるいは物事をユーモア精神で見ること。それによって道は開ける。

どちらかというと、自分を滑稽化するほうがラクだ。メキシコ人の場合は確実にそうだ。彼の地では、誰でも「自分が今までどんな行動をしてきたかとは関係なく、人生を再出発することができる」という考え方が基本なので、「人生を軽やかに過ごして」いける。そう考えれば、生や死についての深刻さがちょっと軽減される。

私たち西側諸国の人たちは死を、人生最悪の悲哀の一つと考えているが、メキシコ人は死に対しても軽やかな皮肉で対処する。メキシコに行けばわかるが、ごく普通のスーパーの商品棚の間に、ごたごたと飾り立てたチョコ製のどくろがあってニヤリとさせられる。また「死者をしのぶ日」もまさに祝日で、親族は墓に集まって死者と一緒に夜中まで笑い合い、テキーラのボトルをしこたま開ける。それが彼らなりの「死の扱い方」なのだ。死を笑うことができる人は、生を笑うことなど簡単だ。

人生は二度ないが、だからといって、あなたはこの地球上で過ごす短い年月を不安や怒り、自己批判で台無しにすることはない。自分自身をコケにしてしまうユーモア精神は、努力してでも得るべきものだ。この考え方に反対する人はひとりもいないだろう。だがドイツ人はそれがなかなかできなくて苦労している。

ホルヘは、私がメキシコシティに住んでいた時、私のお抱え運転手だった。その彼が私を高級住宅地ポランコ地区に車で連れていった。またまた撮影禁止地域。だが私はにこにこ微笑しながら、コスタリカの高級ショッピング街を思い出していた。あそこでは警備員が私をひそかに監視しながら、互いに「あの女が角を曲がった」とか何とか無線で連絡を取り合っていたっけ。だが今度の私はもっと賢くなっていた。エレガントなデザイナーズブランドの服を着ていたのだ。これなら、すぐにはジャーナリストとは見破られないだろうと思ったのだ。実際ホルヘと私は監視されることはなかった。

マリー＝カルメンは六〇歳前後の女性。ややブロンドがかった髪だが、逆毛を立てて頭の高さを演出している。服装は、高価なジーンズに黒っぽい上衣。自分が経営するブティックの入り口にだらりともたれかかり、ちょっと前から私たちを興味深げに見つめていた。「あなたは幸せな人ですか？」「もちろん」

ドイツ人の私に対して彼女はこうアドバイスした。「ドイツ人はあまり自分に期待しないことね。何かミスっても、もっと寛大になって、いつも笑おうとしてみること。何かがうまくいかなくても、そんなことどうでもいいの。いつだってもっとひどいことになるかもしれないんだから」

私がルクセンブルクののみの市で出会った三児の母クリスティアーネはこう言っていた。「私は何でも楽観的に考えるの。そしていつも自分にこう言ってる。『最悪の事態になっても、まだ対処法はあるはずだ』って」

またコインランドリーにいたカナダのカウボーイはこんな哲学的な言葉を吐いた。「私にはどうも、いつもハッピーエンドで終わるだろうと思う癖がある。たしかにひどい終わり方をする場合もあるが、そこから再出発すればいいだけの話だ」

ドイツ人ももっと思い切って人生に対処しようではないか。最悪の事態から考えてみる。そしてふたたび立ち上がるのだ。巻き返しこそは、人生に自信を持っている証拠なのだから。いろいろと大変だろうが、巻き返しによって自分が成長すると信じること。もし今人生を信じていないとしたら、今から人生を信じることだ。

人生に軽やかに対処するには、自分自身を直視する必要がある。自分は地球上では小さな存在で、それ以上ではない。宇宙全体から見れば、まさにほこりのようなもの。自分自身のことをあまり深刻に考えない人は、世界の幸福が自分に左右されているなどと考えることはない。

マシューがそうだ。彼は片腕を高級ソファーの背にもたせかけてリラックスしていた。私たちは高級ワイナリー「イェリング・ステーション」の敷地内にある五つ星ホテル「シャトー・イェリング」内にいた。メルボルンの市街地から五〇キロほど離れたヤラ渓谷の山中で、周囲にはオーストラリア独特の自然が望める。

「ドイツ人に私が言いたいのはただ一言『リラックスしなよ!』だけだ。自分を笑うことを学ぼう。自分のことをあまり深刻に考えないことを学ぼう」

一流のコック長で二人の幼児のパパであるマシューは、ゆったりとしたほほえみを私に送ってきた。彼は過去七年間に二一回も賞をもらっている。その彼が何の気取りもなくこう付け加えた。

「楽しみながら仕事をするのは、とてもいいことだよ。そうすれば仕事の質も上がるし、お客さんもわかってくれる!」とマシューは三〇分後につぶやいたが、その間にパスタ生地を素材にして王冠の形をした小ぶりの見事な菓子を作ってくれた。

それから二時間後。私はふたたび道端に立って、バスを待った。ここで何時間か前に私がバスから降りた時、運転手が一言こう私に告げたのである。「私のバスにもう一度乗りたくなったら、道端に立って手を上げてくれ」私は待った。そして再度マシューのことを考えてみた。

自分自身のことをあまり深刻に考えないという話を聞いて、肩の荷がどっと下りたような気がした。いろいろな潜在能力が解き放たれたような気がしたのだ。マシューにしても、楽しみとユーモアを備えているから、難なくあのすばらしい菓子を作ることができるのだ。私はオーストラリアの夕陽と比べて自分がいかに小さなちりであるかを感じていた。そして、風が今後も私の人生に吹いてくれるのを待つことにした。

自分を笑い飛ばす術

シドニーの海辺。純白の砂と、穏やかでガラスのように澄んだ海水。そこに広がる天然プールで、トレヴァーとルイーズが二歳の愛児と遊んでいた。だがその子は私のインタビューをつまらないと思ったらしく、パパのトレヴァーが背中をかがめるとその背中の上から頭を下にして大声を上げながら滑り落ちた。だがトレヴァーは平然と微笑を浮かべながら、なぜオーストラリア人が幸せなのかを説明してくれた。

「私はこの水と緩やかな文化が大好きなんだ。世界の他の場所と比べると、オーストラリアの人たちは自分自身のことをあまり重く見ていない。それどころか自分自身のことでたくさん笑うんだ」

ここでルイーズが同意して、こう言った。「リラックスしてるから、オーストラリアの人たちは幸せなのよ」

了解。文字どおり地球の反対側に住んでいるオーストラリア人から――厳密に言うと直線距離で一万六五六七キロ離れたところに住んでいるオーストラリア人から――私たちドイツ人の頭は遠く離れているのだ。

だがここで隣国の人の言葉も聞いてみよう。スイスの建築家マルティンは、グラスの中の金色のワインをちょっと転がしながらこう口にした。

「どうすればドイツ人はもっと幸せになれるかって？　まず、いろんなことをあまりこき下ろさないことだな。ちょっと自嘲気味でもかまわないし、ちょっと自分を笑うみたいなことでもいいけど、物事をあまり真剣に受け止めないこと――私たちを見習えばいいんだ」

そういえば、オーストラリアのトレヴァーはこうも言っていた。

「物事をあまり真剣に受け止めないようにするには、心の安らぎを見つけることが重要だ。格好よく言うとね。それこそ幸せの本質だよ」

そう言って彼はオーストラリアの午後の日差しをもろに受けてまばたきした。心の安らぎを見つける。崇高な言葉だ。それって老境に入ってから訪れる心境ではないかと私は思った。早くても七〇歳から？　だがトレヴァーはまだせいぜい三五歳。人生に対して陽気に対処しユーモアを抱いていれば、早くから心の安らぎが見つかるのだろうか？　絶えず自分に不満を抱いてなどいなければ？　そしてもっと自分に寛容になれば？

自分のことが好きな人は、自分に対して厳しくないし、自分の短所を知っていて自分を許すことができる。自分のことを大目に見てやり、笑って済ませる。他者に苦痛を与えさえしなければ、あなたが何かの点で不十分でも何の問題もない。人間は時々不適切なことをやってしまうものだ。

「私はドイツ人教師がいるドイツ人学校に行った。私にしてみれば、なぜミスをしてはいけないか、それを納得するのはとてもむずかしかった。その学校には真実は一つしかなく、すべてが正確でなければならなかった。だがコロンビアの生徒たちはしゃべりまくっていたし、次々とミスを犯していた。ミスなんて絶対に問題じゃない！」と、コロンビアの経営学者・幸福研究家エドゥアルドは、アンデス大学（ボゴタ）構内でインタビュー中に言っていた。

ユーモア心を抱きながら人生を過ごすというのは、断じて、人生を真剣に受け止めないということではない。軽やかさは軽率と同じではない。パトリックは、友人二人と一緒にチューリヒ湖畔に腰掛けていた。三〇歳くらいかな、と私は思った。私が彼と出会ったのは、ゴム長を履いてオペラ座に向かう直前のことだった。

「もっと幸せになるには、ドイツ人はまず自分自身のことをじっくり考えることだね。文句たらたらで一生を過ごしたって何にもならない。自分のことが好きでなければ、自分のよさも発揮できっこない」

「自分を笑い飛ばす術」は幸福度の高い国々に共通の特徴であり、そうした国々の住人は心がほぐれている。新しいことに挑戦する場合も、失敗するたびに幼児みたいに七転び八起きで前進すれば、より高い次元に達することができるのだ。

「コロンビアの社会をよくよく見てみれば、ほとんどが陽気な人間だとわかる。彼らは互いに分け合うのが好きだし、祝うのが好きだ。だがドイツ人はルールを守らなければならないと思っているし、責任を負わなければ気が済まない。それは重荷になる。ドイツ文化が義務志向なのに対して、ラテンアメリカの人たちは楽しさ志向なのだ」

重苦しさは人生を重苦しくし、軽やかさは人生を軽やかにする。単純なことだ。そして幸せもこれと似ていて、「どうしても幸せになりたい人は幸せだし、不幸になりたい人は不幸なのよ。単に気持ちの持ち方次第であって、それ以外の何ものでもない」とマリアは、そっけなく肩をすくめながら私の目を見た。彼女にはやるべきことがある。メキシコシティの市場でフルーツを売らなければならないのだ。

結局、それこそが真の生き方なのだ。冗談や何かで笑うのではなく、自分自身のチョンボを笑うこと。「幸福を研究するというのは、人生のネガティブな側面を否定することでは絶対ない」とボゴタのエドゥアルドが説明を始めた。「人付き合いや仕事の上で、どうしてもネガティブな側面と対峙《たいじ》してしまうことは否定できない。だがエネルギーはポジティブな事柄に注ぎ込んだほうがいい。

これは間違いない」

ドーラは、レイキャビクの冷たい日差しを受けて目をしばたたいた。「問題が生じたからといって、必ず不幸になるわけではありません。問題をどう扱うか、それ次第です。一八世紀イギリスの哲学者・経済学者ベンサムは幸福のことを『楽しみと悩みの双方が揃うこと』と定義しました。私もそのとおりだと思います。幸福とは、悩みにも持ち場を与えてやることです」

私はここで、「ユーモアにも楽しみと悩みの両面がある」と言いたい。ユーモアは短所を他者に明かす時に生じるものだ。「ユーモアとは、機知に富んだドラマのことだな」と、テレビのコメディ番組のプロデューサーで私の親友であるトルステン・ジーヴァートが口にした。私が今回の旅を終えた後、彼とワインを傾けながら他国におけるユーモアの役割について議論していた時に飛び出した言葉だ。

「勝っても愉快じゃない場合もあれば、負けても愉快な場合もある」気持ちが辛かったり苦しかったりすると涙が目に浮かぶ。状況自体から言うとそれは絶望であることが多いが、後で振り返ってみればそれが笑い話の種になったりする。「自分の生活をギャグと逸話の積み重ねと見なしてごらん」とトルステンが言った。そういうふうに見れば、笑って語るようなことが多くなる。

人生をユーモアに満ちたものにしたければ、自分自身の短所を知ってそれを受け入れることだ。自分の短所を自分で愛することができれば最高だ。たとえば私はいつも遅刻する。「その代わり、いつもいちばん長居する」と私は言い添える。私のことをよく知っている人は、私が二〇分は遅刻するとあらかじめ計算に入れている。

そういえば「何にでも滑稽なところがあるものよ」とビッテが言っていたっけ。ストックホルム在住、七六歳の活発な年金生活者で「活動家」。彼女は自分の人生について語ってくれたが、その口調はまるで滑稽な小話のようだった。

「どうしてオーストラリア人がこんなに幸せかって？　私たちは他人に笑いかけるのが大好きなんだ。とりわけ好きなのは、それがきっかけとなって一緒に笑い出すこと。楽しみたいんだね、いつも。何でもユーモラスにしたがるんだ」と言っていたのはコック長のマシュー。「オーストラリア人は万人がぼんくらだって見なすのが好きなんだ。それがオーストラリア流。オーストラリア人はいつも笑ってる。幸せな仲間なんだよ」ではドイツ人にぴったりな流儀は？　どんな流儀でもいいけれど、とにかく笑いましょうよ。

······································

メキシコ
極彩色の国

ホルへと再会できて、本当にうれしい！　やっとのことでまた会えたのだ！　彼は以前と同じ姿だった。最後に会ったのは今から五年前。六〇歳を超えたばかりの感じのいい人だ。鼻は立派だが、その微笑はがさつ。

「ああ、マイキ様」と言って彼は私を温かくハグした。「様」はやめてよと私は言った。今の私はもう、彼が二年間私のお抱え運転手だった時のような「奥様」ではない。ただのマイキで、幸せを探しているんだと告げた。

「エリーサはどこ？」とホルへはスペイン語なまりで尋ねながら娘がいないのを残念がってから、私のオレンジ色の重いスーツケースを運んでくれた。残念だけど今度は一緒に来てないのよ、でも次は一緒に来るかも。

私は、まずは工芸品を売っている市場に行きたいと告げた。エリーザのために見事などくろを二、三個どうしても持って帰る必要があるの。ホルへは笑ってうなずいた。

星が生まれて、その後燃え尽きていくように、太陽は毎日沈むが翌日にはまた姿を現す。それと同じで人間もみな死と再生の循環をしているのだとメキシコ人は信じている。その永遠の循環の中で唯一変化するのは外見であり、生命力は不変というわけだ。崩壊もすべて、新たな生の源泉と考えられている。

「死者をしのぶ日」になると、死者の魂があの世から家族の許に戻ってくる。教会も公園も学校も祭壇も、すべてオレンジ色の花の海に沈む。ケーキ屋はかき入れ時だ。にぎにぎしく飾り立てて死者の名を記したチョコ製のどくろを売るのだ。学校では子どもたちが、微笑を浮かべる骸骨を製作する。

すべての死者が自宅を見つけられるようにと、家々の玄関はろうそくで照らされる。屋内では死者の好物がテーブルに並べられる。そして、死者があの世へ戻る長旅に耐えられるようにと、元気づけの小さなプレゼントが用意される。これがメキシコ流の人情なのだ。人情は死のはるか彼方まで届いているのである。

インタビューの際、ホルへはマイクをできるだけ相手の近くに寄せて、優秀な音響助手ぶりを発揮してくれた。道端の露店で私たちは「ルルドのマリア」の格好をした女性と出会った。四〇歳前後で、今はレストランに勤めている彼女はこう言った。

「すべてがよくなるように全員が協力しなければ。そうすれば何事もうまくいく。だって嫌なことや辛いこと、好ましくないことなんて、人生を重苦しくするだけだもの。だからこういうことをやってバランスをとる必要があるのよ。楽しいこと、幸せなこと、今生きていること、人と分かち合うこと、一緒にいることが大事。一緒になって未来を作らなくちゃ」

ここでちょっと中断。その後、こう話を続けた。

「メキシコ人は死を笑う。死は悲劇ではなく祝うべきもの。そう考えているから、いくら失敗しても、人生をあまり悲観しないの」これはいいことだ。メキシコ人も死を考えることはあるが、いとしいことと見なす場合が多い。

フェリペ・カルデロン大統領が始めたいわゆる麻薬戦争によって二〇〇六年以降、七万人以上の犠牲者が出た。行方不明者数は五万～一〇万人と言われる。現在は、五万人ほどの軍人・兵士と三万五〇〇〇人の警官が、総勢三〇万人と言われるメキシコ麻薬カルテル構成員およびその軍隊類似組織と敵対している。メキシコはまさに内戦状態にあるのだ。

幸福の処方箋1で私に、「あなたはメキシコ国民に何をアドバイスするか」と尋ねてきた情熱的なジャーナリスト、マルタは私の顔をじっと見つめてこう言った。「安全な人なんてひとりもいないわ。以前は金持ちだけが誘拐されたけど、今は誰でも誘拐される、清掃員でも、貧しい移民でも。これは悲劇よ。毎日五〇～一〇〇人が誘拐されてる。身代金はひとりあたり五〇〇〇ドル。でも交渉の結果、一〇〇〇ドルまで下がる。とはいえ、これってボロい商売よ――一日一〇万ドルなんだから。この問題の解決に政府関係者や警官、移民代理人がみな力を注いでいる」

だが驚いたことに、そうした雰囲気は日常生活では感じられない。

「もちろん夜間はみんな不安を抱いてるわ」とマルタは考え考え話を続けた。「日常生活では、いろいろなことに気をつけてる。財布はどこに入れたかとか、バッグは後部座席の下に隠したかとか、どのタクシーに乗ろうかとか」私は以前メキシコで公共の広場に行く時は、二歳の娘を綱につないでいた。嫌な話だが実際そうしていた。しかもそうしていたのは私だけではなかった。

「そうね、でも人生は前に進んでいくのよ。だって、いつも不安を抱いて暮らしていたら、何もできなくなってしまうもの。そうなったら悲惨よね。だから大半のメキシコ人は肩をすくめて、『すべて運次第。私に何も起こらなければいい』と言うの。こうして人生は進んでいくのよね。大きな救いはフェスティバル。歌と踊りと音楽。こうしたことが世の中に大きな影響を与えてくれるのよ。そうした人生の喜びが、生きていく上で救いになるの、状況が最悪でもね」

つまりここメキシコでは、幸せが危機管理役を務めているというわけだ。だからと言うべきか、メキシコ人はカラフルなものが好きだ。オールブラックなどというのは、メキシコの極彩色の中では相手にされない。家々は赤、青、ピンク、緑——時にはそのすべての色に塗られている。

そしてメキシコの工芸品にはいわば決まりがある。「まずは派手なこと」。カラフルな刺繍《ししゅう》が入っている刺激的なオレンジ色の服。金銀の線細工を施し、毒々しい緑色をした木彫の魔物。花をあしらったコバルトブルーの陶土製どくろ。色はピンク、そして蛍光色めいた黄色。そう、カラフルであればあるほど、そして飾り付けが多ければ多いほどいいのだ。人生の喜びは細部に宿っているから。ピンクの防水シートに覆われた市場内を通り抜けるだけで楽しくなる。

ホルへと私は何回かインタビューを行った。相手はまず、ブタの皮のフライを売っていたエレオノラ。ただしそのフライは悪臭を放っていた。それからアドリアナ。彼女はノパリートス（ウチワサボテンの塩水漬け）のとげを、ナイフを使って慣れた手つきで取っていた。

他には市場の売り子マリア（先ほどの「ルルドのマリア」とは別人）。ピンクのエプロンを着けて、ピンクの防水シートの下にいた。銀色のカーリーヘアの彼女は、ピンクに近いピタヤ（ドラゴンフルーツ）とオレンジ色のウチワサボテン、マンゴー、その他数々のフルーツの間で立ち働いていた。私は新鮮で甘い——心底甘かった——マンゴーを一袋買い、塩とレモン、チリペッパーを振りかけた。いろいろなにおいと色彩——それと音楽——に取り巻かれて幸せな気分だった。

伝統的なマリアッチバンドが、飾り立てた黒白金の縞模様の袖付きブラウスに黒いビロードのベスト、そして肩には幅広の白い飾り帯といういでたちで私のカメラの中で歌っていた。「ヤー！　アイアイアイ！」と、とてつもない声を張り上げていたのは、まるまると太ったリーダー。上機嫌の私はレンズのこっち側でニヤリとした。トランペット奏者二人、それにベース、アコーディオン、ドラム、ヴァイオリンの奏者各ひとり、その他二、三の楽器の奏者たちがものすごい迫力で音楽を始めた。口に楽器をくわえていない人は、声を限りに歌っている。典型的に楽しい音楽。去りがたい思いで私はそこを離れた。メキシコはフェスティバルだ！　色彩のフェスティバルだ。音楽のフェスティバルだ。

私の興奮ぶりを見ていたホルヘが、車でシウダデラ広場まで連れていってくれた。その地区全体に音が響いているような感じがした。ある一団が携帯式ＣＤプレーヤーを地面に置いて、チャールストンを踊っていたのだ。体がうずいてきた人たちが次々と一緒に踊り出す。

隣のブロックでは、サルサの響きがみんなを誘っている。老若男女、太っていようがやせていようが、美人やイケメンだろうがそうでなかろうが、全員が、広場全体に鳴り響いている音楽に合わせてしなやかに動いている。

年金生活者の元教師マリア＝テレサは興奮した口調で、私のカメラに向かってこう叫んだ。「そうよ、私はとっても幸せ。目標はすべて達成した上に、今は年金生活、以前は優秀な教師だった。一本の木を植え、一冊の本を書き、ひとりの子どもを育てた。今は自分のことだけ考えていればいい。だから音楽と踊りに浸っているの、毎日ね」

彼女はお尻を振りながら、まさに情熱的に踊っていた。こうこなくちゃ！　メキシコ人は今を生きている。五感を総動員し、徹底的に、あとさき考えず、官能的に。

「幸せになるにはいろいろなことが必要よ、そもそも生きていること、そして信じられないくらいすばらしいこの人生をたっぷり味わうこと。それも、すごいことをいろいろ与えてくれるこの国でね。絶えず輝いている太陽と、周囲にいる愛すべき国民、繊細で温かい国民」と大声で言いながら、マリア＝テレサはパートナーのコンラード相手に、また夢中になって踊っていた。これこそ「カリデス・ウマナ」、あの一体感だ。幸福感を高める壮大な世界観。

「幸福の処方箋3」に登場したセルヒオ・スアレスは、黒のSUVで今まさに出かけようとしているところだったが、親切にもいったん車から降りてくれた。ここはメキシコシティの高級ショッピング街ポランコ地区。ハンサム。髪をジェルで後方にまとめ、空色のネクタイを締めている。

「私はとても幸せだよ。これはメキシコ人の性格と大いに関係がある。幸せになるにはモノはあまりいらない。幸せは経済以外のところにある。友だちと一緒に楽しんだり冗談を言い合ったりするのは、私たちの性格のなせる業《わざ》だ。家、車、そして服なんか問題じゃない。よその国や地域から来た人を受け入れて歓待する。一緒にコーヒーを飲み、その人のために時間を使う。そうしたことをすることこそ生活。単純なことだよ。メキシコはとても愛すべき国なんだ」

周囲の人たちのメンタリティが自分の幸せに影響を与えていることをこれほどはっきり教えてくれる国は他にない。

マルタがうなずく。「私たちは今を生きているのよ。ドイツにこういうことわざがあるわ。『今日できることを明日に延ばすな』でも私たちにはそれとは違うことわざがあるの。『明後日できることは明日するな』何もかもとても単純で、ゆっくりめで、軽やかなの」

そう言ってマルタはいたずらっぽく笑った。「ドイツはストレスがありすぎるわ。何でも完璧でなきゃいけないし、時間厳守で、清潔で、きちんとしなきゃいけない。それらが重視されている。でもそれが人生を堅苦しくしてるのよ。そして競争とプレッシャー。絶えず改善して大きく、豊かにならなければいけないというプレッシャー。それに比べればメキシコ人ははるかに小さなことで満足を感じてると思うわ。たしかに何かすごいことはしたいし、将来は今よりちょっと豊かになっていたい。でも仕事や成功が優先というわけじゃない。メキシコの人たちは何事もはるかに軽く受け止めているの。だからちょっと幸せなのかも」

私はエリーザのために、こぶし大の陶土製どくろを二個買った。青と赤で、花飾りがたくさん付いているやつ。そのどくろは今エリーザの部屋の窓敷居に置かれていて、「極彩色の国」のことを思い出させてくれる。あの国の現世あるいは来世のことを。

幸福の処方箋

12

人生の意義、生きがいを探す

私が幼かった時、父は「好きなことをしなさい」とアドバイスしてくれた。このアドバイスが私の人生にとても役立った。なぜなら、ここカナダでは、やれることが無数にあるからだ。

――クレイク(カナダのパール島に住むアーティスト)

今はメルボルンから上海・北京経由でフランクフルトに戻る途中。機内の窓側の席で快適に過ごしている。つまりは帰り便だが、母国はまだまだ遠い。

横に座っているのは一三歳の女の子で、名前はリン。中国人で、この子も帰宅の途中だ。私は中国の日常生活について何一つ知らないから、この機会を利用してその子にあれこれ質問してみることにした。

彼女はオーストラリアのサマースクールに二カ月間ひとりで通い、そこを修了したばかりとのこと。オーストラリアと中国か、と考えて私はほほえんだ。並立する二つの世界。オーストラリア人はリラックスした自由な生活をしているが、中国人は――中国人のことは知らない。

「ねえ、あなたは毎日どういう暮らしをしてるの？」私は臆することなく訊いてみた。

「六時に起きて、勉強して、学校に行くの」

「午後は自由？」

「いいえ、勉強する」

「ふーん——それじゃ晩には本を読んだりするの？」

「晩も勉強よ」

「へーえ——でも週末には何か楽しいことするんでしょ？」

「勉強よ」

「けど長い休みは違うでしょ？」

「たいていの生徒は夏の補講に行くわ。私は行かないけど」と彼女は得意げに言った。「私はまだ子どものままでいたいの」

でも結局同じだ、と私は思った。この子だってサマースクール帰りなのだから。

「きょうだいはいるの？」と私は訊いた。私もばかげた質問とは承知しつつ訊いたのだが、彼女ははっきり答えてくれた。

「いいえ。中国はひとりっ子政策なの」とリンはあっさり言った。当然だ、世界の常識。ドイツでは政策として掲げなくてもひとりっ子が増えてきている。

私は次第に、小さくてかわいいロボットの横に座っているような気がしてきた。物質主義が好きでまだそこから脱し切れていない私の目から見ても、中国人が喜びを捨ててまで経済発展と国際競争力を得ようとしているのは信じがたい。世界をパワーで完璧に支配せよ、か。ことによると、中国人にとっては人生が二度あるのかもしれない。だが私は人生は一度きりだと思っているし、その一生を有意義に過ごしたいと思っている。

とはいえ、私は自分個人の考え方のほうが「中国人の人生観」より上だと言い切ることなどできない。人生志向が異なっているにすぎないし、彼らにしても自分たちの努力目標に何の意味も認めていないわけではないのだ。私は考え込みながら窓外の夜、星のない漆黒の夜に見入った。この世に「間違った考え」はあるのだろうか？

逆に、正しい考え方というのはあるのだろうか？　私たちを幸せにしてくれる考え方が「正しい」のだろうか？　私はイエスと答えたいと思う。だがそうなるとすぐさま、カナダの幸福研究家アレックス相手に格闘せねばならなくなる。彼は断言していた。「人を幸せにしてくれる考え方だけがいい考え方とは言えない」彼は魅力的な微笑を浮かべながら、生きがいが持つ倫理的側面を指摘した。「私にとってのよい人生がすべての人にとってのよい人生なのかどうか、それが問題なんだ」

オーケー、オーケー。人生においては、自分が必ず幸せになることを見つけることが大切だが、その際、世の中に害を与えてはならないとも彼は言った。それは了解。理想を言えば、正しい考え方というのは、自分の幸福と他者の幸福に役立つものでなければならないということだ。

コロンビアの幸福研究家エドゥアルド・ビルス・エレラ教授の奥さんアナ・マリアのおかげで、

私はボゴタで警部補ヤサル・ビタルにインタビューすることができた。警部補はこう言った。「私は自分が幸せ者だと思うよ。生きる意味を理解しているからね。それから自分が世の中のために役立っていることがわかっているからね」

編み上げ靴を履いた彼は、脚をふんばって私の前に立っていた。両手を几帳面に腰で組み、蛍光色の黄色い警官用ジャケットを着用し、ピンと張り詰めた目つきをしていた。微笑を浮かべることはなかった。

「私は幸せ者ですよ、自分がかけがえのない人間だと感じてますからね。そしてどのように人を愛するか、どのように人を許せばいいかを知っていますからね。それから自分がやっていることが大好きですし。最後になったけど、自分の家族、コロンビア人の家族のためにいいことをやっていますから」

警部補は丁寧なしゃべり方で何のためらいもなくそう述べた。私はいつの間にかカメラの後方で直立不動の姿勢をとっていた。

私はほとんど軍隊口調でこう質問した。「ドイツ人に対してどんなアドバイスをなさいますか？どうすればドイツ人はもっと幸せになれるでしょうか？」——「一国が幸せになるには、好意、愛情、人道、団結が必要です」すばやい回答だ。

弁護士ロバート・ボイドも同様の考えだ。紺のスーツにネクタイ。メガネも地味なら、髪の分け方も地味。ただし口調は警部補ほど大仰ではない。彼をインタビューの相手としてつかまえたのは、モントリオールにある彼のオフィス前。昼時だった。

「私が幸せな理由はいろいろある。でもたぶんもっとも重要なのは自己実現だと思う。つまり、自分が世の中のためになる何かを達成していること、そしてそれを実感していること」

世の中のトップになったり、いちばんの金持ちやいちばんの権力者になるよう努力しても至福の時は得られないということだ。他の人たちとの絆がなければいけないのだ。ことによるとだからこそ、中国の少女リンは、『世界幸福度ランキング』で自国に平均的な六・三しか付けられなかったのか？

エドゥアルドはインタビューの間、アンデス大学の手すりにもたれてじっと考えながら私の目を見つめてこう言った。

「一国とその国民の発展をＧＮＰと関連づけたのは間違いだった。人間を幸せにするのはモノではない。そんなものを得ようとしても無意味だ。だからこそ現代人は、自分たちがこれ以上の発展を望んでいるのか、それとも、何とか他者を助けることによって人間として進歩しようとすべきなのか、それを自問しているんだ」

私は暗くなった機内で、いつの間にか眠り込んだリンの顔を眺めながらこう思った。人間としての進歩は、リンが求めているものとはまったく別物だな。

「幸福な人生を送るためには、自分の人生を有意義だと思うことが重要なんだ」とエドゥアルドは話を続けた。「私たちは、今までの自分を超越しようとする。必ずしも宗教的な意味ではないよ。

でも私たちは何か行動せずにはいられない。たとえば他の人を助けるとかね。コロンビアのように、とても大勢の人々が困窮している国では、他人を助けることはとてもいいことだ。そして他人のためになろうとするのは自分にとっても救いになる。心が安らぐからね」

私は「幸福な人生を送るためには、自分の人生を有意義だと思うことが重要」と心の中で復唱してみた。そしてこの言葉の意味を考えながら、書斎専用カフェ（著述家などが書斎として使うことを目的としたカフェ）の中からボンの聖堂を眺めた。二本の高い塔と、金銀線細工を施した半円アーチを備えた聖堂。

何のために私はここにいるのか

なぜ私はこのテーマに取り組もうとしたのか？　残りのページで生きる意味に少しは触れることができるのだろうか？　だが幸福を論じようとすれば、人生の意義、つまりは生きがいという問題を看過することはできない気がする。私は他の人よりこの問題を適切に扱えるだろうか？　ラップトップを背にしてため息をつく。

ことによると、ラテ・マキアートをもう一杯注文したほうがいいのかもしれない。いや、二杯だ！　私はカフェに入ってきた七〇代の魅力的な男性に即座に質問してみた。なんとその人は神学者だった。「生きる意味は会話にあり」と確信に満ちた回答が返ってきた。

すると別の男性客、明るい緑色の目をした客が大笑いしてこう叫んだ。「いい答えだね。まずはそれだな」見事な回答だと私も思う。たしかに今回の旅で出会った人たちの多くが、幸せの条件としてコミュニティやコンセンサス、つまりは他の人と一緒にいることを挙げていた。生きる意味は他者とのコンタクトから成立するものだと。それでこそ私は生きていると言えるのだと。

いずれにしても明らかなことが一つある。生きる意味を見出せなかったら幸せになることもむずかしいだろうということだ。結局は、何のために私は今ここにいるのかという問いに対して、各人がどう回答するかが重要なのだ。私の人生の使命は何か？　私は世の中に何をもたらしたいと思っているか？　あるいは、死ぬ時にどんなことを回想したいか？　人生の終焉《しゅうえん》を迎えるに当たって、各人がどんな個人的回答を寄せるかが重要なのだ。「私がこの世にいたのはなぜかと言えば、それは……」

私たちは誰もが人生の目的を知りたがっている。一〇〇メートル先に建つ聖堂を眺めていると、この疑問を抱く必要がなかった長い時代のことが思い起こされる。すべては信仰が答えてくれていたのだ。だが今や万人が信仰を抱いているわけではない。

「何か、一つのこと」を信じている人は多数いる。壮大なプランの実現を信じていて、それを人生とか運命とか呼んでいる人たちだ。それは、神への信仰同様、スピリチュアルな次元の話であり、それを通じて「大きな全体の中で自分を引き上げてくれる方法を知りたい」という欲求が満たされている。

スピリチュアルな要素はとても重要かもしれない、とオーストラリアの陽気な幸福研究家ロバート・カミンズ教授は言っていた。「それがどの程度まで幸福感に影響するかはまだ明らかじゃない。でもたとえそれが主観的な幸福にまったく影響しないとしても、それがその人の活力を高めるとは思う。スピリチュアルな考えを抱いていれば、何かうまくいかなくなった時にも自尊心を失わないで済む。宗教心が篤《あつ》い人は何か辛くなった時、人生を克服するために信仰にすがることはほぼ間違いない」

この点では、デンマークに移住したイギリス人のマイケルも同様の考えを持っていて、私のカメラの前でこう語った。「私は毎朝河辺で聖霊に祈っている。祈らなかった日には、一日中何か肝心なことを忘れてる気がするんだ」

私はちょっとびっくりしてマイケルの顔を見つめた。彼がついさっきまで、もっとありきたりなことを述べていたからだが、彼は笑いながらこう続けた。

「幸福というのは、自分自身に対しても正直になることさ。何かを信じている場合でも、あるいは何かを信じていない場合でもね。私は自分の幸福が聖霊から発していると信じている。この信仰を失ったら私の人生はむなしいものになってしまう。むなしい人生は、いわば失敗した人生さ」

神、聖霊、アラー、あるいは単に運命。そうしたものが最大の中核となり、人生の背景を形成する。それを信じている人は確実に強くなれる。だがそれを持っていない人も大勢いる。

一方、たとえばノルウェー特派員ロッテの娘ミミは、他者との絆に意味を見出している。「私は自分の人生目標を達成するために懸命に働いてる。私の最大の希望は、私にインスピレーションを与えてくれる人たち、私をもっとすばらしい人間にしてくれる人たちに囲まれることね」

人生の目標は人生の大枠の設計図に他ならない。ある出来事に直面した際、それが自分にとって重要なことか、自分が行っていることと一致しているかを判断する青写真だ。

しかし二一世紀においては生きる目標は人それぞれだ。現代は個人主義的な社会なのだ。各人が自分の目標を追求するようになっている。自分自身の理解を基準にして判断し、それが自分にぴったりならばそれを目標にするのだ。

あなたが自分なりの目標を作り上げ、それをあなたの人生において有意義な使命と見なすことができれば今までよりはるかに幸せになることは、幸福研究ですでに証明済みだ。

だから、意気消沈した時には生きる目標が失われるというのは当たり前のことだ。私たちは人生の目標を必要としているが、それは、目標があれば自分の進路を自分で決めることができる気になるからだ。パナマのエル・チョリージョ地区の女性教師サラは、子どもたちがあの地区の暗闇を照らすランプになってくれることを願って教えていると言った。

自分をつなぎ止めてくれる目標を持たない人は、人生という大波に翻弄されていると感じてしまう。目標は常に自分の行動を正当化してくれるものであり、波間を進む自分の行動に方向性を与えてくれるものだ。カナダの若い女の子ケルシーは、自分がどこに向かって進んでいくかをよく心得ていた。ブランドンの町の、とあるフレンドリーなビアホールのカウンターで出会った彼女はこう言った。
「私は目標があるから幸せなの。今は旅費を得るために働いている。将来は大学に行って勉強するつもりだけど、その時には勉強が新しい目標になる。そうね、きっと、そういうモチベーションが私の原動力ね」

人生の大枠を決めた人は、自分にとって何が大切か、それをいち早く知ることができる。目標が見つかれば、それが心にしみ込んで落ち着いた生活を送ることができるようになる。自分にとって重要でないことは抜け落ちていく。コスタリカの幸福経済学者マリアーノ・ロハスはカメラを凝視しながらこう述べた。
「私たちは時には急いでいることもある。ちょっと立ち止まって、何が自分にとって重要かを熟考する時間がないこともある。だが今やっていることを中断して『ちょっと待て！　私は今、人生において重要でないことをいろいろやってるぞ』と考えれば、人生はきっと変化するだろう。

これは私自身が危機的な状況に陥った時に悟ったことだが、『ステータスから言えば重要だが、自分にとって本当に重要なことに割く時間が少なくなってしまうような仕事』は引き受けるべきではないのだ」

ゲッティンゲン（ドイツ）の神経生物学者ヒューター教授も、各人が人生の目標を検討するのは大事なことだと考えている。「自分がなぜ今これをやっているか、それがわかっている人は、人生において何が重要かという問題に関して他者に操られなくなるのは明らかだ。そういう人は、いわば自分自身を発見したのである」同教授によれば、人生の目標の問題は今、焦点が当てられていないという。ドイツでは誰もが消費に惑わされているというのだ。

つまり、目標がないものだから、お金とモノを優先するようになっている。「これは脳科学者が繰り返し口にすることだが、人はすばらしい生活を送ろうとして『できるだけ多くの自由時間を持とうとか、一日中ショッピングしよう』としている。だがそれでは脳は働かない。だから新しい神経回路網は不要だし、新たな経験も必要ではないから、今までと同じ生活を続けることになってしまう。つまりは省エネモードに入ってしまう。その結果が安楽椅子、ソファー、テレビだ」

こうしたモノは人生の目標になり得ない。全力を投入して何かを行うのではなく、ただテレビの前で座っていることになる。私たちが今ここにいるのは、進歩・上達するためなのだ。たとえそれが、努力しなければ得られないものであろうと、あるいはまた瞬間的な幸せをもたらしてくれそうにないことであろうと。

たとえば子どもは——よくよく考えてみれば——私たちを幸せにしてはくれない。だが不幸せをもたらすわけでもない。

「子どもを作ろうという決心は、人生においてきわめて重要な事柄の一つだ。幸福度は妊娠中や誕生直後に最高潮に達するが、その後は平均して〇・五下がる。そして子どもが家を出て行った時に幸福度はようやくふたたび上昇するのだ」『世界幸福度ランキング（ワールド・データベース・オブ・ハピネス）』の創始者ルート・ヴェーンホーヴェン教授はそう言って笑った。彼自身子どもがいるので、自分が語っていることの意味を熟知している。

だがそれに反して人生の意味のレベルは子どもの誕生時に上昇し、以後は高い水準のまま推移する。子どもはあなたの人生に深い意義と方向性を与えてくれる。それが幸せをもたらしてくれる。

自分の人生を旅する

「私たちは今、有意義な人生の目標を実現する方法について研究しているが、これは幸せな生活を持続的に送る上できわめて重要な戦略の一つだ」という意味のことを、アメリカの幸福研究家ソニア・リュボミアスキーはその著『幸せがずっと続く12の行動習慣』（邦訳は日本実業出版社刊）の中で書いている。そうした研究は時には膨大なエネルギーを要するかもしれない。

この私にしても、今回の旅の準備には多大な努力を払った。だが「自分の目標を知っている者は、ほとんどあらゆる生き方に耐えることができる」と、すでにニーチェが述べている。

「私は教会で働いていますが、それはこの仕事が気に入っているからでして、これ以上お金になる仕事にありつけないからではありません」と言ったのは、パナマ市のエル・チョリージョ地区に住むグリセルダ・ミランダだ。「以前はもっといい仕事に就いていて、給料ももっと多かった。ですが今この仕事をやっているのは、楽しいからです。囚人のところに行くこともあるし、他者を助けることもできます。それから教会内の生活にも参加できるのです」

経済的に少しはマシなパナマ人ウンベルトにしても、翌日、彼が経営する自動車販売店を訪ねてみると、まさに生きがいの問題に直面していた。

「私は団塊の世代のお尻のほうのひとりなんだ。だから、学校に行って大学に入り、いい成績で卒業するぞという意識で育った。その後はいい仕事に就いていい給料をとる。そうなれば一家を養えるようになるとね。とてもドイツ的だった」そう言ってウンベルトはすまなそうな顔をして笑った。「ところが一年前に自分の人生を振り返ってみて、こう思ったんだ。『一生懸命勉強したり仕事したりするのは好きだし、何かを達成するのも好きだ。何もかもすばらしい。でもそれが何になる？私には親友と呼べる人たちが大勢いるか？　今の私は自分の家族のためにもっと時間がほしいし、休暇のためにももっと時間がほしい。好きなことをやるための時間も』私は家族と一緒に料理するのが好きだ。『さあ、料理するぞ』と私が号令をかけると、家族一緒に料理を作り、それから音楽を聴き、踊り、ワインを飲む」

メルボルンの市街で私がいきなり質問した男性アダムは、その時、座ってモーニングコーヒーを飲んでいた。四〇代半ば。細面。唇をゆがめて微笑する。少し光沢のあるグレーのシックなスーツ姿で、仕事仲間と一緒にテラスに座っていた。

アダムは典型的なオーストラリア人で、ちょっとイギリス流のユーモアを持ち合わせていた。物事に打ち込むタイプ。テーブルに半分もたれてカメラのほうを向き、空になったコーヒーカップを繰り返し回転させていた。実は弁護士たちをトレーニング中だった。「気むずかしい人間にならずに、いい弁護士になるように」というのがモットーだった。私から質問されると、アダムは笑った。幸せな生活という問題を、彼はずいぶん前から気にかけていたのだ。

「私は一生懸命働いてきたが、とうとう何もかも無意味と感じるようになった。そこで自問した。どうして私はこんなことをしているのか？　そう思ったので、最大の疑問を自分に課してみた」

彼はそこで口をつぐみ、人差し指を鼻に当て、私の横を走っている街路を眺めた。「私はこう考えた。きっと長期的に見れば、大切なのは自分自身の鍛錬、家族、子どもなんだろう。私はよくお年寄りを助ける。私自身、幼い子どもたちもいるし、周囲には私が面倒を見ているさまざまな人たちがいる。幸せの源は、そうした身近な存在なんだ。幸せパックなどという安直なものはない。幸せの源は基本となるビジョンだ。私は少なくともそう感じている」

オーストラリアの大手弁護士事務所はその多くが、雇っている弁護士に、「あまりお金のない人たちへの無料アドバイス」を実践させることで世の中との関わりを持たせているらしい。「他者を助けることが幸せに至る鍵じゃないのかな？」と言ってから、アダムは私にほほえみながら目くばせした。

もし人生の意味を求めるなら、自分自身にとっても、そして隣人にとっても大切な人になる必要がある。そういう人間になるための最善の方法は、自分の能力を発揮しつつ、仲間意識を持つことだ。これを実践しているのがデンマークのライナーである。技師である彼は、褐色のかご細工のソファーにもたれ、片腕を妻の背に回して自宅の美しい庭を眺めていた。

「ボランティアはここでは当たり前のこと。大半のデンマーク人は公益に奉仕する団体に入っている。たとえば子どもたちのために何かするのが好きなんだよ。国だって、国民が何かに寄与するよう配慮している。こうしたことによって、みんなが助かってるんだ。一日を終える時、私は何かをやったことでうれしくなるし、他の人たちもいい一日だったと喜んでいる」

幸せを運んでくれる生きがいは、二つの要素から成り立っている。相手と自分だ。両者が完璧に併存することが重要なのだ。ヒューター教授は、その理由をこう説明してくれた。

「私たちは常にこの二つの基本的欲求を満たす必要がある。一方の欲求、つまり相手は絆を求めてくる。そしてもう一方の欲求、つまり自分（私）は自立を求める。双方を満たせれば、人間は成長する。奇妙なことに、そうなった人間は幸せにもなるし、健康にもなる」

利己主義と利他主義はたいてい、この上ない生きがいを持つことによって結びつく。私の場合もそうで、今回の旅は私の気質にぴったり一致していた。好奇心を満たすことができたし、新しいことを体験することができた。ある意味で自分が中心になって、周囲からインスピレーションを受けていた。そして一冊の本を書くのに十分な材料を得ることができた。いつかやりたかったことだった。つまり今回の旅は私自身の成長の延長線上にあったのだ。

ワーオ！

だが他方で私は、他者から何を学ぶことができるか、そして、もっと幸せな社会にするにはどうしたらいいか、この二つをどうしても知りたくて仕方がなかった。それを知るために私は今回の旅で、自分の全エネルギーを結集して町の危険地区に赴き、カメラの背後で膝を屈していた。そして今、徹夜しながらこの文章を書いている。

私は自己中心的な善人なのか、それとも献身的なエゴイストなのか？　そのどちらでもない。私たちは誰もが自分のビジョンに突き動かされている――たとえば「こういう人間になりたい」とか――。そうしたビジョンが心の中から湧いてくれれば、私たちは自分のためにそれを実行するようになる。結局私たちはそこにのみ生きがいを見出せるのである。だから私たちは誰もがちょっぴり自己本位なのだ。

私たちは衝動を感じ、自分を成長させようとする。これは何の問題もない。私たちは周囲の人たちに対して、そして自分自身に対して寛大になろうではないか。人間は他者のため「だけ」に何かを行うことはない。他者に救いの手を差し伸べるのは、常に自分のためでもあるのだ。

私の知人のエクアドル人ニコラス・ロドリゲスは、ボゴタ在住の幸福研究家でまじめな大学生だが、彼も同様に考えている。私がまたしても厚手のプルオーバーを着込んでカメラの後ろで寒さに震えている間、彼はTシャツ姿で私の前に立って、こう言っていた。

「私がいちばん幸せなのは、私たちの支援を必要としているコミュニティのために働いている時だ。他者を助けることができることこそ、私にとって人生の幸福なんだ」

仮にあなたが大企業の幹部、中心的人物だとしよう。もしあなたが全従業員のことが大好きで、彼らの家族のためを思っているとしたら、それはすばらしいことだ。あるいは仮にあなたが教師だとしよう。あなたが教育に全力を尽くしているとしたら、それは立派なことだ。もしあなたが他者からもっと認められたいと思っているとしても、あなたは敬愛に値する人物だ。

私たちは常に持ちつ持たれつなのだ。大切なのはこの両面を結びつけることだ。それを実現するには、自分が持っているものを他者に分け与えればいい。その時、私たちは他者と自分のために大事なことをしているのだ。だから、与えることは受け取ることよりも喜びが大きいのである。なぜなら、与える側にとっても受け取る側にとってもプラスになるからだ。

では、どうすれば人生の意味を見つけることができるだろうか？　それをここで考えてみよう。あなたは自分が年老いた時に振り返ってどんな人生にしたいと思っているだろうか？　どのような自分史を孫や他者に語りたいか？

後で他の人に報告したくなるような生活を、今日から始めようじゃないか。私自身のことを言えば、今回の旅については、もっともっと報告したいことがある。今回はたしかに経済的なリスクを伴ってはいたが、それは何とか乗り越えることができた。もし私にガッツがないために今回の旅を実現できなかったら、そしてそのことを私の孫にいつか告白しなければならなくなり、私自身も後悔することになったら、それは耐えられないことになっただろう。

勇気を持とう。自分の生きる意味と、この世における自分の使命を探し求めよう。そして自分の人生を旅しよう。

コロンビア
毎日が恵み

今は朝八時、私はコロンビアの首都ボゴタの空港にいる。だがエドゥアルドのお抱え運転手の姿はどこにも見えない。落ち着かない気分で仕方なくタクシーに乗り込む。都心まで三〇分はかかる。それだけの時間があれば、ちょっとしたインタビューが一本こなせるはず。

私が乗ったタクシードライバーの名前はオマール。小柄でやせた男だ。三〇分以内に都心に着くと約束してくれた。だが私にはもう一つ、気がかりなことがあった。ひどく寒かったのだ。

「まだ朝ですものね。晩になれば少しは暖かくなるんでしょ?」私は期待を込めてオマールに訊いてみた。

「もっと寒くなるよ」つれない返事。

「もっと寒く？」私は驚きのあまりすっとんきょうな声を上げた。きっと訊き間違えだ。

「もっと寒くなるよ。夕方の六時を過ぎるともっと寒くなる」

嫌な予感。「ここ、標高何メートル？」

「二六〇〇メートル」

前もって調べておくべきだった。コロンビアには気候帯がいろいろあるのだ。標高一〇〇〇メートル以下の赤道雨林地帯なら気温は三〇度まで上がるが、標高二四〇〇メートル以上の温帯地帯なら一七度どまりなのだ。

高温多湿のパナマのあとコロンビアを訪れる多くの人には当地の気候は救いになるが、私の場合は大違い。

私は後部座席からカメラでオマールの横顔をとらえながら、コロンビアの人たちはどうして自分は幸せと思っているのかと訊いてみた。

「コロンビアの人間はね、大いに楽しみ、大いに笑う。人付き合いも遊び心半分なんだよ。だからご機嫌斜めなんてことは滅多にないし、他人を上手にもてなすことができる。こっちが喜んで仕事をしていればお客さんもそれに気づくし、お客さんのほうも幸せになる。仕事は幸せを感じながら喜んでやらなくちゃね」

オマールのこの考え方は経営コンサルタントには受けるだろうが、労働組合には嫌われるだろう。

オマールの仕事は朝四時にスタートし、夜一〇時にようやく終わる。週六日——祝日も無関係だ。収入は、かろうじて生活できる程度。「私の夢はね、個人タクシーの運転手になること。そうすれば自立できるし、朝八時から夜八時まで働くだけで済むようになる」と彼は言う。

労働条件の厳しさにもかかわらず、オマールは祖国を深く愛している。「この国はすばらしいよ。緑はいっぱいあるし、自然に満ちあふれている」

そう言って彼は、大きな身振りでタクシーのぴかぴかのガラス窓から外の景色を指さした。バックミラーを見ると、そこからマリア像と十字架がぶら下がっている。二人して、ボゴタを取り巻く柔らかな緑色の山脈に目をやる。コロンビアの国土の半分以上は、夢のような熱帯雨林に覆われている。

たしかにすてきだが安全は？　と私は考える。コロンビアは危険な国でしょと言うと、オマールは断固否定する。その逆だと言うのだ。

「悪者の一味や犯罪者が牢屋にぶち込まれてから事情は一変したよ。以前は怖くて国内の移動もままならなかったけど、今はそんなことはない。どこでも行けるようになったんだ」

そりゃそう言うだろう、と私は思った。パナマ市の危険地区エル・チョリージョでも同じような話を聞いた。そしてここコロンビアでも、年に三〇〇〇人が誘拐されているという。そしてその人たちは生きて帰ってくることはないと。

三〇分後、私はヴェレーナの自宅前に立っていた。若くて陽気な三〇歳前後のオーストリア人女性。私がネットで「今回のプロジェクトへの協力求む」と書いたら、うちに泊まっていいよと申し出てくれた。彼女は二年前からボゴタにあるアンデス大学で記号論理学を教えている。客員教授。私が治安状態の話を持ち出すと、彼女はうなずいてこう言った。

「前よりはよくなったけど、暴力が横行したあの時代の弊害はまだ残ってる。当初は私も大学構内で、狙われているんじゃないかと思ってた。今でも現地の人たちは一日に何度か電話をし合ってるわ。『今から外食』『ウチにいる』『買い物に行く』以外何も言わないけどね。それも当然ね。何年か前までコロンビアは危険だったんだから。自分の家族がいつどこにいるか知ってる必要があったんだから」

コロンビアは五〇年前から世界最長の内戦状態にあった。以来二〇万人以上が死んだ。多くはコロンビア革命軍に殺害されたのだ。この団体は、ある時点から貧民の権利を主張する運動を始めたが、そのうち麻薬取引に手を出していった。コロンビアは世界最大のコカイン生産地だ。たしかにコロンビア革命軍と政府は二〇一二年一一月以降、ふたたび話し合いに入ってはいるが、以前の暴力はコロンビア人の心の傷としてくすぶり続けている。

その晩、私は眠れないまま長時間横になっていた。こんな状況なのにOECD幸福度調査で一二位になる国民って、どのくらいのパワーを持ち合わせているんだろう? こうした状況とドイツ人の大げさな嘆きっぷりを比べたら、ドイツ人の辛さはどの程度に見えるだろう?

長袖のシャツ二枚と長めのスラックス、靴下、そして足専用の携帯湯たんぽという装備で、私は寒さに震えながら寝袋に潜り込んだ。明日は絶対プルオーバーを買わねば。大げさに嘆いているうちに私は眠り込んでいた。

翌朝ちょうど目覚めた時、ヴェレーナ宅のベルが鳴った。私はちょっと失望した。コロンビア人のほうがドイツ人より時間厳守だからってドイツ人の私が失望するなんて、どっかヘンじゃない?

玄関先にはエドゥアルドとアナ・マリアが立っていた。二人して魅力的にほほえんでから私に軽くキスしてきた。二人とも私に好感を抱いてくれた。エドゥアルドと私はすでにメールをひんぱんにやりとりしていた。とりわけ私が「幸福について」という自分のフェイスブックに何か書いてくれと頼んだ時には、彼はこう記してくれた。

「コロンビアはすばらしいけど、矛盾に満ちた国だ。国民は客をもてなすのが大好きで有名だし、生きる喜びにあふれている。長期にわたった社会的対立や社会的な格差、貧困にもかかわらず、国民は他国よりも幸せを感じている。人付き合い、家族意識、そしてアイデアがごまんとあるからだ」私はこの親切なカップルが私に見せたがっているコロンビアという国に好奇心を抱いた。

エドゥアルドは、ボゴタにあるアンデス大学の経営学部教授である。だがそれだけでなく、政府内においては、国内の貧困地域・紛争地域の発展計画プロジェクトの長を務めている。

「私たちは紛争地域の農民・先住民のために努力し、インフラ、道路、学校、水道の改善を進めようとしてきました。私たちは彼らがいちばん重視しているのは何かを知るために、彼らと会合を持ちました。その時以来、私ははっきり意識するようになったのです。彼らはたしかに物資を必要としてはいますが、彼らにとってはそれ以外のことのほうが大切なのです。たとえば尊厳ある人間として接してもらうこと、そして自分たちの代表を政府に迎えてもらうこと。

私は、そうした主観的な欲求を考慮せず物質面ばかりを満足させてもそれは正しい政策と呼べるのだろうか、と疑問に思うようになりました。それ以来、幸福と満足というテーマについて考えるようになりました」

ではエドゥアルド、あなたは幸せ？　好感の持てる五〇代半ばの男性、優しい目。白髪まじりの彼はまじめにこう答えてくれた。

「世界一幸せな男とは言えないでしょうが、自分が望むことは常に何でもやってきましたし、大学勤務はとてもすてきなことです。私にはすばらしい妻がいますし、すばらしい子どもが二人います」

ここでエドゥアルドは私の顔をじっと見つめた。

「絶えず幸せでいることは大事なことではありません。というか、そんなことは私に言わせれば不可能です。幸せとは、よりよい人間になろう、邪魔を排除しようと、日々努力することなのです」

私はじっと彼の顔を見つめた。たしかに幸福が何の努力もせずに向こうからやってくることなどない。

その後エドゥアルドとアナ・マリアの二人は私をコロンビア伝統料理のレストランに招待してくれた。私は有名なジャガイモのスープ「アヒアコ」を味わうことができた。私が初めて見る野菜と鶏肉、ケーパー、牛乳、熱帯フルーツ各種などを材料とするスープ。

その席で私はエドゥアルドに、コロンビアの魂の核にあるものは何かを説明してと頼んだ。これを聞いた途端、エドゥアルドは詩人に一変した。

「それを知るには、コロンビア最高の作家ガブリエル・ガルシア゠マルケスを読むことです。彼の本は魔法に満ち満ちていますよ。秘密をはらんでますし、色彩に富んでいます。それに対してもしあなたがドイツ文学を読めば、重厚な文章に遭遇するでしょうし、存在論的な疑問、結論の出ない大問題にぶつかることでしょう。コロンビアとドイツはそこが違うんですよ。コロンビアは音楽的な国です。人々は踊り、歌い、演奏します。そして、目にほほえみをたたえながら日々を過ごしているのです」

翌日はホナタンが私の旅行ガイドを務めてくれた。エドゥアルドが彼に、私のインタビューの手助けをしてくれと頼んでくれたのだ。育ちのよさそうな法学部の学生で、ジーンズと赤のフード付きプルオーバーを着ていた。勇敢そうに見えたので、私は彼に最貧困地区へ連れていってと頼んだ。

四〇分後、私たちはある地区の、カラフルに塗りたくられた工場に到着した。その工場の前に六〇歳前後の小柄な男性がひとり立っていた。垢にまみれた茶色のオーバーオールを着ていたが、そのオーバーオールには彼が両手の汚れをぬぐった黒い痕跡が残っていた。名前はハイメ・ダリオ・リンコン。

真っ黒に日焼けしていて髪は真っ白。両手を腰の後ろで組みながら、唇に人好きのする微笑を浮かべている。理想のおじいちゃんといったところ。私は、こういう人なら自分の娘を二、三時間預けても安心だなと思った。

「私がこの工場を経営しているのは、生活費を稼ぐと同時にボゴタ市民の役に立つためだ」何ですって？　と私は思った。ずいぶん珍しい自己紹介だ。「あなたはご自分の生活に満足していますか？」と私は訊いてみた。

「もちろん！　神様からいただいたものすべてに満足してますよ。これ以上の生活なんて想像もつきません。何しろ神様は私に健康な体をお与えくださったのですからね。私は一〇〇パーセント幸せ者です。

私はドイツ人に、人生は仕事と睡眠だけじゃないと言いたい。人生は、みんなと一緒に楽しむためのものです。他の人に対してはいつも親切でなければなりません。不機嫌ではいけない。いつもほほえんでいなければね」

私が感謝の言葉を述べてその場を立ち去ろうとすると、ハイメは私を引き留めてこう言った。「この地区をカメラ持参でひとりで歩いてはいけませんよ。警察に頼んで護衛してもらいなさい！」

そのとおりにした。私はガイドと一緒に派出所に行き、警備を求めた。だが警官にその気はなかった。それどころか私の身分証明証を見たがったり、とにかく自分たちの姿を撮影しないようにと命じたりした。なるほど、警官は自分のことばかり考えているんだ。それもごもっとも。この地区ならそうだろう。

地区全体が荒廃しているし、道路は舗装されていない。漆喰《しっくい》は壁から剝がれ落ちている。狭い横道に一歩入り込む勇気は私にはない。

私とホナタンは派出所が見える範囲から出ないようにし、数人の露天商の中に紛れ込んだ。彼らはすぐに私を取り囲んだ。好奇心は強かったが、親切でとても丁寧だった。数人の女の子が、私と一緒に写真に写りたがった。こういう人たちのほうが警察より頼りになる。

メロン売りの露天商は、「ドイツ人がこのすばらしい国にやってくるのを歓迎する」と熱く語ったが、ホナタンはその露天商に「これはコロンビアを宣伝する映画じゃないんだよ」と説明した。すると露天商は真顔に戻ったが、コロンビア賛辞の熱は衰えを知らなかった。その話はこんな調子。

「私の名前はホセ・ウィルソン・ムニョス・オルドニェス。コロンビアは幸せな国だ。第一、雰囲気がすばらしい。国民は陽気で、他の人をどんどんほめる。みんな、とても親切で感じがいい。つまりは、特別な国民だ。人生で大切なのは仲間と仲よくすること。そしてお互いに愛情と人情を抱いて接し、いつも満足していること。リラックスして生活しているからこそ、みんな幸せでいられるんだ。やってくるものにすべて受け入れる。

私がドイツ人に贈るアドバイスはこうだ。いろいろ問題が起きても、朝から晩まで毎日賛美しながら暮らしたほうがいい。そして仲間を受け入れる。絶対にがさつに接したり、不機嫌になったりしちゃいけない。あらゆる瞬間を楽しむんだ！　人生はすばらしいよ。毎日が恵みだからね」

幸福の処方箋

13

私の幸せはあなたの幸せ

ラテンアメリカとその住民のことが、私の脳裏をちょくちょくよぎる。三週間はあっという間に過ぎた。舌に残ったのはフレッシュな果物の美味、耳に残ったのはパトカーのサイレン音、そして心に残ったのは人々の親切さとびっくりするほど異なる人生観。私は今、悲しい思いで飛行機に乗っている。

日曜朝の七時五五分。私の乗った飛行機がフランクフルト空港に着陸した。母国。その直後、よく耳にする騒音が聞こえてきて私の夢を破った。ゴミがさっと前の座席のパンフレットの間に詰め込まれる音。シートベルトが、他の乗客に気づかれないように即座にそっと外される音。ケータイにこっそりスイッチが入れられるが、着信メロディが鳴り出すと誰もがケータイを太ももの下に隠す。

何人かがもう頭の中では歩き出している。喜びが広まる。やっとシートベルト着用のサインが消えると、大半の乗客はもう上半身をかがめて出口方向へと移動を始めている。私はこれからトランスファーするわけではないし、機内の通路や手荷物置き場の周囲で長々と待つ気もない。だからゆったり座ったまま、機内に置かれた雑誌をちょっとめくり、時々通路のほうを見やる。見るたびにたいていは混み合っているし、人の列は前進していない。

ラテンアメリカからの一五人ほどはリラックスして、いつ果てるともしれないおしゃべりをしている。

大体が、二人の乗客がまったく同じ色と形をした手荷物を預けることなどありえない。もし他人のスーツケースをつかんでしまったら、笑いながら本来の持ち主に戻せばいい。

そのうち左側の通路がストップしてしまった。右側はゆっくり動いている。私が座っている横の列の何人かは、辛抱強く待っている。だが四〇代半ばで中背、ほとんどはげ頭の男性が文句を言い出した。彼は神経質そうにまず右、次いで左を見てため息をついた。今度はあたりにも聞こえるほど大きく。周囲の目が彼に集中する。

他の乗客が落ち着きを失う。男性は目を白黒させたが、その後も大声で愚痴をこぼした。「これはないだろう！　もうがまんできん！」ドイツ語だった。私はゆっくりと座席に沈み込み、機内の雑誌に顔を隠した。

あなたは周囲の人々の気持ちに影響を与える

「私はいつも『他の人たちにとっていい日でありますように』と思ってるよ。幸せなんて単純さ。

歩いていって誰かにハローと言えばいい。私は何回もハローと言う。そうすれば他の人を幸せにできる。それは私が心から喜んでハローと言っているからだ」

オーフス（デンマーク）のレストランの店主ミカエルが、何人かの客に声をかけている。私が今から撮影する写真の中央に集まってくれと、みんなを誘っているのだ。「幸福には二つの面がある。一つは幸福を与えること、もう一つは、自分自身が幸福になるために何かをすること。幸福とは他の人に何かを与えることであると同時に、わが身に戻ってくるエネルギーとフィードバックによって自分も幸福になることだよ」

人間はひとりで生きているわけではない。互いに影響を与え合っている。だが残念なことに、その証拠は今までなかなか見つからなかった。現代という時代は、ばかげたことだが、直感的に知っていることであれ何であれ、それを確認できる証拠がないと納得しない。

店主ミカエルの幸福は、彼が他者に与える幸福であり、お返しに相手からもらう幸福だ。だがそれによって彼は人付き合いに関する微妙な点に触れているのだ。人間は、周囲の人たちの幸福に関して責任があるということだ。なぜなら、人間が何かを発すれば、それは周囲にいる人間に影響するからである。

科学界は今まさにそのことの証明に近づきつつある。遅くとも一九九二年のサルにおけるミラーニューロンの発見によって理解は進んだ。脳に社会性があることが判明したからである。どういうことか？

サルの場合、そして人間の場合も、たとえば他の個体が木の実をつかんでいるところを見れば、自分がそれと同じ行動をした場合と類似の神経生物学的な経過が脳内で生じることがわかったのだ。たとえば、水の入ったコップを誰かがつかもうとするところをあなたが見たとすると、あなた自身がそのコップに手を伸ばすのと類似のプロセスがあなたの脳内で進行する。目の前の人がコップを優美に二本の指でつかもうが、コップのいちばん太い部分を両手でガッとつかもうが、そんなことは関係ない。あなた自身がじっと座ってその人の動きを見ているだけでもかまわない。あなたの脳はその人と同じ動きを一種の予行演習として自動的に行うのだ。つまり私たちは他人の動きを共同体験しているのだ。

では情動（感情）に関してはどうだろうか？　たとえば先述の不満たらたらの乗客の感情に関しては？　あの乗客のように不機嫌な人を見ると、私たちの脳はまさに正確にそれに呼応して、私たち自身が不機嫌になるのだろうか？　逆に誰かからほほえまれると一緒にほほえみを浮かべ、自分の気分もよくなるのだろうか？

この分野の研究をしているオランダのクリスティアン・ケイゼルス教授は、その著書の中でこう答えている。

「他の人の感情を見聞すれば、私たちの脳はそれを一緒に感じたような状態になる」つまり、通常ならそうした感情を自分が感じた時に動く脳の部位が活動する。他の人と同じ体験をするのだ。こうして他人の気分はあなたの感性に影響し、逆にあなたの気分は他の人の感性に影響する。

「もし私のことで何か他の人が喜んでいるのを見れば、私もうれしくなり幸せになる」は、ルクセンブルクの愛すべき年金生活者ホルへの言葉。他の人のうれしそうな表情をあなたが真似すれば、次はあなた自身がその表情をまた別の人に発信することになる。こうして人間同士の間で、ポジティブな連鎖、あるいはネガティブな連鎖が生じる。もしあなたが前述の飛行機の乗客のように自分の不機嫌さを周囲にまき散らせば、あなたは周囲の人々の気持ちに影響を与えることになるのだ。

ネガティブな連鎖反応が始まることもある。たとえば上司が不機嫌だったとする。あなたは会議に緊張感が張り詰めているのを感じて憂鬱になり、頭痛を覚える。すると自宅に帰った時、自分が娘の靴につまずいたからと言って娘を叱り、ドアをバタンと閉めて八つ当たりする。あなたの娘は泣き始め、あなたのパートナーは辛い気持ちになり、あなたにイヌを投げつける……。

こうした成り行きに関して、私たちは本当に学問的な証拠など必要だろうか？　自分の気分が他の人に影響を与えていることなど、とっくにわかっている。自分と相手の気持ちが異なることはない。あなたの気持ちと他者の気持ちが異なることもない。私たちは誰もが他者と気分を共有しているのだ。

毎日、朝起きたらほほえんだほうがいい

幸福になるのは、私たちの義務だろうか？　不幸になる権利はないのか？　私たちは自分自身が

幸せになり、周囲の人をできるだけ幸せにする義務と責任を持っていると私は思っている。たとえばメキシコに行けば、大勢の人たちを幸せにしようと思う。

メキシコシティの中心街に行った時には、ダンスフロアでエロティックに踊っているペアを写していた。

男性の名はコンラード。長身痩軀で白髪まじり。顔全体がニタついている。

「私はお客さんと一緒にいるのがうれしいから幸せな気分になれるんだ。私たち二人にとっては、幸福の種を他の人に与えるのが使命。相手に与えるために与えるのであって、その代償に何かをもらうためじゃない」幸福は社会にとっての理想的な接着剤のようだ。

パナマの国民も同じことを語っていた。

「私たちパナマ人にとっては、絶えず他の人とつながっていることが大切なんです。なぜなら、陽気さと幸せは人に感染すると思うからです。誰かひとりが幸せなら、ちょっぴり自分の幸せを不幸な人に伝えることができます」パナマ市の危険地域とされるエル・チョリージョの女性教師サラはそう言っていた。

しかし、あの地域では誰もがほほえみながらぴょんぴょん跳んで踊ってばかりもいられない。誰もが不愉快になっても当然だ。苦しみのあまりのたうち回れば、時には気持ちがさっぱりすることもあるだろう。だがいつもそうしているわけにもいかないし、長時間はやっていられない。だから再三にわたり、苦悶《くもん》から抜け出そうとする。それは自分のためだけでなく、周囲の人たちのためでもある。
だが、自分の不興ぶりをいつでも、そしてどこでも周囲にまき散らしてかまわないと思っている人もいる。たしかにそう思うのも勝手だ。だが本当にそんな行動に出れば、その後周囲のご機嫌を伺わざるを得なくなるし、自室にこもったり、自分で自分が嫌になったりする。

もちろん私は何か悲しみに打ちひしがれている人、鬱《うつ》の人のことを言っているわけではない。私が言っているのは、強いエネルギーを持ちたいと思っている人のことだ。そのエネルギーを力にして、一種の幸せを得たいと思っている人のことだ。

しかし、そういう人に関して違う見方をする人もいるかもしれない。つまり不機嫌をまき散らす人は深遠に考えているのであり、分析的かつ実利的に考えている。だが、たとえ不機嫌に振る舞うのは勝手だと認めるとしても、その人が誰かと会う時には相手の気分に影響を与えてしまう。不機嫌であればあるほど、相手に対する影響は強烈だ。

「でも悪者の中にも幸せな人はいますよ」とアレックスは言う。前章に登場した愛すべきカナダの幸福研究家だ。「幸せの源は何かとか、それは道徳的に容認できるかとかいったことを知るだけでは十分ではありません。他者の生活に無関心な人たちも大勢います。

それから、どういう人が上機嫌かを調べるだけでは十分ではありません。なぜ彼らは上機嫌なのかを理解する必要もあるからです。彼らがどう思っているか、ある人の機嫌が周囲の人たちにどういう影響を与えるかを知る必要もあるのです」

あなたの機嫌は周囲の人たちにどんな影響を与えているだろうか？　あなたは他の誰かにとってプラスになっているか？

あなたは社会の最小単位であり、行動することによってみんなと一緒に社会を形成している。なぜなら幸せは、社会というネットワーク内で広まっていく傾向があるからだ。このことをジェイムズ・ファウラー（カリフォルニア大学）とニコラス・クリスタキス（ハーバード大学）は、長期の分析により発見した。一九四八年以降、フレーミングハム（マサチューセッツ州。現在は人口六万八〇〇〇人）の市民約五〇〇〇人が、いろいろなテーマについてのアンケートに応じた。

その研究結果によると、大勢の幸せな人たちに取り巻かれている人たちは実際自身も将来幸せになる確率が高かった。あなたの友人のひとりが、とんでもなく幸せであり、しかもあなたの家から一・五キロ以内に住んでいるとすれば、あなた自身が幸せになる確率は二五パーセント高くなるという。

ここでY世代（一九八〇年以降に生まれた、主にアメリカの世代）とそれ以降のさまざまな世代に向かって「フェイスブックでは幸せは広まらない」とだけ言っておこう。ただしあなたが、自分の住んでいる地域内の友人宛に発信しているなら話は別だが。

幸せは個人的な事柄ではあるが、それにとどまらない。あなたがどう感じるかによって違いが生じるし、あなたがどのような行動をとるかによっても違いが生じる。こうしたことが重要なのだ。あなたの行動は、他の人たちにとって重大なことなのである。

だが、これはいいことだ。思いやりに満ちた社会で暮らしていれば、私たちは安心してゆったりと車に乗っていられる。ルクセンブルクのリュックとイザベルのことを覚えているだろうか？　子どもが四人いるカップル。イザベルは目を輝やかせてこう語っていた。

「私にとって幸せというのは、自分の考えと希望、そしてエネルギーを毎日、友人たちや家族と分かち合うことよ。そういうポジティブなエネルギーを自分が持っていることに気づき、それによって人間的に成長していくことはとても重要ね。これは人付き合いの中でしか実現しないこと。人間って時々ちょっとエゴイストになるでしょ？　どうして他の人たちと分かち合う必要があるかなんて考えるわよね。誰かから何かをもらうことなんてないわ、なんてね。でも他の人に何かを与えることって、自分が何かをもらうよりはるかに大きな喜びなのよ」

だから彼女の子どもたち四人は、彼女のエネルギーの成果を得ることができる。ドイツの子どもたちはそれを得ているだろうか？　ドイツの子どもたちがいい暮らしをしていることは、ユニセフの『先進国における子どもの幸福度』（国際比較）を見れば一目瞭然だ。健康、福祉、教育。どの点においてもドイツの子どもたちは先進国ランキングで第六位を占めている。ここまではいい。

だがドイツの若者たち自身に生活ぶりを訊いてみれば、話は大違いだ。それは「ドイツ人の子どもたちについて」という章のタイトルを見れば明白だ。いわく、「能力は上だが、不幸かも」

生活満足度の自己判断ランキングを見ると、ドイツの若者は調査対象となった全二九ヵ国中二二位だ。二九ヵ国の中でトップクラスはオランダ、ノルウェー、アイスランド、フィンランド、スウェーデンの子どもたち。そう聞くと当然だという気がする。

それに反してドイツでは子どもたちの七人にひとりが、自分について、そして自分の状況について不満を漏らしている。ドイツの若者たちはどんな気分でいるのだろうか？　あるいは私たちは子どもたちを批判的・分析的・実利的に育ててしまったのだろうか？

子どもたちは社会の鏡である。本書に登場してきた若者たち、インタビューを受けた若者たちのことを思い返してみよう。デンマークの建築現場にいたヤコプ。コスタリカの若い母親マリア＝ホセ。彼らは自分の親や周囲の人たちが「人生というリュックサック」に詰めてくれたものだけを持って生きてきた。

「つい最近、文部省からお達しがきた。建築学部で学生に伝えたいことは何かを書面で提出しろとね」と、ボゴタの建築学部教授エルナンド・トリアナは語った。「すぐに思いついたのは、幸せになる方法だった。でもこれはコロンビアが抱えている大問題。なぜなら、コロンビアは内戦を終えたばかりだから。その傷跡は子どもたちにまだ残っていて、彼らの幸せにとって障壁になっている。教育の課題は現在では、学生に勉強を教えることではなくて、一人前の人間に育てること。そのためにはまず幸せな社会を作る必要がある。結局、教育と幸福は密接な関係にあるんだ」

ここはボゴタのレストラン「アッパーサイド八一番街」。私はちょっとためらった後、隣席の人たちに話しかけてみた。そこにいたのは、物静かで控えめ、たぶん七〇歳前後の父親と彼の子どもたち、そして身内の人たち。

父親の名はエルナンド。彼はまず手短に自分の奥さんを紹介してくれた。「妻のアナ・マリア、弁護士です。すばらしい女性です。先住民の支援をしており、先住民の保護活動を目ざしています。彼女からは、生活を控えめに楽しむ方法を学ぶことができます」

その直後、アナ・マリアは目にも留まらない速さでスペイン語を話し始めた。四〇代半ばで丸顔。ちょっと鼻がしゃくれている。情熱的に活動していることが十二分にわかる。

「幸せは体にとっての筋肉に相当するもので、絶えずトレーニングしていなければなりません。それは、どういう生活を送るかを確認するということですが、結局は親から引き継がれるものです。私が幼かった時には、私の父は仕事が終わると帰宅し、音楽をかけながら踊りを教えてくれました」その場にいた彼女の父親がうなずく。

「幸せは筋肉のようなものです。十分に訓練していれば、やる気が出てきて、問題の解決法が見つかるのです。状況が悪くても、あるいは複雑でも、休みをとってタバコを吸い、じっくり考えればいいのです。幸せは筋肉ですから訓練しなければなりません。筋肉と同じことです」

毎日鍛錬することが大事なのだ。なぜなら、他の人たちに与えることができる最大の貢献は、自分が幸せになることだからである。人付き合いは自分にとってもいいことなのだ。

「そのとおり」という声が、カメラの中からゆったりと響いてきた。スイスの介護士ヤスミン・ミュラーの声だ。彼女はドイツ人に「もっと自分を高く評価してもいいのでは」と言っていた。そして、そのためにはどうすればいいかをスイス方言のドイツ語で語ってくれた。

「今日は月曜日で、月曜は私の日です。とても大切な人、つまり自分自身のことを考えながら過ごす日なのです！」彼女のその言葉を私はまったくの異国ではっきり思い出した。

幸せの種の話をしてくれたコンラードの妻で官能的なサルサのダンサー、マリア＝テレサもこう言っていた。

「人生でいちばん大切なのは私自身ね。だって、私がうまくいっていれば、周囲の人たちもうまくいくから。だから、私は自分のことを大事にするわ。私は自分のことが大好き。それは、私が自分のことを大好きなら、そのことが他の人にも伝わることを知っているから」

介護士ヤスミンも同じことを言っていた。「私は介護の仕事をしています。だから、次回また他者の役に立つためには、自分のための一日が必要なんです」

納得できる言葉だ。

「どうして私が幸せかって？　誰かが早朝に私にほほえんでくれれば幸せになれるんですよ。朝、私が仕事を始めて老人たちの姿を目にすると、彼らは私にほほえんでくれます。老人たちは微笑しかできないのかもしれませんけど、それが私を幸せにするのです」

私の幸せはあなたの幸せ。これはポルシェのパナマ支社の副社長ウンベルトも言っていた。

「幸せになるには自分のことも大事にしなければいけないと思います。中には宗教的な人もいますし、あまりそうではない人もいますが、イエスは『自分以上に他人を大切にせよ』とは言いませんでした。イエスは『自分と同等に他人を大切にせよ』と言ったのです。これはあまり耳にしない言葉かもしれません。でも自分がうまくいっていなければ、周囲に対してもうまくいきませんよね。愛している人たちに対してもね。私は、自分のことをどんなに大切にしてもしすぎることはないということに気づきました。今後はこの方針でいこうと思います」

「そうですね、絶対に」と同意したのは、イェーテボリ（スウェーデン）で会ったペーテル。「自分が幸せでなければ他の人を助けることはできないということを、みんなが認識すべきです」

自己犠牲は誰の救いにもならない。だから自分のことを大事にしてもかまわないのだ。いや、大事にしなければならないのだ。

本書を閉じるに当たって、幸福度が高い国々の人々の言葉をいくつか記しておこう。

スウェーデンのペーテルは、自転車のハンドルにもたれ、ほおづえを突き、額にしわを寄せながら、長い間じっとしたまま考えをまとめようとしていた。

「私にとって人生でいちばん大切なのはわが子ですね。それから、自分が機嫌がよくて幸せなこと。それは自分自身のためだけでなく、周囲のためでもあります。私ひとりがハッピーでも無意味。大事なのは全体、みんなです。これを説明するのはむずかしいけど。ドイツの昔の哲学者マイスター・エックハルトはこう言ってます。『誰もが、光の輝きを自分自身の中に持っている。だからあなたはあちこち歩き回って、出会う人全員が輝くよう点火してください』」

ボゴタの勇敢な学生ホナタンは、車で私を自宅に連れていった。午後六時。暗くなりかけていた。私は疲れていたが、カメラを再度ホナタンの横顔に向けた。彼は、ごったがえすボゴタの道路に神経を集中しつつも、こう語り始めた。

「ドイツ人には物事を別な視点から見る能力があると思う。だから、コロンビアで見たことを正確に理解してほしい。別の生き方をしている人がいること、しかもそうした人たちが幸せを感じていることをわかってほしい。ドイツ人には、自分の人生を見つめ、自分が持っている能力を評価するようになってほしい。解決できない問題はないということをドイツ人は知るべきだ。そして毎日、朝起きたらほほえんだほうがいい。誰に会ってもほほえんだほうがいい」

訳者あとがき

「あなたは幸せですか?」

イエス? ノー? うーん。程度によりけり? ともかく簡単に答えられる質問ではない。

だがもっと難しい質問がある。

「幸せって何ですか?」

これって答えられる人いるの?

ロシアの文豪トルストイは「幸せな家庭はどこも似かよっているが、不幸な家庭はおのおの異なる不幸を抱えている」という意味のことを言った。だがそう言われても、まだよくわからない。何がどうなれば幸せになり、何がどうなれば不幸になるか? その点が依然として不明だからだ。


幸せとはそれほどに難しい問題なのだが、この問題を解決すべく立ち上がった人がいる。本書の著者、四〇代半ばのオランダ系ドイツ人女性だ。彼女は幸せについての疑問を解決すべく、「世界幸福度ランキング上位の国々」へ実際に行ってみることにした。大した行動力である。「実際に行ってみる」と言っても、北は北欧から南は中南米、オーストラリアまで足を延ばすことになる。アジア、アフリカ諸国はランキング上位に入っていないので訪れていないが、行った国だけでもほとんど世界半周だ。

その旅で彼女がピンときたこともいろいろあるが、わからなかったこともももちろんある。だから疑問点について彼女は、専門家も交えてじっくり考えた。その旅の報告書が本書である。

話は変わるが、わたしは今から自転車で友だちのウチに行く。ほぼ毎週数人が集まる雑談会で、メンバーは主に音楽仲間。となると話題は常に音楽……かと思えば、そういうわけでもなく、前日のテレビ番組のことからリサイクルショップで売っていた品のことまで、いろいろな話が飛び出してくる。多彩と言うかハチャメチャと言うか。

こうしてワイワイガヤガヤやってるうちに外は暗くなり、ようやく会はお開きになるのだが、その瞬間、わたしは不意に次回が待ち遠しくなる。おしゃべりの最中に時の経過を感じることなどあり得ない。こういうのを幸せと呼ぶのだろうか? そんなことを、ふと考えた。

本書を訳し終えた今わたしが願っているのは、読者が「この本を読んで気持ちがすっきりしました。だから幸せです。いえ、幸せになります」とスッと言って下さることだ。この本にはそんな魔力が潜んでいると、わたしはひそかに思っている。

二〇一六年六月

訳者 畔上《あぜかみ》 司《つかさ》

マイケ・ファン・デン・ボーム
Maike van den Boom

1971年ハイデルベルク（ドイツ）生まれ。オランダで芸術療法（アートセラピー）の学位を取得。オランダに13年間、メキシコに2年間滞在。各国でマーケティング、コミュニケーション、および販売部門に勤務した。オランダとメキシコという幸福度上位の国々で計15年間滞在した後ドイツに戻るが、故国で「幸福な生活（特に労働）を阻む諸要素」に直面して以降、幸福というテーマに集中的に取り組み、各国で講演、執筆、コンサルタント活動を行う。今は「よりよい幸福社会」構築に寄与することを使命とする。

畔上　司（あぜがみ・つかさ）

1951年長野県生まれ。東京大学経済学部卒。日本航空勤務を経て、現在ドイツ文学・英米文学翻訳家。主な著訳書に『5000年前の男』『アンネの伝記』（以上、文藝春秋）、『ノーベル賞受賞者にきく子どものなぜ・なに？』『人に振りまわされずに生きる13の法則』（以上、主婦の友社）、『他人を気にしない生き方』（CCCメディアハウス）、『アドルフ・ヒトラーの一族』（草思社）、『読んで覚えるドイツ語3000』（朝日出版社）などがある。

世界幸福度《せかいこうふくど》ランキング
上位《じょうい》13ヵ国《こく》を旅《たび》してわかったこと

2016年7月31日　第1刷発行

著　者　マイケ・ファン・デン・ボーム
Maike van den Boom
翻訳者　畔上《あぜがみ》　司《つかさ》
発行者　館　孝太郎
発行所　株式会社 集英社インターナショナル
〒101-0064 東京都千代田区猿楽町 1-5-18
電話 03-5211-2632
発売所　株式会社 集英社
〒101-8050 東京都千代田区一ツ橋 2-5-10
電話 読者係 03-3230-6080
販売部 03-3230-6393［書店専用］
印刷所　大日本印刷株式会社
製本所　ナショナル製本協同組合

 ISBN978-4-7976-7330-2　C0095